中世の史料と制度

今江廣道編

はしがき

國學院大學では、満七十歳に達した年度の学年末に退職することになっていたから、私は二〇〇〇年三月末がその時期であった。その数年前の九七年春頃、佐多芳彦・箱石大両君から、退職記念の論文集を出版したい旨の申出があった。大学院進学者は、論文を発表するのが義務でもあるが、発表する学術雑誌の数が少なく、なかなか発表する機会を得られないと聞いていたので、論文発表の機会になればと思い、この企画に賛成した。その時の計画概要によれば、

今江ゼミ出身で、國學院大學あるいは他大学の大学院へ進学した者。

ということで、それに該当するのは下記の十五人であった（五十音順）。

池田　寿　君

小川　泰子　君

北村　拓　君

崎山　勝弘　君（福岡大学大学院）

佐多　芳彦　君

高田　星司　君（筑波大学大学院）

田靡　久美子君
長又　高夫　君
佐藤（旧姓中村）尚美　君
箱石　大　君
菱沼　一憲　君
藤田　正義　君（法政大学大学院）
松原　誠司　君
山岸　寿子　君
渡辺　修　君（学習院大学大学院）

しかし、この中には研究生活から離れた者や、職場の中堅として多忙な者等がいて、原稿の蒐集に、幹事は苦労したらしい。何度かの〆切期日の延期を経て、二〇〇一年十一月に、二人から、それまでに集まった次の五篇の原稿を受け取った。

菱沼一憲君の「没官領地頭制の成立過程」は、『吾妻鏡』文治元年十二月六日条と『玉葉』同年十二月二十七日条所収の藤原光長宛「頼朝書状」の分析を通して、重厚な研究史のある地頭職設置問題のうち、没官領である庄郷地頭の成立過程を述べたものである。

北村拓君の「鎌倉幕府征夷大将軍の補任について」は、従来、余り深い注意を払われなかった鎌倉幕府征夷大将軍の補任について、任命権者である朝廷の側から考察したもので、特に頼朝が望んだと言われていた征夷大将軍任命が、実は本人も朝廷側も、望んでいなかったことなど、貴重な指摘がある。

佐藤（旧姓中村）尚美君の「鎌倉期の賀茂祭と白川家」は、平安時代寛平元年から鎌倉時代末期までの賀茂祭近衛府使の人名を調べ上げて表にし、摂関期・院政期・平氏政権期・鎌倉前期の特徴を概観した後、近衛府使が藤原氏と村上源氏から任命されていたが、鎌倉中期延応二年、これまで祭使に選ばれなかった花山源氏白川家の資基が選出された。その理由を、延応二年の徳政と、白川家内部の相続争いを絡めて考察したものである。

崎山勝弘君の「征西府の肥後国支配」は、後醍醐天皇が皇子懐良親王を征西将軍に任命することによって成立した、九州における南朝の出先機関である征西府、その基盤となった肥後国について、それを支えた在地武士菊池氏と阿蘇氏を中心に、両氏の歴史的関係や征西府内の力関係等を、多数の古文書を使って考察したものである。

池田寿君の「線刻千手観音等鏡像銘に関する一考察」は、菅江真澄の『月の出羽路』仙北郡の「鏡社」の項にもその出土状況・年代・形態・銘文等が著録されている白銅鋳製の八稜鏡で、十一面千手観音像などを鏡面に彫ってある優れた工芸品で、昭和二十八年に国宝に指定されているが、その鏡背にある銘文に関する考察がないため、その考察を行ったものである。その銘文

崇紀／仏師僧／大趣旦主延暦僧仁祐　女旦主藤原安女子（／は改行を示す）

について、仁祐を十二世紀前半に実在した延暦寺の僧であることなど、人名について明らかにし、また銘文に見える「旦主」について、檀主と同じであり、用例が奥羽地方に限定されていることなどを、多くの事例を挙げて考証している。

崎山君など、幹事の呼び掛けに応じて早速、原稿を送ってくれた人もあった。これらの原稿を、予て内諾を得てい

た続群書類従完成会の小川一義氏に渡して出版を依頼した。しかし世の不況、分けても出版業界の不振により、スムーズには運ばず、今日に至ったことは、執筆者各位に深くお詫びしたい。

思えば昭和二十年六月十五日、B29による大阪大空襲で、私は十五歳で命を失っていたかも知れない。敵機の落とした焼夷弾の一弾が、一瞬のうちに私の左手をかすめて手掌の一部を抉り取っていた。もう少し右に寄っていたら頭部を破砕して、生きていられなかっただろうからである。この事が以後の人生と人生観を変えることになったのであるが、またそれ以後の六十年は、私にとっては拾い物の人生でもあった。無事に古稀を迎え、ここにこの論文集を刊行出来ることは感無量の思いである。

最後になったが、この不況の中で本書の出版を快諾された続群書類従完成会社長太田史氏と編集担当の小川一義氏に対し深甚の謝意を表する。

平成十七年（二〇〇五）四月吉日

今江廣道

目次

「十三代要略」紙背文書について

今江廣道

はしがき

近年、東京国立博物館（以下、東博と略称）資料部資料第一研究室長安達直哉氏は

東京国立博物館所蔵の「年代記」紙背文書について

なる論文を発表されると共に、その紙背文書全二十通を、詳細な注解を付けて翻刻された。(1)これらの文書は全て鎌倉時代の文書であるが、竹内理三氏編『鎌倉遺文』に採録されているのは二通のみで、(2)大部分は未紹介であり、学界に裨益すること多大である。

私がこの紙背文書の存在を知ったのは二十数年前であった。当時、在職中の宮内庁書陵部編修課において、公務の必要から東博よりこの「年代記」の写真の頒布を受けた時である。その後、國學院大學に移り、大学院でも中世史料の講読を担当したので、前田本『玉燭宝典』紙背文書を数年掛けて読んだが、定年退職迄の最後の一年である平成十一年（一九九九）にこの「年代記」紙背文書を採り上げて、院生諸君と共に読み終え、最終講義（平成十二年三月二十五日）でもこの紙背文書に関する話をした。安達氏の論文が発表されたのは私の退職後のことであるが、如上の経緯で、大変関心を持って拝読し、教えられる点も多々あったが、安達氏の触れられていない点や、見解を異にする点もあった。その中で

一、東博所蔵の「年代記」（以下、東博本と略称）の書名の特定と、僚巻の存在

二、『歴代秘録』について

について述べ、最後に、私の気付いた一、二の点について触れたい。

一　東博所蔵の「年代記」の書名の特定と、僚巻の存在

安達氏は、前掲論文の中で

本書は、表紙外題には「年代記」、明治時代の解説書には「皇代記」、写本の柳原家記録の中では「歴代秘録」と題名もさまざまで、本書の系統、書名等については別に考察する必要があると考えられるが、いずれも後考を期したい。

と述べておられるが、その後の考察にはまだ接していないように思われる。

私は前述のように、書陵部在職中に本書の存在を知ったが、その時、橋本義彦氏から、本書が『続群書類従』巻八五四（刊本第二十九輯上、雑部三一八～九一頁）所収の『十三代要略』の原本であること、僚巻が天理大学附属図書館にある（以下、天理本と略称）との御教示を得た。

『十三代要略』に関しては『群書解題』（藤井貞文氏執筆[3]）と『国史大辞典』（吉岡真之氏執筆[4]）があるが、後者の内容は左の通りである。

村上天皇から崇徳天皇までの歴史的事象を編年的に記述した年代記。二巻より成り、巻一には村上天皇より後朱雀天皇まで、巻二には後冷泉天皇より崇徳天皇までを収める。各天皇ごとにまず在位年数を記し、ついで編年記事を掲げ、さらに皇太子・皇子女・大臣・後宮（三宮・女御・内侍・更衣など）の項を設けて人名・所伝を列記する。本書は『続群書類従』雑部に収められているが、同書の塙保己一の奥書で本書を『皇年代記残欠』と呼び、又巻二の中扉に記された日野資矩の文化四年（一八〇七）の識語に、「其名未知云々」とあることなどよりすれ

ば、江戸時代末期までは『十三代要略』の書名は定まっていなかったらしく、さらに村上天皇より崇徳天皇までは実際には十四代であることなど、書名に不審な点もある。東京国立博物館『年代記』一巻は本書巻一の、天理図書館所蔵『年代記』一巻は本書巻二の鎌倉時代書写本で、同一人物の筆写にかかり、博物館本の外題には「大綴（監カ）物清原良元真筆」とある。両巻ともに鎌倉時代の年号を持つ文書・書状を翻して書写している。

この吉岡氏の解題は、ほぼ要を尽くしている。(5) 即ち

① 『続群書類従』所収『十三代要略』は、本来、江戸時代末期まで書名不詳の書物であること。

② 東博本と天理本があり、共に「同一人物」＝「大監物清原良元」の筆写したものであること。

③ 両巻共に、紙背文書は鎌倉時代の年号を持つ文書・書状であること。

などがその要点である。補足すれば、『十三代要略』の書名は、塙保己一が『続群書類従』に収載するに当たり、名付けたものではなかろうか。

さて東博本は安達氏が紹介されたので、天理本について簡単に触れておきたい。天理本は『十三代要略』の書名で登録されており、(6) 函架番号は　二一〇・三―イ3。天理図書館後補の表紙の次に元の表紙（これも後補か）があり、外題は

　年代記自後冷泉帝至崇徳帝 零巻 以扶桑略記・百練抄・一代要記・歴代編年集成或云帝王編年紀、所校、

で、左下に「三百参拾弐」と記した小さな貼紙がある。表紙見返しにも外題とほぼ同文の左の記述がある。

　年代記自後冷泉帝至崇徳帝 零巻 以扶桑略記・百練抄・一代要記・歴代編年集成或云帝王編年紀、所校不同点、

この文の右に別筆で

に

年代記自村上帝天暦元年至後冷泉帝寛徳二年一巻并裏書考証東京片野四郎氏蔵本谷森真男氏透写再写本アリ、

とある。左上に「天理図／書館蔵」朱印、右下に「宝玲文庫」朱印があり、天理図書館に入る前はフランク・ホーレーの所蔵であったことが判る。又この別筆の記述が僚巻（東博本）のことを記したもので、当時は「東京片野四郎氏蔵本」で、「谷森真男氏透写」の再写本があり、「裏書考証」も存したとあるが、これは安達氏が前掲論文の注（4）に

本書と同一の箱に明治時代の作成とみられる「皇代記考証檜山田斎述」と題する小冊子の解説及び紙背文書の影写本が付属しており……

とあるものに相当するのであろうか。なおこの記述に拠れば、この別筆の筆者は現東博本を見ていたか、その情報を得ていたことになる。

さて天理本は、東博本に続く巻で、矢張り鎌倉時代の書状等三十七紙の裏を翻して年代記を書写している。この両巻の紙背文書の全文を巻末に掲げておく。また左にその概要を表示しておく。

第一表　十三代要略紙背文書一覧表

番号	文書名	年月日	差出	宛所	勘返状	備考
東①	某書状	4・11	□□			
東②	清原良元書状	7・27	良元	亀谷殿	中原師員	前欠
東③	中原師員書状	9・5	師員			折紙
東④	安倍資宣書状	乃時	資宣			折紙、端欠
東⑤	清原良元書状	9・25	良元上	亀谷殿	中原師員	折紙
東⑥	某書状					後欠
東⑦	中原師員書状	9・17	師員			
東⑧	清原良元申状案		良元			折紙、後欠
東⑨	二階堂行義書状	9・8	行義（花押）			
東⑩	丹波国犬甘保雑掌申状案					折紙
東⑪	中原師員書状	4・6	主計頭師員			
東⑫	中原師員書状	7・20	師員			
東⑬	清原良元請文	仁治2・10・23	散位清原（花押）			
東⑭	中原師員書状	6・16	師員			
東⑮	清原良元諷誦文	嘉禎4・4・14	散位正五位下清原真人良元			
東⑯	尼光蓮申状					後欠
東⑰	尼光蓮申状	嘉禎4・3・12	尼光蓮			前欠、東⑯ニ続クヵ
東⑱	某書状					

東⑲	某書状	4・19	□□			
東⑳	清原頼尚書状	閏2・16	頼尚	□□		
東㉑	某書状					前後欠
天①	清原良元書状案	□・24	□□	図書右衛門殿		
天②	某庄検注帳案	11・□	公文・地頭・預所			前欠
天③	（清原良元書状）				某（師員カ）	後欠
天④	某書状	8・20		□□□□		
天⑤	三善倫長書状	4・7	倫長			
天⑥	三善倫長書状	乃刻	倫長			
天⑦	（清原良元書状）				某（師員カ）	後欠
天⑧	清原良元書状	4・5	良元	亀谷殿	中原師員	前欠
天⑨	清原良元書状案	5・3	良元	対馬前司殿		折紙、端欠
天⑩	清原良元書状案					
天⑪	某仮名書状	4・2	□□			折紙
天⑫	清原良元書状	7・5	良元		中原師員	
天⑬	清原良元書状	9・3	良元		教隆	
天⑭	清原良元書状案	5・2	良元	対馬前司殿		折紙
天⑮	清原良元書状				某（師員カ）	後欠、天⑯ニ続クカ
天⑯	清原良元書状	6・12	良元上	亀谷殿	中原師員	前欠
天⑰	清原教隆書状	7	教隆			
天⑱	中原師員書状	9・21	師員			折紙

天⑲	三善康持書状	5・14	康持	大監物殿		折紙
天⑳	某仮名書状					後欠
天㉑	清原良元書状案					前後欠
天㉒	中原師員書状	9・29	師員	前大監物殿		前欠
天㉓	清原頼尚書状	8・6	頼尚	大監物殿		
天㉔	中原師員書状	9・2	師員	□□□		
天㉕	清原教隆書状	9・1	教隆			端欠
天㉖	安倍資宣書状	乃時	資宣			折紙
天㉗	能登仲時仮名書状	4・24	仲時			折紙
天㉘	清原良元書状書さし					
天㉙	能登仲時仮名書状	8・25	仲時			折紙
天㉚	三善康持書状	4・17	康持	大監物殿		折紙
天㉛	清原良元書状案					後欠
天㉜	清原良元書状案	6・27	良元	名越殿		前欠
天㉝	能登仲時仮名書状	7・30	仲時			折紙
天㉞	中原師員書状	7・29	師員			
天㉟	清原良元書状	9・□	良元		清原教隆	
天㊱	某書状礼紙書					端欠

二　「歴代秘録」について

安達氏が指摘しておられるように、竹内理三氏編『鎌倉遺文』には、東博本二十通中、嘉禎四年（暦仁元、一二三八）三月十二日尼光蓮申状と仁治二年（一二四一）十月二十三日清原良元請文の二通しか採録されていない。[7]それ等の典拠を見ると、いずれも『歴代秘録裏文書』となっている。この二通は『大日本史料』第五編所載のものに限られる。[8]どちらも典拠は

〔歴代秘録〕裏古文書 ○柳原家記録百三十二所収

となっている故、安達氏は注(5)で

東大史料編纂所蔵「柳原家記録」第一三二巻。このほかに宮内庁書陵部にも寛政九年の写本がある。

とされたが、「柳原家記録」は写本であるから、「宮内庁書陵部に」ある「寛政九年の写本」を調査されるべきではなかったろうか。

宮内庁書陵部所蔵の『歴代秘録』（函架番号　柳-一三二〇）一冊は、所謂「十三代要略」の東博本・天理本に相当する部分と、その紙背文書の大部分を書写したものである。第一丁右上に「日野柳原／秘府図書」その下に「日野柳原／秘府／得朋之印」の二箇の印があり（「日野柳原／秘府図書」の右に「宮内省／図書印」がある）[9]、奥に

端欠

自朱雀院至崇徳院歴代秘録

外記抄歟、本書無外題、以古巻、令家人令書写、

尤可秘焉、　比校了、

寛政九年五月一日

正二位藤（花押）（柳原紀光）（朱印）（〔紀／光〕）

とある。『十三代要略』は、前掲の『国史大事典』冒頭に「村上天皇から崇徳天皇までの間の歴史事象を編年的に記述した年代記」とあるように、現存部分は村上天皇～崇徳天皇とされているのであるが[10]、江戸時代の寛政九年（一七九七）当時は「自朱雀院」始まっていたのである（現存の東博本は、安達氏も述べておられる様に村上天皇に始まるが、『歴代秘録』は朱雀天皇の「大臣」の項から始まっている。東博本はその部分を切り取ってしまったのであろうか。安達氏の報告に拠れば、東博本の第一紙の法量は「二七・八×八・二」となっている。二七・八糎は紙高であるから、紙幅は八・二糎しかないことになる。朱雀天皇の部分を切除したからではなかろうか）。因みにその本文は次の通りである。

朱雀天皇

端闕

太政大臣従一位藤原忠平 延長八年九月摂政□ 十一月従一位、六年□ 天慶四年十一月八日関白、

右大臣従二位兼行左近衛大将藤原定方 延長八年十二月□ 大将、承平二年□ 四日薨、五十八、

左大臣正二位兼行左近衛大将皇太子傅藤原仲平 昭宣公二男、 承平□二月任右大臣、左大将如旧、五年正月従二位、七年正月左大□、 天慶六年正月正二位、七年兼東宮傅、八年九月一日□五日薨、

正三位守右大臣兼行左近衛大将藤原恒佐 □ 右大臣如旧、八年五月五日薨、

右大臣従二位兼行左近衛大将藤原実頼貞信公□天□右大臣、卅、右大将如旧、八年□大将、九年正月従二位、

後宮皇太后藤原穏子承平元年十一月為皇太后、

女　御熙子女王文彦太子一女、母時平公女、承平七年二月十九日為女御、天暦四年五月五日卒、

藤原慶子実頼公女、天慶四年七月十六日為女御、五年十月九日卒、

尚　侍藤原貴子貞信公女、延喜年中入太子宮、

『十三代要略』について紙背文書の主要なもの四十一通を書写し、奥に

右歴代秘録裏文書也、良元自筆書裏也、命家人令書写了、

寛政九年五月五日

正二位藤（花押）（柳原紀光）

と、柳原紀光の自筆奥書がある。この奥書にある如く、書写したのは「家人」である。是沢恭三氏に拠れば、「紀光が能く短日月に諸家の記録を探求して読破し、謄写し、或は抜書して、今日に見るが如き柳原家の記録文書の集積を大ならしめ得たのは一面家族の援助に俟つ所が多」く、紀光の姉（卜部兼隆室）夫妻・弟報恩院権僧正覚遍・妹光子（日野大納言資矩室）・子息均光・資前・養女今子（嘉久子）・女多田子・妾富喜子・家僕若狭守親弘・土橋忠種等であったと云うが[11]、未だその筆者を明らかにし得ない。

紀光の云う「歴代秘録裏文書」の全文は、文末に『十三代要略』東博本・天理本の紙背文書と上下に対照できるよ

うにして翻刻した（一通毎に番号を付した）。

「歴代秘録裏文書」と『十三代要略』紙背文書の対照表を示せば、次の通りである（「歴」は「歴代秘録裏文書」。数字は記載順の番号。『十三代要略』紙背文書は、東博本と天理本に分け、前掲の第一表の略号に従って示した）。

第二表　「歴代秘録裏文書」と『十三代要略』紙背文書対照表

東⑲→歴①	東⑩→歴⑪	天㉚→歴㉑	天⑨→歴㉛
東⑱→歴②	東⑨→歴⑫	天㉖→歴㉒	天⑦・⑧→歴㉜
東⑰→歴③	東⑧→歴⑬	天㉔→歴㉓	天⑪→歴㉝
東⑮→歴④	東⑦→歴⑭	天㉓→歴㉔	天⑫→歴㉞
東⑯→歴⑤	東④→歴⑮	天⑲→歴㉕	天⑭→歴㉟
？→歴⑥	東⑤→歴⑯	天⑱→歴㉖	天⑰→歴㊱
東⑭→歴⑦	東③→歴⑰	天①→歴㉗	天㉗→歴㊲
東⑬→歴⑧	東①→歴⑱	天②→歴㉘	天㉕→歴㊳
東⑫→歴⑨	？→歴⑲	天⑤→歴㉙	天⑮・⑯→歴㊴
東⑪→歴⑩	天㉛・㉜→歴⑳	天⑥→歴㉚	天㉝→歴㊵
			天㉞→歴㊶

この内、歴⑥と歴⑲は実は裏文書ではなく、表の『十三代要略』の裏書であるから除外すべきである。また歴⑳・歴㉜・歴㊴はいずれも天理本『十三代要略』紙背文書二通を繋いで一通にしているが、その当否は検討の暇がないので、読者諸賢の判定に委ねたい（現在では読めない部分を読んでいるところもある）。一方、書写者が読めなかった文字はその字形を写し、横に「本」（本ノマ、の意）と注している（後掲釈文では■で示した）。

竹内理三氏が『鎌倉遺文』に『歴代秘録』紙背文書を収録された経緯を忖度すると、おおよそつぎのようになるのではなかろうか。即ち東大史料編纂所が、柳原家所蔵の記録を書写し、『柳原家記録』という写本を蔵するに至った。『大日本史料』第五編の編者は、その『歴代秘録』「裏文書」四十一通の中から、年紀のある前記のもの二通のみを収載した。竹内氏は、その二通を『鎌倉遺文』に収録された。『大日本史料』第五編の編者は、『歴代秘録』「裏文書」四十一通の全部を見て、その中から二通を選択したと思われるが、『鎌倉遺文』の編者竹内氏は、『歴代秘録』が如何なる書物であるか、追求されなかったし、その紙背文書中には、この二通以外にも沢山あることを御存知なかったのであろう。もし知って居られたならば、『類収』として、それ以外の無年号文書も収載されたと思われる。この事は、例えば名古屋市立蓬左文庫所蔵『斉民要術』紙背文書の収載のされ方と比較すれば一目瞭然である（詳細は省略）。

『歴代秘録』のことは、『国書総目録』第八巻（一九九〇年十一月岩波書店刊　補訂版第一刷一四一頁第三段）に

歴代《れきだい》秘録《ひろく》　一冊　(類)　記録　㊢宮書（寛政九写）・東大史料（柳原家記録一三二）　*朱雀天皇―崇徳天皇、紙背文書之写を付す

とあるが、竹内氏が『鎌倉遺文』を編纂しておられた頃には未だ刊行されていなかったが、安達氏は『柳原家記録一三二』所収の、或いは宮内庁書陵部所蔵の『歴代秘録』を見られたのなら、その紙背文書中には東博本以外の文書も

あるので（前掲表二参照）、僚巻の存在に気付かれたのではなかろうか。

安達氏の翻刻の内、問題なのは東⑯　尼光蓮申状の本文の冒頭

件子細ハ、光蓮か亡父兵衛太郎明政入道か相伝の所帯

とあることである。この「亡父」は、原本に拠れば「亡夫」の誤りである。光蓮の父については、数行後に

光蓮か父故隼人佑康清入道

と見える。即ち尼光蓮は、三善康清の女で、明政に嫁してその妻となったのである。この「亡夫」を「亡父」と最初に読み誤ったのは『歴代秘録裏文書』で、『大日本史料』第五編之十一　暦仁元年三月十二日条は、それに拠ったため、矢張り「光蓮か亡父兵衛太郎明政」と誤り、更に『大日本史料』所引のものに拠られた竹内理三氏編『鎌倉遺文』第七巻　五二一七　尼光蓮申文案もその誤りが踏襲されているのである。しかし安達氏のは原本からの翻刻であるから、『大日本史料』か『鎌倉遺文』に惹かれたのであろう。

三　その他

この『十三代要略』紙背文書については、既に安達氏によって

Ⅰ「これらの文書群が清原良元の手許に集積されたもの」であること。

Ⅱこの清原良元とは、『群書類従』所収『清原系図』中の「少外記　大監物　本名良元」と注記のある「良広」（良業の子）が該当すること。

Ⅲ「嘉禎四年」（一二三八、十一月二十三日暦仁と改元）の年紀のある東⑮⑯、「仁治二年」（一二四一）の年紀のあ

る東⑫のほか、東⑲の「壬二月」も嘉禎四年であり、「その他の文書もほとんどが仁治二年のものと推定されるので、年代の幅は非常に狭く数年間の範囲である」こと。

Ⅳ「内容も丹波国犬甘保に関しての相論にかかわる文書、及びその関連文書」であること。

等が明らかにされている。

これらは東博本から得られた結論であるが、天理本を加えても、それ程大きくは動かないと思われ、鎌倉幕府の訴訟関係史料として貴重であるが、Ⅰについて補足すれば、良元の書状案や請文案等の存在、良元の書状に対する中原師員等の勘返状の存在のほか、良元が字を書誤ったため、反故にした文書の存在がある。

例えば天⑮の五月二日付の対馬前司宛書状案は、全文出来上がっているのであるが、良元はこれを反故にしている。その理由は、見返シの二行目から三行目に掛けて「歎治」とあることである。「歎治」では意味をなさないから、「難治」の誤りであろう。恐らく良元は封をする前にもう一度読み返してこの誤りに気付き、書き直して送ったのであろう。天⑨は翌五月三日付の同人宛の書状案で、天⑮と同一の文言が見えるから、或いは三日になって、⑨の文言の方を送ったのかも知れない。

また天㉘は「定被召快」と言う中途半端な文言で終り、以下は空白になっている。恐らく最後の文字を「決」と書くべきを、誤って「快」と書いたため、反故にしたのであろう。

また安達氏は、各文書に見える官途や人名についてその比定を行っておられる。これに天理本に見える文書番号を加え説明を補足すれば、次の通りである。即ち

東①「朝禅」＝高野山住僧にその名あるも不明。『歴代秘録』では「円禅」とする。

東③「羽州」＝二階堂行義　天㉟にも見える。

東④「三州」＝清原教隆。仲隆の子で、『関東評定衆伝』によれば、仁治二年三月廿六日任三河守。東⑤にも見え、
天⑬⑮に自筆書状がある。

東④「准后」＝九条道家室倫子。

東⑤「内蔵権頭」＝藤原資親、親綱の子。

東⑤「石山局」＝将軍頼経側近勤仕の女房　天㊱にも見える。

東⑥「肥後前司敦守」＝中原師茂の子。師員の兄弟。

東⑧「南殿」＝六波羅探題北条時盛。

東⑫「加賀民部大夫」＝三善（町野）康持。天③⑦⑨⑩⑭⑮にも見える。また天⑲と㉚は、康持の自筆書状である。

東⑭「矢野外記大夫」＝三善（矢野）倫長。倫重の子。『関東評定衆伝』によれば、寛元二年（一二四四）十二月二日評定衆に加えられ、文永十年（一二七三）二月十五日卒。

東⑯「故隼人佑康清」＝三善康清。康光の子。『吾妻鏡』文治六年（建久元、一一九〇）四月廿九日条の内宮役夫工料米未済注文「美作国」の項に「地頭隼人佐《マヽ》康清」とある。


これに対して天理本にのみ見える人名は、次の通りである。


天①「図書右衛門」＝『吾妻鏡』嘉禎二年七月廿四日条の「図書左衛門尉」と関係あるか。

天③「対馬前司」＝三善（矢野）倫重。康信の孫、行倫の男。『関東評定衆伝』仁治元年より寛元二年まで評定衆

に「前対馬守三善倫重」とあり。寛元二年（一二四四）六月四日卒去。

天⑤「倫長」＝三善倫長。前対馬守三善倫重の子で、東⑭の「矢野外記大夫」と同一人である。

天⑫「前武州」＝『関東評定衆伝』暦仁元年（一二三八）「執権」の項に「左京権大夫兼武蔵守平泰時朝臣」とあり、「四月六日辞武蔵守」と注され、翌延応元年以降は「前武蔵守」とされており、仁治三年六月十五日、六十歳を以て卒去している。

天⑰「教隆」＝東④に見える「三州」即ち三河守と同一人である。良元の従父兄弟に当たる。天㉕にも自筆書状が、天⑬に勘返状がある。履歴については細川重男『鎌倉政権得宗専制論』「鎌倉政権上級職員表」200、系図は同書「鎌倉政権要職就任者関係諸系図」16「清原系図」及び『系図纂要』参照。

天⑲「康持」＝東⑫に見える「加賀民部大夫」である。なお三善氏については細川重男『鎌倉政権得宗専制論』六五頁以下及び同書系図15参照。

天㉓「頼尚」＝『続群書類従』巻百七十三所収『清原系図』に「良広（本名良元）」の兄に「頼尚大外記、正五位上、主計頭、主水正、博士、助教、直講、得業生、」あり。

天㉔「右衛門尉邦平」＝中原師員の家人であると思われるが、詳細不明。

天㉔「前兵庫頭」＝藤原定員。『吾妻鏡』安貞元年（一二二七）三月廿七日条に「藤内左衛門尉定員」とあるのが初見で、延応元年（一二三九）五月五日条に「兵庫頭定員」、以下仁治元年（一二四〇）十二月廿三日迄は「兵庫頭」、仁治二年三月廿七日条に「前兵庫頭定員」、同年八月十五日及び廿五日には、また「兵庫頭」とあり、同年十一月に「但馬守」、寛元元年七月以降は「但馬前司」と見える。これをそのまま受容すれば、定員の官歴は兵庫頭→前兵庫頭→兵庫頭→但馬守→前但馬守となる（以上、御家人制研究会編『吾妻鏡人名索引』を参照した）。兵庫頭を辞め、またすぐに兵庫頭に任じられたとは考えられないから、仁治二年八月十五日と廿五日の両条は「前」字の脱落と考えるか、仁治二年三月廿七日条の「前兵庫頭定員」の「前」を衍字と考えるかの何れかである。もし前者を採れば、定員は仁治元年十二月以後、同二年三月以前に兵庫頭を辞めたことになる。また後者を採れば、定員の兵庫頭辞官は仁治二年八月〜十一月の間となる。

「前兵庫頭」とある本書状の日付は「九月二日」であるから、前者ではあり得ない。よって『吾妻鏡』仁治二年三月廿七日条の「前兵庫頭定員」の「前」を衍字とし、定員の兵庫頭辞官は仁治二年八月廿五日以後、同年十一月四日迄の間と考える。またかく考えることによって、本状の年紀を仁治二年と確定することが出来る。

天㉕「中山城前司盛時」＝中原盛時。『吾妻鏡』には寛元三年十二月廿五日を初見として弘長元年まで「中山城前司盛時」と見える。安達氏の云われる如くこれらの文書群が仁治二年頃のものとすれば、『吾妻鏡』より早い所見である。

天㉕「主計頭」＝前出の中原師員である。

天㉖「資宣」＝安倍資宣。『吾妻鏡』延応元年十月より寛元元年八月まで陰陽道関係記事中に見える。寛元元年（一二四三）八月廿四日条に拠れば、宣賢の男。

なお安達氏は、東④の差出人を□□〔資定カ〕としておられるが、本状の差出人「資宣」と同一人物である。

天㉗「仲時」＝能登仲時。天㉙の差出人でもある。『吾妻鏡』寛元二年四月以降に見える「能登右近大夫仲時」が該当するであろう。天⑪に見える「右近大夫」も同じか。

天㉜「名越殿」＝嘉禎二年九月十日評定衆に補せられた北条氏一門の朝時が該当するのではなかろうか（履歴についてては細川氏前掲書「鎌倉政権上級職員表」18、系図は同書「鎌倉政権要職就任者関係諸系図」1前田本平氏系図参照）。

以上、判る範囲で人名比定を試みた。ただ草名を読むのが不得手なので、誤りも多いかも知れないことを予めお断りしておきたい。

差出に草名が多いのとは対照的に、花押は東⑨の二階堂行義のものしかないことや（外に東⑬の良元の花押がある）、古文書学的には勘返状や折紙と言う略式の文書が多いことは、本文書群の特徴的なことである。これ等は、畢竟、書札礼に関することであるが、問題を提起するに止めたい。また東⑯尼光蓮申状に、施行後わずか五年しか経ていない「五十一箇条」即ち貞永式目を論拠にしていることなど、興味は尽きないが、本稿は、『十三代要略』の名で『群書類従』に収められ、現在は東京国立博物館と天理大学附属天理図書館に分蔵されている「年代記」原本二巻の紙背文書全文の翻刻を目的とし、併せて江戸時代の寛政九年（一七九七）に、『続史愚抄』の編者として知られる公卿柳原紀光が家人をしてこの両巻の表裏を写さしめ『歴代秘録』と名付けた書物と、そこに写されている裏文書を原本と対照できるように翻刻することを目的としたので、これらの問題は後日を期したい。

この紙背文書は、鎌倉幕府の訴訟関係史料として貴重である。清原良元は、幕府の高官である評定衆中原師員・三善倫重・同康持・二階堂行義等と書状を遣り取りしている。良元は朝廷の官人であり、幕府側も疎略に扱えなかったのかも知れないが、鎌倉滞在が長引いていることからすると、幕府側も持てあまし気味ではなかったか、とも思われる。この訴訟が敗訴に終わったらしいことは、係争地である丹波国犬甘保のその後が、論人である政親の系統の人に

よって知行されていたことが、正中二年（一三二五）七月十六日付酒井信経等連署和与状の存在によって知られる。(12)

むすび

東博本の紙背については、同館の安達直哉氏が既に紹介の労をとられ『歴代秘録』についても触れておられるのだが、天理本については全く触れられず、『歴代秘録』についても記述に不十分な部分があると感じたので敢えて筆を執った。安達氏に対しては非礼の段をお詫びすると共に、読者諸賢のご海容を得たい。また紙背文書の全文翻刻を許可された東京国立博物館並びに天理大学附属天理図書館に深甚の謝意を表する。

〔注〕

（1）鎌倉遺文研究会編集「鎌倉遺文研究」5号。二〇〇〇年四月刊。
（2）竹内理三氏編『鎌倉遺文』第七巻　五二一七号・第八巻　五九五二号。
（3）『群書解題』八　続群書類従完成会　昭和五十一年十一月刊、初版昭和三十六年四月刊。
（4）『国史大辞典』7（吉川弘文館　昭和六十一年十一月刊）の『十三代要略』の項。
（5）なお小倉慈司氏「神宮本『皇代記』について」〈「瑞垣」一九一　二〇〇二年一月神宮司庁刊〉注（3）にも本書に関する記述がある。
（6）天理大学付属天理図書館開館65周年記念展「日本の史籍」（平成七年十月十九日~十一月七日）に『十三代要略』も展示され、その時の図録に部分写真が掲載されている。
（7）注（2）参照。

（8）前者は『大日本史料』第五編之十一、暦仁元年三月十二日条、後者は同十三、仁治二年年末雑載の「貸借」の項所載。

（9）蔵書印については、宮内庁書陵部編『図書寮叢刊 書陵部蔵書印譜 上』（平成八年三月 明治書院刊）一二五～三〇頁参照。

（10）東博本を実見しておられる安達氏も「本文は『村上天皇（注略）』に始まり」と述べておられる。

（11）是沢恭三氏「柳原紀光の諸家記録探求に就て」「国史学」四十五号 昭和十七年十月。

（12）この事は、安達氏も指摘しておられる。なお『兵庫県史』史料編 中世三には同県多紀郡丹南町（現篠山市）の酒井和裕氏所蔵文書二十八通、同町酒井義一氏所蔵文書一通、同町酒井嘉幸氏所蔵文書一通、兵庫県立歴史博物館所蔵酒井文書二通などが収められているが、『十三代要略紙背文書』乃至『歴代秘録裏文書』は一通も収められていない。従って犬甘・主殿両保について、通史編中世（第二巻三一七～九頁）でも、酒井嘉幸氏所蔵文書中の正中二年（一三二五）七月十六日付の酒井信経等連署和与状（『鎌倉遺文』にも二九一五三号として収む）に拠る記述のみで、それ以前の記述及び油井保に関する記述はない。

また『講座日本荘園史 8近畿地方の荘園 Ⅲ』（吉川弘文館 二〇〇一年一二月刊）の丹波国主殿保・犬甘保・油井保の項（同書一九二頁以下、黒川直則氏執筆）は、この三保に関する最も詳しいものであるが、それでも『十三代要略紙背文書』中で利用されているのは、『大日本史料』および『鎌倉遺文』所収の『歴代秘録裏文書』のみである。

東博本・天理本『十三代要略』紙背文書・『歴代秘録裏文書』翻刻

凡例

一、東京国立博物館所蔵「年代記」（書跡第一九一九号）一巻と天理大学附属天理図書館所蔵「十三代要略」（二一〇・三-イ3）一巻の紙背文書の全文を写真によって翻刻する。文字は常用漢字体とし、それにないものは正字体とした。

一、両巻とも、巻尾より巻首に向かって一紙毎に順次番号を付した。その番号に東博本には「東」字を、天理本には「天」字を冠した。

一、参考のため前記両巻を江戸時代に写した『歴代秘録』の「裏文書」を『十三代要略』翻刻の該当部分の下方に翻刻し、一通毎に番号を付し「歴」字を冠した。

一、改行は原本通りを原則とする（『歴代秘録裏文書』はこの限りに非ず）。

一、切断等によって、文字の残画はあるがその文字が不明の場合は、字数をはかって□で示し、字数不明の場合は[　　]とした。また編者の推定にかかる文字は、右傍に〔　〕を付して記し、文字以外の編者の注記は（　）内に記した。

一、その他、一般の翻刻原則に則っているので、適宜類推されたい。

十三代要略紙背文書

東①

何事にも候
不申候事
難存テ候、
又此田舎
□麻難得候之間、
□〔乍〕存略候、恐入テ候、

去年十月比指立者ニ、可申□□
事候テ、罷下候之処、今年以外
世間飢饉仕テ候之間、不慮罷
留候、秋つけ候て可罷上候、当時ハ
無下ニ無便候之間、御馬草□
躰物をたにも、不沙汰進上候事、
返々歎存候、且山王大師
可有御照覧候、難治子細等
候之間、乍存黙止仕候事、返々□〔口〕
惜候、何比まて御逗留候ハん
するやらん、相構〳〵罷上候テ、入
見参たく候、猶々御□□返□〔々〕

歴代秘録裏文書

歴⑱

何事にも候不申候事難存候也、又此田舎白麻難得候之間、
事々存略候、恐入候、謹言、

去年十月比指立者候、可申入事候テ罷下候之処、今年以外世間飢饉仕■《本》候之間、不慮罷留候、秋つけ候て可罷上候、当時ハ無下ニ無便候之間、御馬草手躰物をたにも、不沙汰進上候事、返々歎存候、且山王大師可有御照覧候、難治子細等候之間、乍存黙止仕候事、返々口惜候、何比まて御逗留候ハんするやらん、相構候、罷上候テ、入見参たく候、猶々御旅宿返々御心苦候、いかニ無便御坐候覧と奉察候、毎事難紙上候、恐々謹言、

四月十一日　円禅

御心苦候、いかニ無便御坐候覧、
奉察候、毎事難紙上候、恐々謹言、
四月十一日　□□

東②（前欠）

一向蒙御芳恩候、同者忩御
入眼候者所望候、毎事可参□〔入〕
言上候、恐惶謹言、
七月廿七日　良元
師員

（切封墨引）

師員
亀谷殿　良元

東③（折紙）

委承候了、被
仰付羽州之条、
先悦承候、次
羽州申状承候了、
子細期見参候、恐々
謹言、
九月五日　師員

東④（折紙）　（行間書入は東⑤の草案カ）

（端欠）
候也、申承候之条、
無其詮之様候
事、返々歎入候、
一日如仰無内外

歴⑰

委承候了、被仰付羽州之条、先悦承候、次羽州申状
承候了、子細期見参候、恐々謹言、
九月五日　師員

歴⑮

追申、承候之条、無其詮之様候事、返々歎入候、
一日如仰無内外申承候事、悦思給候、兼又申状事、
悦承候了、抑御尋候青鳧事、見参之時如令申候、難
治候也、いかゝし候へき、返々遺恨無申限候也、若
やと相尋候て候者、夕方可申案内候也、恐々謹言、
乃時　（朱傍書）「武家歟、非曩祖御事」資宣

其後此間久不申案内候、何事候哉、可参入言上之□
申承候事、
相存候之処、聊故障候之間、且申案内候、為恐候、
悦思給候、兼又
昨日罷向参州之屋形候、而自御所以御使度々被尋
申状事、悦承
事等候き、粗令申子細候了、次御上洛仕候事、相待准后
候了、
依御神事頃日籠居候、因明日者御参□
御返事候之由、申上候、而有可被仰事等、暫可候之由、被仰
下候、参州令申候しハ、申候賜御文、可付教隆可申沙汰
抑御尋候青
令申候、此事何様可候哉、可随御計候、今明可
蚫事、見参之時
罷上候、且可言此訴訟間事、可言上候、宜事等候ハヽ、
如令申候、難治
可参入言上候、
候也、いかゝし候へき、
返々遺恨無申
限候也、若やと相
尋候て候者、夕方
可申案内候也、
(以下見返シ)

恐々謹言、
乃時　資宣

東⑤（折紙）

艾跡未平癒候之間、
可参入言上之由、
〔不〕
□及寸歩候、
相存候之処、聊
又伺申候歟、
故障候之間、且申
案内候、為恐候、
昨日罷向参州之
屋形候、而自御所
以御使度々被尋
仰事等候き、粗令
申子細候了、次上洛
□日以前、内蔵権頭申入候へハ
仕候事、相待准后
御返事ハ可申石山局之由、

歴⑯

灸跡未平癒候之間、不及寸歩候、以使伺事ニ候、
可参入言上之由相存候之処、聊故障候之間、且申案
内候、為恐候、昨日罷向参州之屋形候、而自御所以
御使度々被尋仰事等候き、粗令申子細候之次、上洛
一日
以前、内蔵権頭申入候へハ、御返事ハ可申石山局之由
被仰下候、仍
仕候事相待准后御返事候之由申上候、而有可被仰事
申其由候也、何事候哉、不
等、暫可候之由被仰下候、参州令申候しハ、依御神
審候、条々何事候哉、
事　此間籠居候、自明日可参候、申賜御文可付教隆
承其趣可存知候歟、
可申沙汰之由、令申候、此事何様可候乎、可随御計
候、今明可罷上候、此訴訟退訴申候ハ、やと相存候、
仍其間事可言上置子細候、可参入言上候、恐惶謹言、
九月廿五日　良元上
亀谷殿　師員

御返事候之由、申上候、
被仰下候、仍申其由候也、
而有可被仰事等、
何事候哉、不審候、
暫可候之由、被仰下
候、参州令申候しハ、
依御神事、此間籠居、

（以下見返シ）

自明日可参候、申
早々何事候哉、承其趣
賜御文、可付教隆
〔可〕□存知候歟、
可申沙汰之由、令申候、
此事何様可候乎、
可随御計候、今明
可罷上候、此訴訟退
訴申候ハ、やと相存
候、仍其間事可言上
置子細候、可参入言

上候、恐惶謹言、

九月廿五日　良元上

師員

亀谷殿

東⑥

萱津御雑事下知状書進候、
美濃国郡戸と申候所者、萱
津より一日之路候、墨俣河之□
候也、令着給候てん日を被□
候天置一両日可申付給□
私御存知令申候也、
如馬可進候処、昨日相親□
肥後前司敦守帰洛之間、一向
上候之間、払底候了、返々□

節遺恨候、然而如御閑談者、□
（以下欠）

東⑦

准后御返事間事、
以此旨可伺御気色
候歟、
御内私申悦承
候了、
近日御上洛之由、承
候了、其以前、尚可
申承候歟、灸治煙
候之間、不及寸歩
候也、恐々謹言、
九月十七日　　師員

歴⑭

准后御返事間事、以此旨可伺御気色候歟、
御内■《本》事悦承候了、
近日御上洛之由承候了、其以前尚可申承候歟、灸治
爛候之間、不及寸歩候也、恐々謹言、
九月十七日　　師員

東⑧（折紙）

良元申

兵衛二郎政親めされ候へとも、まいらす候、いとまを申候て、関東へまいり候へきと、南殿よりめされ候へとも、兵衛二郎まいらす候、あまさへこのめしのゝち、そのきにてハにくしと申候て、四五十人を百姓のいゐことにつけ候て、鎌倉くたりの草手の銭七貫余せめとり候ぬ、又やかて地頭のたいくわんをなして、犬甘ニしき給候て、地頭名の田畑とうしつくらせ候ひ、下人

歴⑬

良元申

兵衛二郎政親めされ候へともまいらす候、いとまを申候て、関東へまいり候へきこと、南殿よりめされ候へとも、兵衛二郎まいらす候、あまさへこのめしのゝち、そのきにてはにくしと申候て、四五十人を百姓のいゐことにつけ候て、鎌倉くたりの草手の銭七貫余せめとり候ぬ、又やかて地頭のたいくわむをなして、犬甘ニしきゐ候て、地頭名の田畠とうしつくらせ候ひ、下人ともニところあてしたひ候、いまハいかに申候とも、かないかたく候、問注の記ハけふかため候ぬ、いそき関東へまいらせさせおハしますへく候よし、そむし候、この五日いとまをたまはり候て、いそきかんとうへまいり候へく候、

ともニところあてしたひ候、
いまハなに申候とも、かない
かたく候、問注の記ハけふかた
め候ぬ、いそき関東へまいら
セさせおはしますへく候
よし、そんし候、この五日い
とまをたまはり候て、いそ
き関東へまいり候へく候、

（以下欠）

東⑨

前大監物殿
訴状給候了、
又譲状正文
返進候、案

歴⑫

前大監物殿訴状給了、又譲状正文返進候、案書留候
也、恐々謹言、
九月八日　行■本
判

書留候也、恐々
謹言、
九月八日　行義
（花押）

東⑩（折紙—天地逆継ぎ、今正す）

□《丹》波国犬甘保雑掌申
下司尼光蓮息政親濫妨事
□《右》元者、当保下司尼光蓮
□《存》生之時、子息政親蔑如
□母之光蓮、任自由張行
□《保》務、依致非法、保内不
□《安》堵之間、去嘉禎二年
□《被》成下関東御下文之
□《間》、政親止濫妨之処、光蓮

歴⑪

丹波国犬甘保雑掌申
□下司尼光蓮子息政親濫妨事
□元者、当保下司尼光蓮存生之時、子息政親蔑如老
母之光蓮、任自由張行□務、依致非法、保内不□堵
之間、去嘉禎二年被成下関東御下文之後、政親止濫
妨之処、光蓮□以死去、政親与妹女処□相論之間、
止両方之自由、可相待御成敗之由、度々雖被下六波
羅殿之御下知、政親一切不及承引、一向張行、百姓
不堪種々之非法、忘勧農之思、可企逃散云々、母尼
知行之比、政親更不拘制止、況於当時之儀哉、凡不
叙用六波羅殿御下知状之上者、国衙之力弥難治也、

□以死去、政親与妹女処
□相論之間、止両方之自
□〔由〕、可相待御成敗之由、
□〔度〕々雖被下六波羅殿
□□□〔御下知〕、□□□□□□〔政親一切不及〕
（以下見返シ）
承引、一向張行百姓不
堪種々之非法、忘勧農之
思、可企逃散云々、母尼
知行之比、政親更不拘
制止、況於当時之儀哉、
凡不叙用六波羅殿御
下知状之上者、国衙之力
弥以難治也、以正直之輩
可被定補之由、為有申

以正直之輩可被定補之由、為有申御沙汰、粗言上如
件、

御沙汰、粗言上如件、

（以下墨付ナシ）

東⑪

丹波国犬甘保地頭職御相論
事、承候了、問注記到来之上、
定早速御沙汰候歟、便宜之□、
可有御渡候、兼日存知大切
歟、但此両三日令浴三木一草
薬湯候、
准后御教書事可給候、可
伝遣石山局之許候、毎事□〔難〕
尽紙上候、恐々謹言、
四月六日　主計頭師員

歴⑩

丹波国犬甘保地頭職御相論□事承候了、問注記到来
之上、□定早速御沙汰候歟、便宜之時、可有御渡候、
兼日存知大切候歟、但此両三日令浴三木一草薬湯候、
來十五日以後可見参候、准后御教書事可給候、可伝
遣石山局之許候、毎事難尽紙上候、謹言、
四月六日　　主計頭師□

東⑫

今日被始評定候、只今令参□〔候〕
也、若便宜候はゝ、可申驚候、
加賀民部大夫等、自来廿八□〔日〕
可出仕之由、以巷説承及候、
使等若相待彼等出仕候事
候はんすらんと、不審候、いか□〔さ〕
まにも、今日可尋承候也、謹□〔言〕、
七月廿日　師□〔貝〕

東⑬

伊賀国印代郷内新久吉借上事、
銭五貫文也、以新久吉所当米可
致其弁也、而今年虫損云々、然而先
以現在所当米致其沙汰、於残□〔分〕

歴⑨

今日被始評定候、只今令参□也、若便宜候者、可申
驚候、但加賀民部大夫等、自来廿八日可出仕之由、
以巷説承及候、使等若相待彼等出仕事□候らんすら
んと、不審候、いかさまにも、今日可尋承候也、謹
言、
七月廿日　師員

歴⑧

伊賀国印代郷内新久吉借上事、銭五貫文也、以新久
吉所当米可致其弁也、而今年虫損云々、然而先以現
在所当米致其沙汰、於残分者於京都加利分可令弁者
也、但今度関東下向之間、用途繁多罷入、於事難合

者、於京都加利分可令弁者也、
但今度関東下向之間、用途□〔繁〕
多罷入、於事難合期、仍彼岸
以前弁尽事、定難叶歟、仍
所請如件、
　　仁治二年十月廿三日
　　　　　　　　散位清原（花押）

東⑭
犬甘保事、以一日御文申
入候了、問注記今日可随身
由、令申矢野外記大夫□
也、可申驚候、恐々謹言、
　六月十六日、　師員

期、仍彼岸以前弁尽事定難叶歟、仍所請如件、
　仁治二年十月廿三日　　散位清原（花押）

歴⑦
犬甘保事、以一日御文申入候了、問注記今日可随見
由、令申矢野外記大夫也、可申驚候、恐々謹言、
　六月十六日　　師員

東⑮

敬白

請諷誦事

三宝衆僧御布施一裹

右、諷誦所請如件、敬白、

嘉禎四年四月十四日　弟子散位正五位下清原真人□□〔良元〕

東⑯

尼光蓮申

子息兵衛次郎政親丹波国犬甘保を濫妨の間事

件子細ハ、光蓮か亡夫兵衛太郎明政入道か相伝の
所帯三箇所主殿保・犬甘保・油井保、候しを、犬甘保の地頭職を
光蓮にゆつりたひ候て、明政入道ほとなく死去
し候にき、そのゝち隠岐院御時、主殿・犬甘・油井
も人々をもとりて、ひとゝころも得しり候はす、ま

歴⑤

敬白

請諷誦事

三宝衆僧御布施一裹

右、諷誦所請如件、敬白、

嘉禎四年四月十四日弟子散位正五位下清原真人良□

歴④

尼光蓮申

子息兵衛次郎政親丹波国犬甘保を濫妨の間事

件子細ハ、光蓮か亡父兵衛太郎明政入道か相伝の所
帯三箇所主殿庄・犬甘保・油井保候しを、犬甘保の地頭職を光蓮
にゆつりたひ候て、明政入道ほとなく死去し候にき、
そのゝち隠岐院御時、主殿・犬甘・油井も人々をし
とりて、ひとゝころも得しり候はす、ま□いて候し
ときに関東へまいり候て、光蓮か父故隼人佑康清入

いて候しときに関東へまいり候て、光蓮か父故隼人佑康清入道になけき申て候しかハ、故権大夫殿御時、この子細を申あけ候て、すなはち安堵の御下□を給□□、しかるを政親父明政入道かゆつりを□たる事も候はねとも、光蓮か恩にて、主殿・油井二所まてしらせ候に、をなし母と申候なから、これらの恩をもかへりみ候はす、この犬甘をもみなたハすと申候て、光蓮にあてもつけす、百姓をことにあ□めわつらはし、やう〳〵のあくしをし候事、申はか□

東⑰

（前欠　⑯に続くカ）

そ父の後生ならひニ明政入道か後生をもとふらひ、ときれうにもあてゝ候あいた、さてハかなうましく候しとき

道になけき申て候しかハ、故権大夫殿御時、この子細を申あけ候て、すなはち安堵の御下文を給て候、しかるを政親父明政入道かゆつりを得たる事も候はねとも、光蓮か恩にて、主殿・油井二所まてしらせ候に、をなし母と申候なから、これらの恩をもかへりみ候はす、この犬甘をもみなたハすと申候て、光蓮にあてもつけす、百姓をことにあためわつらはし、やう〳〵のあくしをし候事申はか［欠文］

そ父の後生ならひに明政入道か後生をもとふらひ、ときれうにもあてゝ候あいた、さてハかなうましく候しときに、母子のあいた、そのはゝかり候しかとも、事のよしを申あけて候しかハ、去嘉禎二年ニ問状の御教書をくたし賜て候へとも、そのゝち濫妨たゝをなし事にて候、かつハ光蓮ゆへ百姓をわさとわつらはし候こと、くはし候こと（マヽ）、くはしくハ申にをよひ候はす、なをこの定にふるまい候はゝ、百（姓脱カ）もまといはて、領家の御年貢もまたかるへからす候、おほよそ光蓮か恩にていまは二所まて政親しり

に、母子のあいた、そのはゝかり候しかとも、事のよしを申あけて候しかハ、去嘉禎二年ニ問状の御教書をくたし賜て候へとも、そのゝち濫妨たゝをなし事にて候、かつハ光蓮ゆへ百姓をわさとわつらはし候こと、くはしくハ申ニをよひ候はす、なをこの定にふるまい候はゝ、百□〔姓〕もまといはて、領家の御年貢もまたかるへからす候、おほよそ光蓮か恩にていまハ二所まて政親しり候に、□〔さ〕のミしるへきにも候ハす、光蓮に明政入道ゆつりた□〔ひ〕て候へハ、たれにたひ候はむもこゝろにて候うへに、明政入道も申むね候しかハ、犬甘をハ女子ニゆつりたふへく候、かつハ五十一箇条にも、所領ハをやのこゝろニまかすへきよし、みえて候、せんするところ故明政入道かゆつりにまかせて、政親か濫妨をとゝめて、光蓮一向に進退領掌すへきよし、御下文を申賜らむとおもひ候、かやうに申あけ候ぬ、このたひ御下文をも賜候はすハ、政親いよ〳〵かつニのり、一向

候に、さのミしるへきにも候ハす、光蓮に明政入道ゆつりたひて候へハ、たれにたひ候はむもこゝろにて候うへに、明政入道も申むね候しかハ、犬甘をハ女子ニゆつりたふへく候、かつハ五十一箇条にも、所領ハをやのこゝろニまかすへきよし、みえて候、せむするところ、故明政入道かゆつりにまかせて、政親か濫妨をとゝめて、光蓮一向に進退領掌すへきよし、御下文を申賜らむとおもひ候、かやうに申あけ候ぬ、このたひ御下文をも賜候はすハ、政親いよ〳〵かつにのり、一向に押領し候て、光蓮か知行なかくかなうへからす候、かやうに申候へハ、犬甘をしり候はむれうに、もしなき事も申あけ、政親にあらさる虚言をも申つけ、ひかさまにも申なし候はゝ、伊勢太神宮・八幡大菩薩・賀茂大明神、凡六十余州神祇冥道之罰可罷蒙光蓮之身候、

嘉禎四年三月十二日　尼光蓮

に押領し候て、光蓮か知行なかくかなうへからす候、かやうに申候へハ、犬甘をしり候はむれうに、□しなき事も申あけ、政親にあらさる虚言をも申つけ、ひかさまにも申なし候はゝ、
伊勢大神宮・八幡大菩薩・賀茂大明神、凡六十余州神祇瞑道之罰可罷蒙光蓮之身候、
　嘉禎四年三月十二日　　尼光蓮

東⑱

今日ハ御徒然候歟、
高主も既御出仕候云々、
乗御此車、きと御
渡候へく候、恐々謹言、

歴③

今日ハ御徒然候歟、亭主も既御出仕候云々、乗御此
車きと御渡候哉、恐々謹言、
　　　　　　仲実

東⑲

先日令申候二条院
以後除目被返候
者、少可借候也、
兼又夜前聞書
可申請候、抑今度令任
申給少将候、叙位者御元服
□□歟、本位正下御候歟、尚
条々雖御相応之所望候、□□
事候之間、令尋申候、謹言、
四月十九日　□□

東⑳

去夜除書種々事□
□云々、康親未進御聞

歴②

先日令申候二条院以後除目被返進候者、必可借給候
歟、兼又夜前聞書可申請候、抑今度令任給少将殿、
叙位者御元服□候歟、本位正下御候歟、如何、条々
雖不相応之所望候、大切事候之間、令尋申候、謹言、
四月十九日　顕言

歴①

去夜除書種々事等候云々、康親未進候聞書、六位所
進本候者、申請候哉、無心所望候歟、恐々々々

書、六位所進本候者、申
請候哉、無心所望申候歟、
恐々謹言、
閏二月十七〔六〕日　頼尚

［　　］［　　］

東㉑

（前後欠）

候之間、用　まいり候者かや、常被
一紙候、可有　思出候物かな、
御免候也、　後□可□案内

［　　］　［　　］

閏二月十六日　　頼尚

天①

丹波国犬甘保々司訴訟
間事、可有問注之由、度□〔々〕
催候、此間雖罷上候、後日[　　]
依難渋、問注于今遅引、[　　]
□□既及数句候了、難治之[　　]
候歟、可有問注者、可□[　　]
不然者、可罷下候歟、折紙[　　]
入候、可令入見参給候、[　　]
　□月廿四日　[　　]
謹上　図書右衛門殿

天②

（前欠）
番頭免六段　　職仕二段

歴㉗

丹波国犬甘保々司訴申間事、可有問注之由、度々仰
催候、此間雖罷上候、保司[　]依難渋、問注于今遅
引、[　]京既及数日候了、難治之□候歟、可有問注
者、可被[　]、不然者、可罷下候歟、折紙□入候、
可令入見参給候、恐々謹言、
　三月廿四日　　平政□
謹上　図書右衛門殿

歴㉘

端欠
番頭免六反　　職仕二反

川原人免四段廿伍代

残定所当米田廿伍町七段四十代之内

本田廿三丁七段五代　段別三斗宛

新田二丁卅五代　段別一斗五升、早米定

并定分米漆拾肆斛弐斗参升伍合之内、

除三石五斗六升五合

一石四斗九升五合御佃種　一石七斗二升五合井料

三斗四升五合御倉祭

残定所当米漆拾斛陸斗漆升

右、注進如件、

十一月　　日　　公文在判

地頭在判

預所在判

川原人免四反廿伍代

残定所当米田廿伍町七反四十代之内

本田廿三丁七段五代　段別三斗宛

新田二丁卅五代　段別一斗五升、早米定

并定分米漆拾肆斛弐斗参升伍合之内、

除三石五斗六升五合

一石四斗九升五合御佃種　一石七斗二升五合井料

三斗四升五合御倉祭

残定所当米漆拾斛陸斗漆升

右、注進如件、

十一月　　日　　公文在判

地頭在判

預所在判

天③

不知行候之間、于今不□
其後聊相労事候之間、
候、似懈怠候、
久不参上候、恐恨無極候、今
明可参啓候、
抑此訴訟事、御物沙汰者
一日令申出候き、
始候了、如何可仕候覧、已及数
月候、仍乍恐言上候、対馬前司
令出仕候之由、承及候、加賀民部
□候、可□□□旨、令申候歟、
大夫晦日可出仕之由、申遣
不及左右候、
候、彼等参上之時、任申御沙
汰候者、懇望候、凡無申達方
不及左右候、
候之間、不顧其恐言上仕候、□

（以下欠）

天④
御文委細承候了、便宜□
候者、以此趣可令披露□
毎事期見参之時候、□
八月廿日
□□□□

天⑤
御札委細承候了、
今日聊指合事候
也、明日可有渡御候、
可遂見参候、恐々謹言、
四月七日　倫長

歴㉙
御札委細承候了、今日聊指合事候也、明日可有渡御
候、可遂見参候、恐々謹言、
四月七日　倫有

天⑥（折紙）

御札委細
承候了、明日
可有御沙汰
候云々、其上
不及他事候
歟、恐々謹言、
乃刻　　倫長

天⑦

其後久不参入言上候、恐
無極候、今日も聊故障候
此一両日依咳病、籠居候、今朝□そ
間、乍恐捧申状候、殊畏入
立出て随躰可出仕之由、存候、
候、
抑此訴訟事、如何可仕候覧、

歴㉚

御札委細承候了、明日可有御沙汰候云々、其上不及
他事候歟、恐々謹言、
乃刻　　倫有

歴㉜

其後久不参入言上候、恐恨無極候、今日も聊故障候
此一両日依咳病籠居候、今朝こそ立出候へ、随体可出仕之由存候、
之間、乍恐捧申状候、殊畏入候、
抑此訴訟事、如何可仕候覧、加賀民部大夫等已令出
候歟、
未面謁候、然者定令出仕
仕候歟、今日御評定候者、枉可被仰出候、自由申状
未聞之候者可申出候、勿論候、
其恐不少候、然而被催懇切言上候、縦雖御評定不候、
其条々難事行
候歟、有問□

未面謁候、□□□令出仕候歟、
加賀民部大夫等已令出仕候
歟、未聞候也、候者可申出候、今日御評定候者、枉
勿論候、
可被□出候、自由申状其恐不
少候、然而被催懇切言上候、
縦其条々難申行候歟、有問雖御評定不候、証人等

（以下欠）

天⑧

（前欠）

今度出□者、被尋仰下
候者、所望候、旁恐思給候、
同蒙御芳恩候者、忩御入
更ニ不□可有候、至御申之□輩□
眼候乎、毎事可参入言上候、
間、于今不事行候き、力不及候、返々御
恐惶謹言、
在国渉日之条、心苦奉□候、謹言、

証人等令参上候者、被尋仰下候者、所望候、旁忩思
給候、同蒙御芳恩候者、急御入眼候乎、毎事可参入
更ニ不存疎略候、至御事
者、彼輩籠居間、于今不事行候き、力不及候歟、返々御在国渉日之
言上候、恐惶謹言、
条、心苦奉思候、謹言、

八月五日　良元上

師員

亀谷殿

四月五日　　良元
（切封墨引）　　師員
　　　　師員
亀谷殿

天⑨（折紙）
（端欠）
如此□
子細候□□乍
恐頻申案内
候、為恐候、
須参啓候之
処、只今聊故
障候之間、且申
案内候、為恐候、

歴㉛
如此事可□無子細候之間、乍恐頻申案内候、為恐候、
須参啓候之処、只今聊故障候之間、且申案内候、為
恐候、抑此訴訟事、加賀民部大夫殿当時無出仕候、
誰人可被申沙汰候乎、不審候、且可申案内候之間、
令申候也、為存知大切候、毎事今明間可参拝候、
恐々謹言、
五月三日　　良元
対馬前司殿

抑此訴訟事、
加賀民部大夫
殿当時無出
仕候、誰人可
被申沙汰候乎、
不審候、且可
申案内候間、
令申候也、為存
（以下見返シ）
知大切候、毎事
今明間可參
拝候、恐々謹言、
五月三日　良元
対馬前司殿

天⑩

雖須参入言上候、［　　　　　　］
状候、返々恐□□□候、
抑丹波国犬甘保訴訟事、行来令相待加□〔賀〕
民部大夫出仕候之処、又軽服罷成候了、此事
如何可仕候覧、所詮為将軍御在京御時、於一
家輩之前、尼光蓮与子息政親遂対決候之□〔上〕、
太郎入道《承久元年》上蓮書与譲状於尼光蓮候之時、政親
於其庄令見知候、而為謀書之由、政親令申候、
仍母尼可進誓状之由、令申候之時、為実書之由、
政親承伏候了、而母尼死去之後、又申謀書之由
候、只此一事、為謀書否、可被召問候者歟、以御
使被尋仰下可足候歟、漸送日数、空向西
収候者、雖沙汰未断候、作物等定政親令刈取□〔候〕
歟、去年既背六波羅殿御下知、政親一向点□

取候了、今年又為同前之条、無異儀候歟、
未断之間、一方自由沙汰難堪子細候之上、
参住既送旬月候、仍不顧其恐言上仕
候、且有御計可然之様、御披露候者、
所望候、無申入方候之間、恐々言上候、
恐惶謹言、

天⑪（折紙）

御文よろこひ
てうけ給候了、ま
□（こ）とに一日見
参にいりて
候し事、悦存候、
さてハ御下向事、
このひんきはよ

歴㉝

御文よろこひてうけ給候了、まことに一日見参にい
りて候し事、悦存候、さてハ御下向事、このひんき
ハよく候ぬと存候、右近大夫なとにもおほせられあ
ハせ候へく候、いかさまにも、いそきまかりくたり
候ハ、やと存候、今日御所へまいり候て、なに事も
うけ給候て、そのやうにしたかひて、まかりくたり
候へく候、毎事見参可申候、恐々謹言、
八月二日　教義

く候ぬと存候、
右近大夫なとに
もおほせられあ
はせ候へく候、いかさま
にも、いそきまかり
候へく□□ハ、やと
存候、今日御所へ
（以下見返シ）
まいり候て、なに
事もう□□□候
て、そのやうにし
□□ひてまかり
□□□候へく候、
毎事見参可
申候、恐々謹言、

四月二日　□□

天⑫

雖須参入言上候、察
御悆々候之間、且申案内御札同事候、
候、尤恐入候、
抑前武州御風気無別御事候歟、　然而御出仕未候、　仍毎事
蒙㒵様覚候、但御物沙汰者早速にそ
何様□御坐給候□、返々
候はんすらん、只今可参御所候也、
歎入候、今日無御出仕候
恐々謹言、　師員
哉、毎事可参入言上候、
恐惶謹言、
七月五日　　良元上

天⑬

□□□□□□□□□□□□

歴㉞

雖須参入言上候、察御悆々候之間、且申案内候、御札同事
候歟、
尤恐入候、
抑前武州御風気ハ何様令御坐給候覧、返々歎入候、無別御事候歟、然而御出仕未候、仍毎事蒙㒵様覚候、但御物沙汰
者早速にそ候はんすらん、
今日無御出仕候哉、毎事可参入言上候、恐惶謹言、只今可参御所候也、恐々謹言、　師員
七月五日　　良元上

申状草案令進之候、
御計候歟、
経御覧、可返給候、凡
察申候、この者□の□の様ニ相見候歌人候也、
愁歎無極候、如何可
仕候乎、毎事期面拝候、
恐々謹言、
　　　　教隆
九月三日　良元

天⑭（折紙　天地逆を正す）

昨日も参武蔵
前司殿候者、
今日御引付
日候云々、仍籠
居仕候、此訴
訟事、加賀民

歴㉟

昨日も参武蔵前司殿候き、今日御引付日候云々、仍
籠居仕候、此訴訟事、加賀民部大夫殿無出仕候、誰
人可被申沙汰候哉、不審候、若又可有御沙汰候乎、
可被召決候者、可為何日候覧、経廻送日候、歎治之
間、如此尋申候、毎事此間企参上、可申承候、恐々
謹言、
五月二日　良元

部大夫殿ハ
無出仕候、誰人
可被申沙汰候
哉、不審候、若又
可有御沙汰候乎、
可被召決候者、
（以下見返シ）
可為何日候覧、
経廻送日候、歎《（マヽ）》
治之間、如此尋
申候、毎事此
間企参上、可
申承候、恐々謹言、
　五月二日　良元
対馬前司殿

対馬前司殿

天⑮

連々申出候之次第
参州定被語申候歟、
更不存疎略候也、
不取敢勘付候、
只今可参上之由、思給候之
不及左右候、
処、雨脚難治候之間、且
捧申状候、殊畏存候、聊
休候者、可参入言上候、
抑此訴訟事、日来令
此次第、昨日申合参河守候、
相待加賀民部大夫出仕給候之
所詮、京都問注記□当所被評定候、
由、承及候、仍存其旨候之処、
常法候へは、彼輩不参候とも、
又禁忌出来候云々、大方無申
就問注記被評定候之条、何事候哉、
限、歎入候、経廻漸送旬月
彼記ニ不分明事候者、如仰以人□
候、於事難治、可垂御察候、

（以下欠）

歴㊴

連々申出候之次第、参州定被語申候歟、更不存疎略候也、
不取敢勘付候、
只今可参上之由、思給候之処、
不及左右候、
雨脚難治候之間、且
捧申状候、殊畏存候、聊休候者、可参入言上候、
此次第昨日申合参河守候歟云々、
抑此訴訟事、日来令相待加賀民部大夫出仕
所詮京都問注記於
当所被評定候事、常法候へく、彼輩不参候とも、就問注記被評定候
給候之由承及候、仍存其旨候之処、又禁忌出来候云々、
条、何事候哉、彼記ニ不分明事候者、如仰以人々
大方無申限、歎入候、経廻漸送旬月候、於事難治、
さのみ御在国も旁不便御事候、
可垂御察候、又令相待彼出仕給候者、已及五旬候歟、
入前武州
見参候ぬへき様子候、御札を可給候、以其趣可申越候、但今日臨時
如何可仕候覧、此事小事候、所詮ハ母尼光蓮所譲得
必定にて、御所中御神事之間、今日者依亡女遠忌、修少善候、暫不
候之証文、一家輩寄合之時、子息政親令申謀書之由
可出仕之由存候也、賜御札候者、来十六日評定以前申定候て、問注
候、而母尼可及誓状之由、頻令申候之間、承伏仕候
記をも可召出候也、恐々謹言、
師員
し、只此一事被召問候歟、然者不可及巨細候、以如
御使被問候事、可難叶候哉、御口入之外、無申達方
候之間、不顧其恐言上仕候、且仰御計候、尚々自由
申状返々畏存候、雨脚頗休候者、可参入言上候、恐
惶謹言、

天⑯

（前欠）

又令相待彼出仕給候者、已及
さのミ相待□之由、旁不便御事候、
五句候歟、如何可仕候覧、此事小
入前武州見参候ぬへき□□□□
事候、所詮候、母尼光蓮所譲得
御札を可給候、以其趣可申□候、
候之証文、一家輩寄合之時、子息
但今日臨時必定にて、御所中
政親令申謀書之由候、与母尼可□
御神事之間、今日者依亡女遠忌、
誓□之由、頻令申候之間、承伏仕候了、
修少善候、然者不可出仕之由、存候也、
只此一事被召問候歟、然者、不可及
賜御札候者、来十六日評定以前候、
巨細候、以如御使被問〔注〕□事、可難
申定候て、問註記等も可召出候也、
叶候哉、御口入之外、師員 無申達方候□
恐々謹言、
問、不顧其恐、言上仕候、且仰御計
候、尚々自由申状返々畏存候、雨
脚頗休候者、可参入言上候、恐惶

師員

六月十二日　　良元上

亀谷殿

謹言、

六月十二日　　良元上

（切封墨引）　　師員

亀谷殿

天⑰

無沙汰□□

をしへ候了、

昨日預御札て候しに、
祇候御所之間、即不申
御返事、書置て可進
之由、申て候しも、不進候、
遺事不可説〳〵、いかさま
にも、今夕渡御候へ、申

歴㊱

昨日預御札て候しニ、祇候御所之間、即不申御返事、
書置て可進之由申て候しも、不進候ける、不可説
〳〵、いかさまにも、今夕渡御候へ、申合候らん、
恐々謹言、

七日　　教清

入候はん、恐々謹言、
七日　教隆

天⑱（折紙）
委承候了、
准后御返事間事、
只今相伺候、可申
左右候、謹言、
九月廿一日　師員

天⑲（折紙）
軽服以後、自
去十一日出仕候
也、
御訴訟事、明日

歴㉖
委承候了、准后御返事間事、只今相伺候、可申左右
候、謹言、
九月廿一日　師員

歴㉕
軽服以後、自去十一日出仕候也、御訴訟事、明日可
被召決之由、承候了、両方共以非可奉思放事候、所
詮可依道理候歟、恐々謹言、
五月十四日　[redacted]本
大監物殿御返事

可被召決之由、
承候了、両方
共以非可奉思
方事候、所詮
□依道理候歟、
恐々謹言、
　五月十四日　康持
　大監物殿御返事

天⑳
これよりも申へ□〔き〕
よし存候之処、返々
悦うけ給候、まかりの
ほり候なは、まつ見参ニ
いり候て、なに事も申う□〔け〕

給へきよし、存候なから、
いまゝて□□□つる□□
候之条、返々存外指忩□（候、）
うへより御まつりの
つかひをつとめ候之間、
明日までは出仕□□□
（以下欠）

天㉑

（前欠）
罷入見□□可入□□□
之由、雖連々相存候、無心隙候
間、乍思罷過候、尤非本意
候、然而更非等閑之儀候也、
此訴訟事、于今遅引仕候之

条、返々歎思給候、依度々
御軽服事、無御出仕之境
節、只良元一身不運とのみ
覚候、此間御出仕可候之程、
以巷説承及候、可為何頃
候乎、此事奉憑御辺之外、
（以下欠）

天㉒

（前欠）
可限□□□□□□□□
伺候也、恐々謹言、
九月廿九日　師員
前大監物殿御返事

（切封墨引）

天㉓

両度御札慥到来
候き、其後無慥便候之間、
不申候也、京都無殊事、
小人等無別事候也、不可在
御不審候、御上洛何比
可候哉、不審候、毎事
忩候之間、止候了、恐々謹言、
八月六日　　頼尚
大監物殿

天㉔

昨日御尋状事、以右衛門尉邦平

歴㉔

両度御札慥到来候き、其後無慥便候之間、不申候し、
京都無殊事、小人等無別事候也、不可有御不審候、
御上洛何比可候哉、不審候、毎事急候之間、止候了、
恐々謹言、
八月六日　　頼尚
大監物殿

歴㉓

昨日御尋状事、以右衛門尉邦平付前兵庫頭、可入見

付前兵庫頭可入見参由、令
申含令進候了、仍申其由候之
処、彼邦平昨日不帰来、成
不審、今朝相尋候之処、雖持参
候、前兵庫頭不祇候之間、不進
入云々、仍今朝雖誰人可付進之
由、令申候了、為御不審令申候□
籠居境節候之間、毎事如蒙
瓫候也、恐々謹言、
九月二日　師員
□□□

天㉕

（端欠）

参由、令申含令進候了、仍申其由候之処、彼邦平昨
日不帰来、成不審、今朝相尋候之処、雖持参候、前
兵庫頭不祇候之間、不進入云々、仍今朝雖誰人可付
進之由、令申候了、為御不審令申候也、籠居境節候
之間、毎事如蒙瓫候也、恐々謹言、
九月二日　師員

歴㊳

御下知状既被成下之由承候、中山城前司盛時之許候
云々、相触主計頭、取彼状可被遣盛時之許候、彼盛

□□□□□□□□□□
申候しニ、被□□之上、押
領稲ともの事も不被載云々、
不可説〱、忩々今夜御申入、

かきし□
明日評定
今一度、可有
御訴訟
候也、

御下知状既被成下之出、
承候、中山城前司盛時之許
候云々、相触主計頭、取彼
状、可被遣盛時之許候、彼盛時
之宅ハ経師之やつと申候
所ニ候云々、只今於他所
令申候之間、略候了、
恐々謹言、
九月一日　　教隆

時之宅ハ、経師之やつと申候所ニ候云々、只今於他
所令申候之間、略候了、恐々謹言、
九月一日　　教清

天㉖（折紙）

香狩衣并指貫・
帷子・帯等令借
進候、毎事見
参之時、可申承候、
恐々謹言、
乃時　資宣

天㉗（折紙）

昨日彼御所
の御請にま
いりて候き、今日ハ
人々あまた
おはしまし候
之間、なにと候

歴㉒

香狩衣并指貫・帷子・帯等令借進候、毎事見参之時、
可申承候、恐々謹言、
乃時　（朱書）「同前」資宣

歴㊲

昨日は御所の御請にまいりて候き、今日ハ人々あま
たおはしまして候之間、なにと候ハすまきれ候、夕
方あすのほとにまいり候て、御そせうの事もうけ給
へく候也、なんてう左衛門ハ、たうしいつかへるへ
きともおほえす候、平左衛門に申あはせ候ハ、やと
おもひて候、なに事も〳〵、こまにけさんして、う
け給へく候、あなかしく、

□□□まきれ候、
夕方あすの
ほとにまいり候
て、御そせうの
事もうけ
給へく候也、
（以下見返シ）
なんてう左衛門
はたうし
いつかへるへき
ともおほえす、
平左衛門に申
あはせ候ハ、や
とおもひて候、
なに事も〱、こ

四月廿四日　仲時
進候、

まかにけさん
して、うけ
給へく候、あな
かしく、
　四月廿四日　仲時
進候、

天㉘
須参入言上候之処、指
故障候之間、乍恐捧愚札
候、今朝間可参拝候、
抑此訴訟事、一向仰御
口入候、論人兵衛二郎政親
此間参向仕候、定被召快
（以下空白）

天㉙（折紙）

けさ平左衛門
たつねて候へハ
宿所に候ハぬ
之由、承候、いま
しハそへ候て
□をたつね候へ
く候、このほと御
さた候ハんには
□□□□〳〵御
けさんハ候へき
にて候、よく〳〵
申つかハして
承候へく候也、

たゝいま御所へ
まいり候、かへり候
□□□参入
（以下見返シ）
可申□□□
へく候、恐々謹言、
八月廿五日　仲時

天㉚（折紙）
一日見参、余
味未散候、
御訴訟事、定
其沙汰候歟、
心事見参時
可申承候、恐々

歴㉑
一日見参、余味未散候、御訴訟事定其沙汰候歟、心
事見参之時可申承候、恐々謹言、
四月十七日　[redacted]本
大監物殿御返事

謹言、
　四月十七日　康持
大監物殿御返事

天㉛

其後無指事候之間、乍思罷過候、然而更非等閑之儀候、一日心静可参啓候也、
抑此訴訟事、于今遅引仕候之条、返々歎入候、且一向仰御口入候之処、境節依御軽服事等、無御出仕候之条、一身不運無申限候、
（以下欠）

歴⑳

其後無指事候之間、乍思罷過候、然而更非等閑之儀候、一日心静可参啓候也、
抑此訴訟事、于今遅引仕候之条、返々歎入候、且一向仰御口入候之処、境節依御軽服事等、無御出仕候之条、一身不運無申限候、更不可思食放候、自今以後、万事無繊芥可申承候、必可有御同心候也、此訴訟落居之後、必可参拝候、恐々謹言、
　六月廿七日　良元状
名越殿

天㉜

（前欠）

□□□□□

後、万事無繊芥可申

承候、必可有御同心候也、

此訴訟落居之後、必

可参拝候、恐々謹言、

六月廿七日　　良元

名越殿

（切封墨引）

名越殿　　　良元状

天㉝（折紙）

□□
御文進候、

このほとは
御たいところ
の御かたにつ
と候之間、なにと
候ハぬ、そう〳〵に
ひとしく申
うけ給候ハぬ事
なけき入候、御
そせうのこと
も、いかゝ候らん、
返々もおほつか
なく存候、こ

歴㊵

このほとは御たいところの御かたにつと候之間、な
にと候ハぬ、そう〳〵にひさしく申うけ給候ハぬ事、
なけき入候、御そせうのことも、いかゝ候らん、
返々もおほつかなく存候、このほとけさんにいり候
て、心しつかに申うけ給へく候、なをひさしくけさ
んに入候ハぬ事、なけき入て候、恐々謹言、
七月十四日　　　仲時
進候、

のほとけさんに
いり候て、心し
つかに申うけ
給へく候、なを
ひさしくけさ
んに入候ハぬ事、
なけき入て候、
あなかしく、
七月卅日　仲時
まいる

（以下見返シ）

天㉞
委承候了、数月御在国□
□不便之次第候、御評定

歴㊶
委承候了、数月御在国誠不便之次第候、御評定候者、
最前可申驚候、謹言、

候者、最前可申驚候、謹□、

七月廿九日　師員

天㉟

若対捍申　今一人下人遣他所事候、仍
候ハ、、可申　下人も不候候間、羽州之儀
対馬候、
昨日羽州御対面候て
□□遣此状申候らん、被申候者、
何様令申候けん、折紙
御折紙ハ可遣候也、
進覧之候、以御札付
凡此御訴訟事、存外罷成候、
給候哉、良元可参向候之
なとかく申候しとも不存候、
処、此一両日相労事候、仍
如此訴訟ニハ一切不可口入之由、相存候しを
処于強縁候之間、取□
とてハとて□細声又候しかと
由、可被仰候歟、承此事可
無其詮候、失面目候者也、恐々謹言、教□
忩上洛之由、令申候之間、如此
令申之由、被仰候乎、自由

七月廿九日　師員

申状恐入候、今度如此六□〔借〕
事連々申候之条、真実恐
思給候、事々可参啓候、恐々謹言、
九□　　　　良□〔元〕

天㊱

（端欠）

□□
御使今持来之由申候、仍給□
畢、可伝石山局之許候、
逐申
前大儒御文給候了、旁□〔不〕
可存疎略候、御在国之間、
諸事□〔可〕蒙仰候歟、重申候、

（以下空白）

没官領地頭制の成立過程

――十二月六日頼朝書状の分析を中心に――

菱沼一憲

はじめに

旧稿「鎌倉幕府地頭御家人制の形成と追討使」(1)では、頼朝軍の軍事行動の性格づけと、軍事行動により萌芽する地頭御家人制度について検討した。挙兵当初の頼朝軍は、流人に指導される反乱軍であったが、頼朝は寿永二年十月宣旨による秩序復興の遵行者となる一方、頼朝の奏上した合戦注文が受諾され、流罪を免じ本官に復されている。これらの経緯により、朝廷は東国での頼朝の戦闘を、謀叛人を追討する正当な行為と追認したと理解した。引続き西国においても、頼朝軍は、朝敵追討使＝官軍として軍事行動を遂行し、軍事用途として兵士兵粮米を賦課し、朝敵追討を名目として諸国武士を御家人に編成していった。これら権限の行使や大義名分は、朝敵追討の職務に付随するものであり、その目的を失えば、存在意義の減少とともに各種権益は喪失縮小され、追討軍として組織した御家人編成にも動揺を及ぼすことが予想された。そのため御家人を地頭に補任し、常設の軍事・警察力として各地に配備することとし、恒久的な治安維持組織としての立場を確立し、内乱期での特定の職権・組織力を、終息後も継続させることに成功したと考えた。

この論文では、謀叛軍であった頼朝軍が、官軍としてその戦果を承認されるまでの政治交渉や、官軍として行使し得る兵士兵粮米徴収権と軍事編成の説明に重点を置いたため、その平常時への移行については、概念的説明に終始している。故に本論では、内乱時から平常時への過渡において、幕府が常設軍事力として地頭を諸国に設置してゆく過程を具体化してみたい。但し、今回は、地頭制度全般に論及することは不可能で、謀叛人跡に新たに地頭を補任する制度である没官領地頭制度に限定した検討になる。

地頭制度に関する研究は重厚であるが、その研究史において、現在定説化しているいくつかの点を前提として検討を行ないたい。

まず、文治元年（一一八五）末のいわゆる守護地頭勅許が、地頭制度の成立に絶対的な意味を持たないということである。この勅許を契機として地頭制度が開始されたのではないことは史料上で確認されており、さらに文治勅許の地頭を一国単位の国地頭と理解する、或いは一国平均役的な兵粮米徴収権の許可であるといった見解が示されている。(2)次に、元暦・文治期に成立する庄郷地頭は、全国の国衙領・庄園に普遍的、無差別に設置されたのではなく、本領安堵以外の地頭は、謀叛人の没官領に限定されるということ。(3)

これらは昭和二十年代以前においては意識されない、または確定していない事項であったが、現在ではこれらを前提として議論を始めるに問題はないであろう。

昭和三十年代以降の地頭研究の飛躍的発展は、石母田正氏の国地頭論を始めとする一連の論文を契機としており、(4)地頭制度の研究にあたって国地頭論は重要な問題となる。しかし、本論文では庄郷地頭の問題に限定して考察を行ない、史料解釈上の個々の問題で抵触する以外は、殊更に国地頭論には触れない。

本論文では、『吾妻鏡』文治元年十二月六日条・『玉葉』同年十二月二十七日条に引用されている藤原光長宛同年十二月六日「頼朝書状」の分析を介して、庄郷地頭制度の成立過程を検証する。それは、同書状が『吾妻鏡』『玉葉』双方に引用される一次史料であって、先行研究者から「文治勅許に関する最も信用しうる史料」(5)「文治地頭職に関する鎌倉殿の意図をもっとも正確にしめす原史料」(6)と歴史史料としての信頼性が評価されているためと、頼朝挙兵から文治元年十二月にかけての政治経過の叙述のなかで地頭設置問題に言及しており、地頭制の「成立過程」を解明しようとする本論文の目的に沿っているからである。

第一章　十二月六日頼朝書状に関する先行論文の検討
――殊に地頭尋沙汰・成敗と鎌倉殿御使の武士狼藉停止問題に関して――

藤原光長宛文治元年十二月六日「頼朝書状」は、同二十七日、光長により兼実の許にもたらされた（『玉葉』同日条）。書状は光長宛であるが、文末にこの旨を以て右大臣殿（兼実）にお伝え下さいとあり、実質は兼実宛である。光長宛としたのは、彼が兼実の家司であったことと、武家伝奏吉田経房の同母弟であった関係からと推測される(7)。兼実はあまりの珍事により、後鑑のため自己の日記に続ぎ加え、本書状と具進された折紙に自己の書状を副えて、後白河院に進上した。兼実は、頼朝書状に副えられた折紙中で摂政に推薦されており、同月二十八日に内覧の宣旨を蒙っている(8)。すなわち、頼朝はこの書状により、次期摂政と治天の君である後白河院の双方に、自己の意思を伝えたのであった。次に『玉葉』同日条を引用する(9)。

『玉葉』文治元年十二月二十七日条

廿七日丙子、天晴、午刻、右中弁光長朝臣持㆓来頼朝卿書札并折紙等㆒、如㆑夢如㆑幻、依㆑為㆓珍事㆒、為㆓後鑑㆒続㆓加之㆒、

頼朝書状

言上

事由

〈A〉右、言二‐上日来之次第一候者、定子細事長候歟、但平家奉レ背レ　君、旁奉レ結二遺恨一、偏企二濫吹一候、世以無レ隠候、今始不レ能二言上一候、而頼朝為二伊豆国流人一、雖レ不レ蒙二指御定一、忽廻二籌策一可レ追二‐討御敵一之由、令二結構一候之間、御運令レ然之上、勲功不レ空、始終令二討平一候て、伏二敵於誅一、奉二世於君一、日来之本意相叶、公私依悦思給候、〈B〉先不レ待二平家追討之左右一、為レ停二近国十一箇国武士之狼藉一、差二‐上二人使者久経・国平一候て、猶私下知依レ有レ恐、一々賜二院宣一可二成敗一之由、仰含候了、仍彼国狼藉、大略令二沙汰鎮一候之後、依二別仰一、重又件使者男被レ下二‐遣鎮西四国一候、已賜二　院宣一令二進発一候了、〈C〉如レ此之間、種直・隆直・種遠・秀遠之所領者、依レ為二没官之所一、任二先例一可レ置二沙汰人職一之由雖二令レ存候一、且先乍レ申二事由一、尚輙于レ今不二成敗一候、何況自余之所不レ及二成敗一候、如二近国沙汰一、任二　院宣一可レ鎮二旁狼藉一之由、兼令二存知一候之処、〈D〉①不審之次第出来候て、以二義経一補二九国之地頭一、以二行家一被レ補二四国之地頭一候之条、前後之間、事与レ心相違、彼輩各相二‐憑其柄一、巧二非分之謀一、令二下向一候之刻、雖レ無二指寄攻之敵一、天譴難レ遁、乗船解纜之時、入海浮浪、郎従眷属即時令二滅亡一候之条、誠非二人力之所レ及、已是神明之御計也、②而彼両人、其身未二出来一、晦レ跡逐電、旁分レ手令二尋求一候之間、国々庄々、門々戸々、山々寺々、定狼藉之事等候歟、③召取候之後、何不二相鎮一候哉、〈E〉但於レ今者、諸国庄薗平均可レ尋二‐沙‐汰地頭職一候也、其故者、是全非下思二身之利潤一候上、土民或含二梟悪之意一、値二‐遇謀反之輩一候、或就二脇々之武士一、寄二事於左右一、動現二奇怪一候、不レ致二其用意一候者、向後定無二四度計一候歟、然者、雖二伊予国候一、不レ論二庄公一、可レ成二‐敗地頭之輩一候也、〈F〉但其後、先例有限正税已下国役、本家雑事、若致二対捍一、若致二懈怠一候者、殊加レ誡、無二其妨一任レ法可レ被レ致二沙汰一候也、兼可下令三御二‐心‐得此旨㆒給㆖候、〈G〉兼又当時可㆑被㆓仰下㆒候事、愚意之所㆑及、乍㆑恐注㆓折紙㆒、謹以進㆓上之㆒、一通　院奏料令㆑付㆓帥中納言卿㆒候了、今度天下之草創也、尤可㆑被㆑究㆓行渕源㆒候、殊可㆘令㆓申沙汰㆒給㆖也、天之所㆑令㆑奉㆑与也、全不㆑可㆑及㆓御案㆒候、以㆓此旨㆒可㆘令㆑洩㆓申右大臣殿㆒給㆖之状、謹言上如㆑件、

文治元年十二月六日　　頼朝在判

謹上　右中弁（光長）殿

礼紙状云、

逐言上、

同㆓意謀反人行家・義経㆒之輩、先可㆑被㆓解官追却㆒交名注㆓折紙㆒、謹以進㆓覧之㆒、一通院奏料、令㆑付㆓帥中納言卿㆒候也、民部卿成範卿者、令㆑同㆓意彼輩㆒候之由、雖㆓承及㆒、依㆑為㆓御縁人㆒、輙不㆑申㆓左右㆒候、定御計候歟、恐惶謹言、

（中略）

此事、旁以不㆑可㆑然、仍招㆓遣経房卿㆒、及㆑晩来、付㆓件卿㆒、進㆓消息・折紙等於院㆒、其上申㆓固辞之子細㆒、其状云、

自㆓頼朝卿許㆒注遣旨如㆑此、須㆑待㆓仰下㆒之処、近日武士奏請事、不㆑論㆓是非㆒有㆓施行㆒、仍若無㆓左右㆒被㆓宣下㆒者、後悔無益、仍忌憚遮以所㆓言上㆒也、

（下略）

本書状を正面から扱った論文として石母田正「鎌倉幕府一国地頭職の成立」（『中世の法と国家』一九六〇）、高田

（内田）実「地頭領主制と鎌倉幕府──いわゆる文治元年地頭設置説をめぐって──」（『歴史教育』八─七、一九六三）、同「頼朝の「惣追捕使」補任について　鎌倉幕府成立史序説」（『和歌森太郎先生還暦記念　古代中世の社会と民俗文化』一九七六）、義江彰夫「鎌倉幕府地頭職の成立（上）（下）」（『北海道大学文学部紀要』二三・二四、一九七五、後『鎌倉幕府地頭職成立史の研究』一九七八、所収）、武末泰雄「鎌倉幕府庄郷地頭職補任権の成立」（『荘園制社会と身分構造』一九八〇）などがある。

まず石母田「鎌倉幕府一国地頭職の成立」では「諸国庄園平均可レ尋二沙‐汰地頭職一」の部分につき、「尋ね」とは調査の意味であり、具体的には平家没官領および謀叛人跡の調査、地頭と号して狼藉を行なう輩の調査であろうとし、それらの調査の上で「沙汰」するという意味になり、従来の尋沙汰＝（地頭）補任という理解は妥当ではないとする。[10]この部分は「諸国および諸庄園に現存する地頭および「尋ね沙汰」すべき地頭にたいする「成敗権」は、鎌倉殿たる自分が掌握する」と解釈すべきで、「地頭職の「惣補任権」の掌握」などには触れていないとする。[11]さらに「雖二伊予国候一、不レ論二庄公一、可レ成二敗地頭之輩一候也」の部分についても、兼実の知行国に予定されていた伊予国を一例として挙げたのであり、「成敗」＝補任権ではなく、諸国庄園平均の場合と同様であるとする。

安田元久氏は、この石母田説を「尋沙汰」の内容には調査して地頭職を設置することを含むと解しており、[12]イコール補任ではないが、結局は補任行為を含む行為と類推できるのではないか。つまり、既存の地頭、ならびに要調査で未処分の地頭の管理・処置権は、頼朝が掌握するという意味であろうと推察する。

高田「地頭領主制と鎌倉幕府」では、石母田氏が書状中から一国地頭を見出し、一国地頭の解明のための史料として利用しているのに対し、題に「地頭領主制」とあるように、庄郷地頭制の解明を目的として本書状をとりあげている。

当書状の検討に先立ち、文治元年以前の庄郷地頭設置の実例をあげて「文治以前における頼朝の地頭職補任成敗権は、在地領主に対する本領安堵及び平家没官領における新恩としての地頭職補任権」であったとし、文治元年に、頼朝が獲得しようとした地頭に関する権限の解明を目的として、当書状の検討を行なっている。

まず、頼朝の御使中原久経・近藤国平は、武士濫妨停止の権限と、諸国諸庄を国司領家に委附する権限を有していたとし、没官領に沙汰人職を置く権限は両権限に付随するとする。しかし朝廷は、義経・行家を九国・四国の地頭に補任し、彼等に没官領以外をも含む成敗権を付与してしまった。この処置に頼朝は反発し、没官対象の謀叛人に限らず、在地領主全般に対する「濫妨狼藉非法に対する処断権をふくむところの沙汰・成敗権」付与の申請にいたったとする。

次に、義江「鎌倉幕府地頭職の成立」では、「尋沙汰」とは、地頭職の存否・実情を調べたうえで、補任・停廃を行なう行為とし、治安維持を目的として、義経・行家問題を契機に、平家時代からの先駆的地頭に対する「尋沙汰」権を朝廷に要求したとする。

高田・義江氏は、畿内近国・九国・四国で頼朝御使が行使した狼藉鎮圧権が、義経・行家の九国・四国地頭補任により侵害され、その結果頼朝は、義経・行家相当、或いはそれ以上の権限の付与を要求したと整理する。石母田氏は、「地頭職の尋沙汰」「地頭輩の成敗」とはイコール地頭職補任の意味ではなく、謀叛人跡・自由狼藉調査の上での地頭職の掌握権としているが、この点では、高田氏・義江氏の狼藉鎮圧権を書状の眼目とする理解と共通であるか、或いはその基となった理解といえよう。

以上の先行研究に対し、武末「鎌倉幕府庄郷地頭職補任権の成立」では、地頭に関する権限や、武士狼藉停止行為の内容について異なった理解を示す。

まず、高田氏が「地頭職尋沙汰」「地頭之輩成敗」を、一般在地領主層に対する濫妨狼藉非法の処断権としている点を批判する。書状中では「土民」を取り締まるために地頭職を尋沙汰するとあるが、この土民とは通常農民層を指す語句なので、農民層の取り締まりのために地頭職が尋ね沙汰されたと理解され、高田氏の如く、尋ね沙汰を一般在地領主らの取り締まり＝濫妨狼藉非法に対する処断権と解することはできないと批判する。[13] この批判は、義江論についても同様であろう。

また「地頭職尋沙汰」「地頭之輩成敗」は直訳すると「調査の上処置する」であり、それは書状中で没官所領に沙汰人職を補任しようとした件、あるいは源範頼が鎮西で没官領の調査を行なって、地頭沙汰人職を設置せよとの命令を受けている実例を考慮すれば、「謀叛人跡の実否を調査した上で地頭職を補任すると解することもまた可能である」とする。

武末氏も着目しておられるが、私はこの「尋沙汰」「成敗」の理解には、その後に接続する「但其後、先例有限正税已下国役、本家雑事、若致二対捍一、若致二懈怠一候者、殊加レ誡、無二其妨一任レ法可レ致二沙汰一候也」の文章への配慮がより重要と考える。

この一文は、前文と「但し」で接続されており、前文から続ければ「伊予の国であろうとも、庄公を論ぜず地頭の輩を成敗します、但し、成敗の後、正税已下国役・本家雑事にもし対捍懈怠が生じた場合は厳重に処分し進納させます」となる。この文意からすれば、地頭の輩の成敗にあたっては、国役・本家雑事の進納業務の遂行を補償する文言を付加する必要があった、つまりは、地頭の輩の「成敗」とは諸役対捍を誘発する危険を伴った行為であったと理解できる。

高田論では「成敗」権には、武士の濫妨の停止・諸国諸庄を国司領家に委附する権限が含まれるとされるが、この権限の行使は諸役進納を円滑化することがあっても、諸役対捍を誘発する危険性をもった行為にはあたらない。逆に地頭職の補任が、諸役対捍を引き起こす例など挙げるまでもなく、地頭職の設置と諸役対捍は不可分な関係ですらある。つまり諸役進納の補償文言を付加したのは、諸役対捍の危険を伴う処置＝地頭補任を遂行すると述べたからであって、「地頭之輩成敗」とは「地頭職の補任行為」に限定するのが適当と考える。

さらに文治二年（一一八六）六月二十一日「頼朝書状」（『吾妻鏡』同日条）では「凡不レ限二伊勢国一、謀叛人居住国々、凶徒之所帯跡ニハ、所下令レ補二地頭一候上也、然者庄園者本家領家所役、国衙者国役雑事、任二先例一可レ令二勤仕一之由、所下令二下知一候上也」とあり、地頭職設置に際して諸役進納の補償文言を付属させる例は他にも確認できる。諸国庄園に関する「地頭職尋沙汰」についても、「雖二伊予国候一、不レ論二庄公一、可レ成二敗地頭之輩一候也」の部分は、兼実の知行国に予定されていた伊予国を一例として挙げたとする石母田氏前掲論文での理解に基づき、同様に考えられよう。

武末氏は「地頭職尋沙汰」「地頭之輩成敗」を「謀叛人跡の実否を調査した上で地頭職を補任する」と理解し、また私もそれを肯定する。しかし、他の先行研究では、これを濫妨狼藉非法を処断する権限と解して、書状全体の趣旨を把握している。

高田氏は、御使久経・国平の行使してきた濫妨狼藉非法の処断権が、義経・行家の九国・四国地頭補任により侵害され、頼朝は義経らに付与された権限以上の処断権＝「地頭職尋沙汰」「地頭之輩成敗」の付与を求めたとし、それは平家没官領のみならず、それ以外への処断権の拡大を意図した主張であったとする。

一方、武末氏は、九国での謀叛人跡への沙汰人職の補任を、御使久経・国平の狼藉停止職務の遂行のため差し控えていたが、義経問題を契機に、諸国庄園への謀叛人跡地頭補任を決行したいと頼朝が主張しているとする。

武末氏以外の論文では、頼朝による武士狼藉停止は、頼朝の行使する権限と認識している。高田氏は前述の如く、御使久経・国平の権限は①武士の濫妨の停止、②諸国諸庄を国司領家に委付するの二つの権限であり、没官領に沙汰人職を置くという権限も①②の権限に付随すると論じる。さらに、地頭補任権についても「地頭の輩」に対する濫妨狼藉非法に対する処断権＝成敗権に含まれると考えている。つまり、濫妨狼藉非法に対する処断権に、地頭補任の法的根拠があるということであろう。

御使派遣を頼朝の武士狼藉停止の権限の行使とし、この権限の行使が頼朝の権力の強化を促進したとする評価は、前掲高田氏などの諸論文に限らず、田中稔「鎌倉殿御使考」(14)でも共通しており、ほぼ定説化しているといえる。しかし武末氏は、御使の行使した武士濫妨停止職務を、幕府の権限と理解する通説を否定し、頼朝にとって不可避な義務と解しているのである。

御使を発遣する際の元暦二年三月四日「吉田経房宛頼朝書状」（『吾妻鏡』同日条）では、武士狼藉につき「武士之上洛候事者、為レ令レ追二討朝敵一候也、朝敵不レ候者、武士又不レ可レ令二上洛一、武士又不レ令二上洛一者、不レ可レ致二狼藉一候歟、而敵人隔レ海之間、于レ今不レ遂二追討一、経廻之武士、国々庄々、無二四度計一事其聞多候」とあり、御使の目的は、朝敵追討の為に、頼朝が上洛させた武士の狼藉を処理するためとする。

武士濫妨停止を頼朝の権限と評価する場合は、頼朝配下ではない一般の在地領主・在庁官人層への検断権を行使しているとの認識が基本にある。しかし、頼朝配下に対する検断行為と認識するならば、もとより自己の支配下にある武士＝御家人に対して処分権を行使し得るのは当然であり、かような自己抑制行為が、権限拡大に寄与するとは評価できないというのが武末氏の理解である。氏は、朝廷・権門勢家と協調し、国家機構の中に一定の位置を占めることを目的としていた頼朝にとっては、配下の非法行為の停止は不可避の任務、すなわち義務であったとする。この武士狼藉停止が、幕府の権限であるか、もしくは義務であるかの問題を解決するには、武士狼藉の実態を明らかにするのが近道であろう。

まず、武末氏が主張するように、先の経房宛頼朝書状で頼朝は、朝敵追討のために上洛した武士が狼藉を犯すことに言及している。ここでいう上洛武士とは、頼朝が派遣した頼朝配下の武士以外には考えられない。同様に、御使を上洛させる際の記事である『吾妻鏡』元暦二年二月五日条でも、「追二討平氏一之間、寄二事於兵粮一、散在武士於二畿内近国所々一、致二狼藉一之由、有二諸人之愁緒一、仍雖レ不レ被レ相二待平家滅亡一、且為レ被レ停二止彼狼唳一、所レ被二差遣一也」とあり、地の文ではあるが、ほぼ経房宛頼朝書状と同内容である。

次いで田中前掲論文で挙げる、御使久経・国平の武士狼藉停止の実例を検討してみたい。四例はいずれも元暦二年（一一八五）の下文である(15)。

（1）四月二十四日　近江国金勝寺への村上蔵人の押領・往反武士之輩の狼藉の件
（2）四月二十八日　賀茂別雷社領丹波国私市庄への賀茂久平と武士玉井次郎の濫妨の件
（3）五月　一日　摂関家領山城国泉木津庄への梶原景時の押領濫妨の件
（4）七月　一日　粉河寺領紀伊国栗栖庄の年貢・雑事の件

まず、（3）山城国泉木津庄の例では、梶原景時が「不レ帯二指院宣并長者宣一、又不レ蒙二鎌倉殿御下知一、任二自由一令二押領一」ているので、彼の濫妨を停止せよとする。景時が押領の主体であることは明らかであり、当然頼朝配下の武士となる。

ついで、（2）丹波国私市庄では、氏人賀茂久平が、武士玉井次郎を相語って濫妨を行なっているとある。『吾妻鏡』元暦元年（一一八四）九月二十日条では、玉井四郎資重なる者が、蓮花王院領丹波国一宮出雲社に対し、地頭と称して濫行に及び頼朝から停止命令が下されている。さらに同二年六月十六日条では、御使久経・国平に玉井四郎助重の濫妨停止を遵行させようとしたところ、助重はこれに従わなかったため、頼朝は「不レ可レ参二鎌倉一、早可二逐電一」ことを助重に命じたとする。

まず、『吾妻鏡』にみえる玉井資重と同助重は、資と助が音で通じており、同一人物で、かつ鎌倉に参ずべからずとあるので、頼朝の家人であると推定される。また、（2）丹波国私市庄を押領する玉井次郎と、同国出雲社を押領する玉井資重（助重）は、同姓で同国内での活動が認められることから、近しい関係と思われる[16]。

この玉井次郎の押領は、同じく賀茂久平の語らいを得て、美作国河内南庄にも及んでいるが（元暦二年六月六日「源頼朝下文」『史料纂集　賀茂別雷神社文書一』八）、後の建長六年（一二五四）八月日「徳大寺実基家政所下文」（『同』二二）では、私市・河内南庄について「去元暦二年被レ下二院宣一、停二止実平《（土肥）》之濫妨一」とあり、両庄への濫妨は玉井次郎のみならず、惣追捕使土肥実平の関与も指摘できる。

さらに、私市・河内両庄は、ともに本所は徳大寺家であり、同家より預所が補任されている。同家領に関し『吾妻鏡』文治二年六月十七日条では、越中国般若野庄には比企朝宗、筑後国瀬高庄には天野遠景、周防国大島庄には土肥実平、近江国三上庄には佐々木秀綱が、各々二～三年間にわたり濫妨行為に及んでいると、徳大寺実定が頼朝に訴えたとする。両庄の押領問題も、この一連の幕府御家人による徳大寺家領押領行為の一環としてとらえるべきではなかろうか。

この問題は（4）粉河寺領紀伊国栗栖庄の例にも関係する。当庄も領家は徳大寺家であり、御使久経・国平の遵行直後には、院司高階泰経が実定子息公守に遵行遂行の連絡を行なっている（元暦二年七月三日「高階泰経書状」池坊文書）。この際には「依二武士妨一、寺僧等触二訴鎌倉使者一」とあり、（4）の七月一日下知状には記載がないが、実際は「武士妨」を訴えたものであることがわかる。当庄も私市庄と同様に、幕府配下の武士による濫妨行為であった可能性は否定できない。

最後に、（1）近江国金勝寺の例であるが、ここでは村上蔵人が院宣もなく自由押領していること、往反の武士の輩の狼藉行為が問題となっている。村上蔵人は、『平家物語』に始め義仲郎党とみえ、後に法住寺合戦で院方に転じ、義経に従軍して一ノ谷合戦に参加している信濃の御家人源基国であろう[17]。基国は通称村上判官代であるが、『尊卑分脈』には「八条院蔵人」とある。また往反武士については、近辺を行き来する武士、すなわち外部から侵入して狼藉を成す存在として、謀叛人の探索や兵士兵粮米徴収などのために行動していた幕府配下の武士を想定することは容易であろう。

鎌倉殿御使の派遣に際しての『吾妻鏡』元暦二年三月四日条では「経廻之武士、国々庄々、無二四度計一事其聞多候」とあり、平家追討のために派遣され狼藉をなす武士を「経廻之武士」と表現しており、（1）の「往反武士之輩」と類似した表現がなされていることからすれば、むしろ彼等も頼朝配下の武士であった可能性は高いのではないか。

四件の事例をまとめると（1）（3）村上義国・梶原景時は頼朝配下の武士、（2）玉井次郎は頼朝配下の武士である可能性は濃厚、（4）は不明であるが可能性は否定できない。すなわち、鎌倉殿御使の職務例の確認からは、その対象が頼朝配下の武士であるという理解を否定する材料はなかった。

さらに、御使と頼朝配下の武士との関係を示す具体例として、七月二十二日「源頼朝御教書」[18]をとりあげたい。

私ニ令㆓沙汰㆒たらハ、早可㆑令㆓沙汰直㆒也、　院宣にて沙汰したらは、尤可㆓下知申㆒候、国平か過怠ニハあらす、

文覚房知給、自㆑院所㆑被㆑給之所知を、為㆓国平（近藤）沙汰㆒遣㆓使者㆒、或武士令㆓押妨㆒之由、自㆓高雄㆒所㆑令㆑申也、若為㆓私結構㆒者、不当之所行也、奉㆓院宣㆒於㆑令㆓下知㆒者、不㆑能㆓左右㆒事也、凡者、久経（中原）・国平雖㆓一塵㆒、不㆑奉㆓院宣㆒之外、輙不㆑可㆑致㆓自由下知㆒之由、殊仰含了、然者実平（土肥）・景時（梶原）武士之輩、於㆓僻事㆒者、任㆓　院宣㆒可㆑令㆓成敗㆒之由、令㆓仰含㆒了、定無㆓自由沙汰㆒歟之旨、思食之処、今有㆓此訴㆒、何様事哉、早可㆑令㆓沙汰直㆒也、仍執達如㆑件、

七月廿二日　広元奉

近藤七殿（国平）

ここでは久経・国平に「実平・景時武士之輩、於㆓僻事㆒者、任㆓院宣㆒可㆑令㆓成敗㆒之由」を仰せ含めたと記され、両使の狼藉停止対象として実平・景時の名があげられている点が重要である。

田中前掲論文では、久経・国平の任務を惣追捕使的存在と評価しているため、惣追捕使景時・実平の管轄する山陽地域を、御使の活動範囲から除外している。しかし、書状中「おおよそは」＝だいたいにおいてと切り出された御使の行動一般の話題のなかで、あえて実平・景時の狼藉停止の件に言及しているのは、御使派遣の目的を語るにあたり、彼等への狼藉停止が特筆すべき事項であったからであろう。

久経・国平が関与した実平・景時の狼藉地は、山陽地域以外であって、惣追捕使としての実平・景時の立場とは、無関係との指摘もできる。しかし、実平・景時を連名一括して記載しているということは、両者の併記されるべき同質の性格が意識された結果、つまり両者がともに惣追捕使であるが故の併記と考えるのが自然であろう。また、実際実平・景時の狼藉事件の多くが、各々の惣追捕使管轄地域に分布している[19]。

すなわち、七月二十二日頼朝書状からは、惣追捕使実平・景時の狼藉停止は、御使の主要な職務であるとの認識が読み取れよう。御使は頼朝が派遣した山陽道惣追捕使の僻事を院宣に任せて停止しているのであり、この点からすれば彼等の職務内容は惣追捕使とは区別されなければならない。

先の経房宛頼朝書状の説明では、御使の発遣理由は、頼朝より派遣され上洛している武士の濫妨問題に対処するためとするが、御使遵行の四例、及び七月十二日頼朝書状の例では、およその説明と一致していると判断できよう。すなわち、これら検討の結果武末氏が主張する御使の武士狼藉停止業務は、頼朝の権限ではなく不可避な任務であったとの理解を肯定できたと考える。

これまで、武末論文の特徴的な二点につき検討した。一つは、十二月六日頼朝書状の地頭尋沙汰権（成敗権）は、地頭補任権を意味すること、一つは、鎌倉殿御使の武士狼藉停止業務は、頼朝が自己配下の武士の不正行為を糺す任務遂行であり、自己管理義務であって、頼朝にとって有益な権限とはいえないとの理解である。
次章では、この二点を前提として十二月六日頼朝書状全体の内容分析を行ないたい。

第二章　十二月六日頼朝書状の内容分析

第一章で列挙した先行研究のうち、武末氏以外の十二月頼朝書状の大意は、次のようなものである。畿内近国・九国・四国で、鎌倉殿御使久経・国平が行使した沙汰権・成敗権とは、非御家人を含む一般在地領主層、或いは幕府に所属しない地頭に対する狼藉鎮圧権であり、これが義経・行家の九国・四国地頭補任により侵害され、その対処として頼朝は、義経・行家相当、或いはそれ以上の権限の付与を要求した。

武末氏は、前章でとりあげた二点を前提に、書状の大意を次のように理解する。御使久経・国平を近国及び鎮西四国に派遣して武士狼藉を停止させた。鎮西四国では謀叛人跡に沙汰人職を設置するつもりでいたが、現在までそれを差し控えていた。後白河院の命令を尊重し、狼藉停止を優先していたからである。ところが院は、義経・行家を九国・四国の地頭に補任した。彼等の探索のために武士狼藉の発生が予想されるが、今後は諸国庄園での謀叛人跡地への地頭補任を実行したいと主張した。

すなわち、武末氏以外の先行研究では、頼朝は該書状でより拡大した武士狼藉鎮圧権を要求していると理解しているが、武末氏は、より拡大した地頭補任の実施が頼朝の主張であるとする。

武末氏の理解を踏まえ、頼朝書状を〈A〉～〈G〉に分割し、各々の解釈を提示しておきたい。

まず、〈A〉の冒頭では、「日来の次第を申し上げれば、事情は長くなる」とし、「但し」として話しを切り出している。言上すべき事象は多いが特に申し述べたいことは、とでも解釈すべきであろう。これにつづけて、平家が君（後白河院）に背いて遺恨をなし、非法狼藉を企てたことは世に明らかであり、頼朝は流人の身でありながら朝敵平家を追討して、政権を院に御返し申し上げた。これは、院・自分にとって悦ばしいことであるとする。

〈B〉では、武士狼藉を停止するために、近国・鎮西・四国に派遣した御使久経・国平について述べている。この御使は前述のごとく、頼朝配下の武士による狼藉停止を目的として派遣された。

〈C〉では、御使の派遣に関連して、没官所領である種直以下の所領、及びそれ以外の所領への、沙汰人職の設置を保留し、御使の任務を遂行せんとしたとする。

〈D〉は義経・行家謀叛問題に関する叙述であり、この部分は、さらに①～③に分割した。

①部分は、義経・行家謀叛に際し、院が義経を九国地頭に、行家を四国地頭に補した処置に不満を述べ、彼等の没落するさまを述べる。

②部分は、義経・行家がまだ逃走中であるので、方々に探索の手を入れて尋ね求めるため、諸国諸庄・家々・諸山諸寺では、きっと狼藉が発生するであろうとの予測を述べる。諸方面で狼藉に及ぶのは、義経・行家探索の主体である頼朝の配下の武士であろう。

③「（義経・行家を）召取候之後、何不二相鎮一候哉」とある部分は、「何ぞ相鎮まらず候や」と義経・行家逮捕により狼藉が鎮まるであろうとするか、或いは「何ぞ相鎮めず候や」と狼藉鎮圧への頼朝の意思表示とするかのいずれかであろう。しかし、頼朝配下による武士狼藉を停止するのは頼朝の義務であり、また武士狼藉停止は朝廷・諸権門が、再三頼朝側に命令・申し入れを行なって初めて達成されているのが常である。例えば、平家の滅亡は武士狼藉の鎮静

には直結してはおらず、同様に義経・行家が捕縛されても、武士狼藉が自然に終息してゆくとは思えない。つまり、「召し取った後には、どうして相鎮まらないことがあろうか」といった悠長・無責任な発言は、武士狼藉停止に責任をもつ立場上、許されないことは明らかで、「召し取った後には、どうして相鎮めないことがあろうか」と、追捕終了後には武士狼藉停止職務を遂行するという、頼朝の意思表示と理解すべきと考える。

〈E〉では、〈D〉③の狼藉鎮圧業務遂行の意思表示につづき、治安維持の必要性から、狼藉停止に先行して地頭職の調査と設置を行なうことを伝えている。次いで兼実の知行国に予定されていた伊予国においても、同様に処置することを付け加える。

〈F〉は諸国庄園への地頭設置以後における、年貢課役進納の確認である。

〈G〉では、本書状に添えられた、謀叛関与者の処置に関する折紙の件と、吉田経房を介して院に奏上すべき他一通の件に触れ、兼実の理解を求めて院へのとりなしを依頼している。

書状を右の如く分割し各々の解釈を示したが、内容的に、過去の経緯を述べた〈A〉〜〈D〉①部分、現在の問題と将来の課題に関する〈D〉②〜〈F〉部分、当書状と添付の折紙の取り扱いを兼実に依頼する〈G〉部分の三つの部分に大別できよう。

書状末〈G〉部分では、「殊可㆘令㆓申沙汰㆒給㆖也」と兼実に申し沙汰を依頼しているが、申し沙汰してほしいとは、上位者への取り次ぎを依頼しているのであり、[20]この場合の兼実の上位者とは後白河院であろうし、実際、兼実は即日後白河院に「固辞之子細」を申した書状を添えて頼朝書状を進上している。つまり、基本的に当書状は、頼朝が何かを申請し、院への上奏を兼実に依頼した書状なのであり、書状の中で、頼朝の申請内容に相当するのは、〈E〉「於㆑

今者、諸国庄園、平均可㆑尋㆓沙㆒汰地頭職㆒候也」＝諸国庄園地頭職の調査と設置の申請部分と判断するのが適当であろう。[21]

つまり構成の面では、〈E〉の諸国庄園地頭の調査・設置について、〈G〉でその理解と取り次ぎの便宜を依頼するに際し、〈A〉～〈C〉過去の経緯と、〈D〉及び〈E〉にて現在の問題・将来の課題と方針の説明を行なっていると理解したい。

前章では、十二月六日頼朝書状中の武士狼藉の武士とは、頼朝配下の武士のことであり、その停止とは、つまりは頼朝配下の武士の狼藉を、自己規制してゆく作業であることを明らかにした。

また、旧稿「鎌倉幕府地頭御家人制の形成と追討使」では、主に御使久経・国平の発遣以前の狼藉停止に関する検討であったが、寿永三年（一一八四）正月以降の頼朝の軍事行動は、朝廷の謀叛人追討の宣旨を法源として発動され、その軍事行動に伴って発生する追討軍武士による狼藉は、武士狼藉停止の宣旨・院宣を幕府が遵行して停止されたとした。

前章と旧稿で提示した軍事行動→狼藉発生→狼藉停止という経緯は、端的には軍事活動に伴う弊害是正の過程である。具体的には、頼朝の挙兵自体が武士狼藉停止業務の必要性を生んだのであり、頼朝軍の戦線拡大にともない、畿内近国から四国・九国へと武士狼藉の範囲は拡大し、その停止業務も追って拡大していったのである。書状中の〈A〉～〈C〉は、こうした軍事行動とそれに伴う弊害の是正過程について叙述されたものと理解されよう。

武末論における武士狼藉（濫行）停止と地頭補任の関係についての検討は、主に『吾妻鏡』文治二年六月二十一日条所収の同日付「頼朝書状」の分析により行なわれている。まず書状中で、武士狼藉は院宣に基づいて停止するとあるのは、武士狼藉停止の責任が、国家の最高責任者である院に帰属することを明示するためとする。さらに謀叛人跡への地頭補任は、勅許などの法的手続きによらず、幕府が事実上行使してきた権限と認識しており、この点を考慮すれば「武士濫行停止の責任が院に属することを明確にすることによって、一方の地頭補任権が幕府に属する正当な権限であることを主張せんとしたもの」と推測することも可能ではないかとする。

同頼朝書状では、武士狼藉停止と地頭補任問題が交互に言及されており、幕府が承認していない所領への干渉である武士狼藉は、朝廷側の責任により停止が遂行され、一方、謀叛人跡の由緒に基づき補任した地頭の知行に関する問題は、幕府側で責任をもつとして、責任分担を明確化し、その結果、幕府の地頭補任行為自体を、既成事実として承認させようとしたと解する理論であろう。武末論においては、武士狼藉は幕府の許可なく行なわれる違法行為であり、謀叛人跡の由緒に基づく幕府の地頭補任行為とは、まったく無関係に存在する。これらがことさら同一の書状において取り上げられているのは、あくまでも政治的配慮にすぎないことになる。

この認識は、同様に武士狼藉停止と地頭補任問題を趣旨とする十二月六日頼朝書状にも適応するものとして、武末論文は作成されているのであろう。同書状前半部の武士狼藉停止遂行過程から、諸国庄園地頭設置の主張へ至る経緯は、朝廷側の武士狼藉停止要求を尊重してそれを遵行し、この間は地頭職などの設置を差し控えていたが、義経・行家問題を契機に、狼藉発生原因である義経・行家の逃亡を助けた「後白河院の失政の機をとらえ」て、地頭設置の主張に至ると説明されている。

ここで地頭・沙汰人職の設置を、武士狼藉停止職務遂行の間、差し控えなければならなかったのは、新地頭による年貢所役不勤仕の問題と、土地所有関係の変革を必然的にもたらすという問題が障害となり、貴族側に謀叛人跡には地頭を設置するという原則が承認されなかったためと説明する。

とすれば、幕府は謀叛人跡への地頭設置を、事実上行なっていたが、一方で朝廷の理解・了解を必要としていたことになる。武末論では、幕府の謀叛人跡地頭補任権の独自性が主張されているが、補任権の実行に朝廷の承認を求めること自体に、その独自性に疑問を抱く必要があるのではなかろうか。

また同論では、六月二十一日頼朝書状中「縦為二謀反人之所帯一、令レ補二地頭一之条、雖レ有二由緒一」の部分から、地頭職は正当な理由に基づき頼朝から補任されたもので、一方、武士狼藉は頼朝から正当な権利が付与承認されていない行為とする。しかし前の引用部は続けて「可二停止一之由、於下被二仰下一候所々上者、随レ仰可レ令二停止一候也」とあり、由緒があって地頭が補任された場合でも、院の仰せにより停止されている。この際、院側が地頭停止を命じる理由は特定されていないが、幕府側の地頭補任の由緒を否定して停止命令に及んでいることも当然想定し得る。謀叛人跡を由緒にする地頭補任行為を朝廷が承認していないとするならば、朝廷側では地頭知行の由緒の有無を問わず、問題が生じれば、一様に武士狼藉と認識して停止を命じるのではないか。武末氏は、武士狼藉と地頭職の知行は「法的に全く異なった行為」と理解するが、それは謀叛人跡への地頭設置は先例であると称する幕府側の理論に基づくのであって、朝廷側でその理論を承認していないとすれば、当然それは法的に異なった行為と認識されないであろう。

かように武末論への問題点も指摘できるかと思う。幕府の謀叛人跡地頭補任権の独自性の問題、及び武士狼藉をいかに定義するかの問題、これらを再考する必要がある。さらに、武士狼藉停止と諸国庄園地頭補任に関する理解を提示した上で、改めて双方の相対関係を明確化できなければ、十二月六日頼朝書状を理解したことにはならない。

第三章　没官刑の執行権の所在と執行状況

前章では、主に武士狼藉とその停止に関する検討を行なったが、本章では、前章での問題認識を踏まえ、幕府の謀叛人跡地頭補任権の独自性の問題について検討してみたい。

地頭に関する古典的諸研究では、文治勅許により特定の庄園・公領を問わず、一律に地頭を補任する権限が、幕府に付与されたと理解されていた[22]。しかし、石母田氏が国地頭論を提唱された後、文治元年勅許とは別に、庄郷地頭の成立を検討する余地が生じた。また同じく本領安堵以外の庄郷地頭は、謀叛人跡に限定すべきことが提唱された[23]。これにより、謀叛人跡に庄郷地頭を補任する制度が成立する契機・過程を解明するという課題が認識されることになる。

大山喬平「没官領・謀叛人所帯跡地頭の成立」（『史林』五八―六、一九七五）は、庄郷地頭の成立過程を次のように示す。まず、寿永三年三月の後白河院「平家没官領注文」による平家没官領給与を契機とし、頼朝の平家没官領処分権が法的に整備された。次いで、元暦元年七月の伊賀・伊勢平氏叛乱鎮圧後、伊勢国の没官注文が作成され、それに基づき謀叛人跡地頭が補任されており、頼朝の没官領処分権が、平家旧領のみならず朝敵たる謀叛人一般に適応された。次いで、壇ノ浦の合戦後、範頼は鎮西没官領の調査を遂行しており、これを伊勢同様に「平家没官領注文」の枠組みにとらわれない謀叛人跡処分権行使の例とする。

前掲武末論文では「没官領謀叛人跡地頭の成立については、この大山氏の見解にほぼ従う」としながら、「平家没官領注文」による没官領の給付が、頼朝の没官領処分権の法的成立の契機となったという点については疑問とし、「幕府の謀叛人跡地頭補任」は、「院の意向とは関係なく、謀叛人の鎮圧を理由に頼朝が事実上行なってきたもの」とする。或いは、地頭職補任権は「勅許などの法的形式に基づいて獲得された権限とはみなしがたく、むしろ幕府が事実上行使してきたものと考えられる」とされている。

川合康「鎌倉幕府荘郷地頭職の成立とその歴史的性格」（『日本史研究』二八六、一九八六）では、前記武末論を継承し、さらに没官領地頭制度の形成過程を具体化した。すなわち、頼朝軍は当初謀叛人の軍隊であったので、朝廷の法規に準拠して没官刑を執行する必要はなく、独自に没官処置を遂行し、敵対者に対する軍事行動の一環として軍事的占領と家人への没収地の宛行＝「敵方所領没収」を行なっていた。この「敵方所領没収」行為は、朝廷を主権とする没官刑と抵触する行為であったが、朝廷は頼朝軍援助の意味から、寿永三年以降、西国でもそれを継続して行なうことを容認した。この結果、頼朝軍による「敵方所領没収」は、「（従来王朝国家が行使してきた）謀叛人に対する没官刑の執行という国家的意義をあわせもつようになる」とする。つまり、頼朝は東国において、軍事行動の一環として敵対勢力の所領を占領し、独自に配下武士に地頭職として配分したが、朝廷は頼朝の軍事行動を阻害することを憚って、西国でも独自の没官刑執行を黙認し合法化したということになる。

大山論文では、後白河院平家没官領注文に没官領処分権成立の法的根拠を求め、武末・川合論文は、朝廷側からの権限付与に拠るものではなく、事実上行使してきたものと理解している。これら論文では、文治元年末段階で既に、幕府の没官領処分権・謀叛人跡地頭補任権・没官刑執行権といった、謀叛人跡を没収して地頭職相当を独自に設置する状況が成立していたとする。

これら三氏の謀叛人跡地頭論から、次の三つの課題を抽出したい。

〔第一〕謀叛人跡への幕府地頭補任権が確立していたか、または独自に行使し得ていたかの確認、再検討。

〔第二〕幕府による謀叛人跡の探索と占拠が、本来朝廷の執行すべき没官刑を統合したものと評価できるかという点。

〔第三〕朝廷が頼朝の軍事的優位性の確保を重視したが故に、没官刑執行の統合を黙認したとするが、それを肯定し得る政治的環境にあったのかという点。

この三点のうち、〔第一〕は三氏に共通する問題、〔第二・三〕は川合論から導かれる課題であり、〔第一〕は〔検討一〕〔検討二〕で、〔第二〕は〔検討三〕で、〔第三〕は章を改めて、第一章以降の考察を整理しながら解明を試みる。

〔検討一〕没官刑執行に関する諸史料

謀叛人跡処理における幕府の独自性を説く際に引用されるのは、十二月六日「頼朝書状」では「依レ為二没官之所一、任二先例一可レ置二沙汰人職一之由雖二令レ存候一」の部分、文治二年六月二十一日「頼朝書状」（『吾妻鏡』同日条）では「不レ限二伊勢国一、謀叛人居住国々、凶徒之所帯跡ニハ、所下令レ補二地頭一候上也」の部分であり、文治三年六月二十日「頼朝下文」（『吾妻鏡』同日条）では「於二謀叛輩之所領一者、任二先蹤一令レ補二地頭職許一」の部分となる。これら史料では、頼朝が没官の所・謀叛の輩所帯跡へ沙汰人職・地頭職を設置することは、先例・先蹤であると主張されている。当時、先例・先蹤と称することは、違反すべからざる慣習、つまりは慣習法であるとの主張に等しい。この点から、没官の所・謀叛の輩所帯跡への沙汰人職・地頭職設置を、頼朝は自己の権限と自認し、主張していると考えられる。実際、文治元年以前より謀叛人跡の没収と地頭職の設置は実行されている[24]。

しかし没官刑は律令の規定であり、謀叛人に対する没官刑の執行は、朝廷が掌握すべき権限であることが原則であって、保元の乱でも朝廷により執行されている。[25] 幕府が実質的にその権限を行使するとすれば、律令運用の重大な変更であろう。しかしそれを立証すべき史料は、前述の如くすべて「頼朝書状」であり、幕府独自の謀叛人跡処理権の成立を実証するに足るのか、あるいは、謀叛人跡処理権が存在するとしても、朝廷に対していかほどの独自性を有するものであるかについては、さらに慎重な判断が必要ではなかろうか。

私が幕府の謀叛人跡処理権の確立論に躊躇する理由は、まず十二月六日「頼朝書状」の存在にある。前章では、頼朝は同書状により、挙兵から現在に至る経緯を説明し、諸国庄園地頭職の調査と設置に関する申請への理解と承認を求めたとした。頼朝が独自の謀叛人跡処理権を確立していたならば、これほど丁寧に事情を説明し、兼実に後白河院へのとりなしを求める必要はなく、諸国庄園地頭職設置に関する朝廷側への伝達は、もっと淡泊に、事務的・断定的文章で良いのではなかろうか。

さらに書状の内容から私の疑問を具体化するならば、頼朝は「種直・隆直・種遠・秀遠之所領」については、「没官之所」であるので、「任二先例一可レ置二沙汰人職一之由」を存じていたが、「且先乍レ申二事由一、尚輙于レ今不二成敗一候」＝とりあえず事情を申し上げながら成敗を行なっていないとする。つまり、没官領処理について、頼朝より朝廷側に申請が行なわれているとすれば、没官領処理の決定は頼朝が独自に行なうのではなく、朝廷の認可承認を要するとの想定も可能であろう。

また「何況自余之所不レ及二成敗一候」とある部分は、「種直らの所領も成敗していないのに」に続いていており、「どうしてその他の所について成敗することがあろうか、いや成敗することはない」と訳せる。没官領である種直等の所領でさえ容易に処分を行なうことは無く、ましてや「自余之所」については、さらに慎重な処置が必要とされていたと理解できる。[26]

さらに、幕府独自の没官刑執行に否定的な史料を提示したい。まず、文治地頭勅許で有名な『鎌倉年代記裏書』文治元年十二月二十一日条では「諸国地頭職拝領　綸旨到着、去六日　宣下也、広元加二計議一、諸国均等可レ相二交関東沙汰一也、仍守護地頭補任事申二行之一」とあり、諸国地頭職は綸旨を以て給与されたとする。また『吾妻鏡』文治元年十二月三十日条でも「令レ拝二領諸国地頭職一給之内、以二土佐国吾河郡一、令レ寄二附六条若宮一給」とある。これらの史料では諸国地頭職は拝領したものと認識されている。

次いで、文治二年六月二十一日「頼朝書状」（『吾妻鏡』同日条）では、「不レ限二伊勢国一、謀叛人居住国々、凶徒之所帯跡ニハ、所下令レ補二地頭一候上也」と、諸国の謀叛人跡へ地頭を補任したことを明らかにし、本家領家所役・国衙国役雑事の勤仕を怠らなければ問題はないとしながら、「縦為二謀反人之所帯一、令レ補二地頭一之条、雖レ有二由緒一、可二停止一之由、於下被二仰下一候所々上者、随レ仰可レ令二停止一候也」と、謀叛人跡として由緒があっても、朝廷から停止命令があればそれに随うとする。この場合、謀叛人跡の由緒よりも、朝廷の判断が優先されていたことになる。

前に、頼朝は没官の所・謀叛人跡への沙汰人職・地頭職設置を先例と認識する先行研究と、その根拠とする史料を提示した。しかし一方では、没官の所・謀叛人跡は、朝廷から頼朝へ給与されるという性格を示す史料も存在するのであるから、前者のみをとらえて、頼朝は独自に没官の所・謀叛人跡へ沙汰人職・地頭職の設置を実行していたとするのは一面的であろう。双方の史料を、如何に整理して実態を把握できるかを考えるべきである。

（検討二）文治二年十月八日太政官符をテキストとする検討

さらに謀叛人跡地頭問題に関して、『吾妻鏡』文治二年十一月二十四日条所収の同年十月八日付「太政官符」を検討し、没官刑執行権をめぐる朝廷と幕府の関係について明らかにしてみたい。

『吾妻鏡』文治二年十一月二十四日条

廿四日丁卯、去月八日　宣旨、同九日　院宣、去比到来、今日被レ奉二御請文一、大夫属入道（三善善信）・筑後権守（藤原俊兼）等加二所談一云々、是平氏追捕跡地頭等以非（衍カ）二指謀叛跡一、宛二行課役一、煩二公官等一之間、国司領家所二訴申一也、現在謀叛人跡之外者、可レ令二停止一之由云々、

太政官符　諸国

応二早令レ停二止国衙庄園地頭非法濫妨一事

右内大臣（藤原実定）宣、奉　レ勅偁、依レ令レ追二伐平氏一、被レ補二其跡一之地頭、称二勲功之賞一、非二指謀反跡一之処、宛二行加徴課役一、張二行検断一、妨二惣領之地本一、責二煩在庁官人郡司公文以下公官等一之間、国司領家所二訴申一也、然者、仰二武家一、現在謀反人跡之外者、可レ令レ停二止地頭綺一之状如レ件、依　レ宣行レ之、符到奉行、

文治二年十月八日　　正六位上行左少史大江朝臣

修理左宮城使従四位上左中弁兼中宮権大進藤原（光長）朝臣

この太政官符は、十二月六日「頼朝書状」同様、さまざまな論議を生み出した史料である。昭和三十年代以前の研究では、文治元年末に地頭職が庄園公領を問わず普遍的に設置されたことを前提とし、その後、当「太政官符」により、現在謀叛人の跡を除いて総ての地頭が停止されたと理解され、地頭政策に大きな変革をもたらしたと評価されていた。(27)これに対し、石母田「文治二年の守護地頭停止について(二)」(28)では、同「太政官符」中の「地頭綺」の停止は、地頭そのものの停止の意味ではなく、地頭の違法行為の停止にすぎず、現在謀叛人の跡を除き、他の総ての地頭を停止するような、地頭政策の大きな変動を意味するのではないとした。この石母田論は、上横手氏・川合氏らにより肯定継承されている。(29)その解釈の主旨は、平家追伐の跡に補任された地頭が、地頭を置くべきではない所領へ非法濫妨を行なっており、実在する謀叛人跡以外での地頭の非法濫妨を停止せよとなろう。

「太政官符」の検討にあたって、史料中の語句の確認をしておきたい。

まず、「非レ指謀反跡一之処」の「処」であるが、この字は文と文を接続させる意味で用いられる場合と、「所」と同じく場所の意味で用いられる場合があり、「指したる謀反跡でない場所に」とも「指したる謀叛跡ではないのに」とも両方に訳せる。ただし、使用例としては、接続に使われることが圧倒的に多い。

また同部分の「指」は「指《さ》したる」と読み、中原久経・近藤国平を評して「非レ指大名一」などと用いられているように、(30)「たいした」「さほどの」という意味であり、「たいした（さほどの）謀叛跡ではない」と直訳できよう。即ち謀叛の罪の程度が軽微なことを表現している。

次に、「現在謀反人跡」の「現在」とは、近代では主に時間の「今」の意味に用いられるが、先行研究の多くは、現実に存在する、現存するの意味を採っている。しかし、小学館『日本国語大辞典』では、他に血縁・肉親などの関係に関してと条件付ながら「まぎれもない事実であるさま」の意味をあげている。[31]「現《あら》われ在る」と訓読すれば、目に見えるの意味であり、転じて「まぎれもない」の意味を持つのであろう。「現在謀叛人跡」が、前述の「指したる」＝軽微な罪科と対比されている語句とするならば、「まぎれもない謀叛人」は遠からずその反対の意味を示すことになろう。

　これら語句の考察を踏まえて、内容の検討を行ないたい。まず、前述の石母田論に対し、羽下徳彦氏は、石母田氏が地頭綺の停止を、地頭そのものの停止ではなく、単なる不法行為の停止であると理解する点につき、その疑問について次のように論じる。[32]「現在謀反人跡之外」では地頭の綺を停止せよ、という保留条件が付されているが、これは保留条件であるから、この場合は反対解釈が可能であり、「現在謀反人跡」では地頭の綺が行なわれることを認める、と解される。然りとすれば、院側では、現在謀反人跡において、地頭の綺＝不法行為を認めていることになり、不自然である。やはり「現在謀反人跡之外」では地頭の綺を停止する、とは地頭そのものを停止することであり、現在謀反人跡では、地頭の存在を認めると理解するほうが自然であるとする。

　この指摘に対して石母田氏は「形式的にはたしかにそうであり、その反対解釈を考慮にいれなかった拙稿の不備はあきらか」としながら、「その解釈がこのような場合に厳密に成立するのかについては、私は疑問に思っている」とする。[33]石母田氏のいう「この場合」とは、事書にいう「「謀反人跡」の外は地頭の「非法・濫妨」を停止するというこの宣旨」の場合であるが、事書の「非法・濫妨」をそのまま反対解釈にあてはめれば、「謀反人跡」では「非法・濫妨」を承認するとなり、その反対解釈は成り立つものとは思えない。しかし、事書で停止されている「非法・濫妨」について、事実書では「宛二行加徴課役一、張二行検断一」と具体化している。本来、事書は事実書の要約であり、より具体的に記述する事実書を以って文意を解すべきと考える。事実書により反対解釈を行なえば、「謀反人跡」では加徴課役の賦課・検断権の行使が承認されていたことになる。加徴課役の賦課・検断権の行使は文治年間から確認され、新補地頭の最低限の権利のなかにも盛り込まれており、(34)当時でも一般的な地頭の職権であったとの考えを否定するのは困難であろう。

つまり、「地頭綺の停止」を地頭そのものの停止と理解することにより、反対解釈が成立するが、「地頭綺の停止」を非法濫妨の停止と理解したならば、反対解釈が成り立たず、正しい法文とはいえないことになる。すなわち、現在謀叛人跡の外は地頭非法濫妨は停止せよという解釈では、謀叛人跡での地頭非法濫妨を認めているとの解釈も可能であり、法律としては片手落ちの文章といえる。

ここで、現在謀叛人跡であっても地頭非法濫妨が停止されるべきことは、極めて当然のことであるので、法文としては不完全となっても、現在謀叛人跡の地頭非法濫妨の停止文言は省略されたとの想定は可能であろう。しかし、ことさら「非二指謀反人一」と「現在謀反人」との区別を強調しているのであるから、罪の軽い謀反人跡への地頭設置を拒否し、現在謀反人に限定して地頭設置を容認している法文とする解釈の方が優れていると考える。

また、石母田氏は地頭職の停止の場合には、「停二止地頭一」と表記するか、もしくは地頭の「知行」「沙汰」を停止すると記述されるのが一般的であり、「停二止地頭綺一」では地頭の非法・狼藉・濫妨を停止する以上の解釈は導かれないとする。

しかし、一般論として反論するならば、相論の場では、地頭は知行と自称し、訴人はその行為を綺（不当な干渉）と主張するのであり、そうした意味では地頭の綺と知行は表裏の関係にある。訴訟の結果、裁許者が地頭の非を認めれば綺と表記し、正当性を認めれば知行と表記して裁許を下すのであり、表記に相違があっても行為自体に相違があるとは限らない。本「太政官符」は、訴人である庄園領主・国衙側を擁護する立場から発給されたという性格上「停二止地頭綺一」と表現されているが、地頭綺停止と地頭知行停止の間に、決定的な意味の差異は存在しないと考える。現に本「太政官符」では、「非二指謀叛跡一」への加徴課役・検断の張行が問題となっているが、この行為は「現在謀叛跡」の地頭といった正当な知行者の場合は、権限として認められるのである。

語句・「地頭綺」の検討を経た上での、私の解釈は「平家を追討させたことにより、その跡に補任された地頭が、勲功の賞であると称し、さほどの謀叛人跡ではないのに、加徴課役を宛行い、検断を張行し、惣領の地本を妨げ、在庁官人・郡司・公文以下の公官等を責め煩わせるので、国司領家が訴え申している、よって、武家に命じて、あきらかなる謀叛人跡の外は、地頭の干渉を停止させなさい」となる。文末の「地頭の干渉を停止させなさい」とは直訳であり、地頭そのものの停止が意訳である。

この解釈からすれば、「太政官符」の主旨は、平家追討跡に置かれた地頭のうち、軽微な罪科の謀叛人跡、つまりは没官刑には相当しない謀叛人の所領に、地頭を設置したことを不当とし、没官刑に相当する地頭のみに限定せよとすることと考える。すなわち、謀叛の罪が没官刑に相当するか否かという量刑を徹底させるための立法であり、謀叛人跡に限定して地頭が設置されるという原則の上で、その原則をより厳密化して執行させる命令といえる。

では、何故既に設置された地頭につき、再検討を促すための「太政官符」が発給される必要が生じたのであろう。いいかえれば、何故厳密な量刑がなされずに地頭が設置されたのであろうか。この点については、第一章・第二章で検討した十二月六日「頼朝書状」の内容を回顧していただきたい。

頼朝は御使久経・国平を鎮西に派遣して武士狼藉停止の職務を遂行していたが、義経・行家の謀叛が起こり、その追捕の実施により新たな武士狼藉の発生が予想された。しかし追捕職務の完了後には、狼藉の停止を遂行するつもりであり、今は治安維持の必要を重視して、諸国庄園への地頭職設置を行なうべきである。「頼朝書状」からこうした趣旨を読み取った。

つまり義経・行家謀叛以前では、地頭の設置より、武士狼藉の停止業務が優先して行なわれていたのであるが、義経・行家事件を契機に、諸国庄園地頭設置が断行されたため、設置以後に、地頭停止を含めた武士狼藉停止業務が、頼朝の約束どおりに実行されたという状況を想定する。つまり、文治の諸国庄園地頭設置は、地頭設置箇所の確定を充分に行なわずに執行されたため、追ってその確定作業を行なう必要があったのであり、当「太政官符」は地頭設置箇所の確認作業を促すために発給されたものと考える。

これまでの検討により、「太政官符」は、地頭が補任されるのは明らかな謀叛人跡のみであり、没官刑に相当しない所領へ設置された地頭は放棄されなければならないとの原則を明示したものと理解する。すなわち謀叛人跡を没官し地頭を補任することの是非は、謀叛人の罪状が明らかであるか、或いは没官刑に相当する重科であるか否かに求められる。

刑の執行にあたって罪の是非と重軽を問うことは極めて当然であり、本来は、確認する必要もないことであるが、没官刑が実際上、戦争状態での敵対勢力の駆逐として実行されているとの理解に対しては、それがあくまでも尋常な法理に沿って執行されるべきと認識されている点を主張しておく必要がある。

さらに、文治二年十月八日「太政官符」の返答である同年十一月二十四日「頼朝請文」（『吾妻鏡』同日条）によれば、この「地頭綺」について「早仰二国司領家一、可レ有二御禁断一候歟、此上致二張行一之輩候者、注二給交名一、可レ加二炳誡一候」とあり、地頭の綺は、国司・領家に朝廷から命令して禁断あるよう進言し、それに従わない場合には、その交名を給わって自分が炳誡を加えるとする。没官刑に相当しない場合は、朝廷が国司・領家に命じて地頭停止を行なうのが原則であり、頼朝はその施行を補助する立場を明確にしている。勿論、これは原則論であり、「地頭綺」を命じる「太政官符」が頼朝宛てに出されていることからしても、頼朝を介さなければ地頭停止はなし得ないというのが現実であり、また頼朝側にしても、無制限に地頭停止に応じたとは思えない。但し、この部分からは、謀叛人某が没官刑に相当するか否かの基準が、幕府独自のものであったとは考え難く、基本的には朝廷側の判断が優先されているという原則が読み取れる。

本章では課題の第一として、謀叛人跡への地頭補任権が確立していたか、または幕府独自に行使し得ていたのかを掲げた。これについては、謀叛人が没官刑に相当するや否やの判断の主権は朝廷に所在するのであり、幕府独自の基準により執行されているのではない。つまり没官刑は幕府独自に行使し得ていたとはいえないと解答できよう。

また、没官刑の執行権はあくまで朝廷に所在すると考えるが、頼朝は没官領に地頭を設置することを先例と認識し主張しているのも史料的事実である。双方の整合性を模索するならば、頼朝による没官刑の執行と地頭職・沙汰人職の設置が先例・先蹤なのではなく、謀叛の罪科により没官刑に処された所領は、朝廷より頼朝に給与され、頼朝の判断で処分することが先例・先蹤と認識されていたという理解が提示できよう。つまり、没官領を給与する主体は朝廷であり、頼朝は没官領を給与されることを先例・先蹤と主張しているのであろう。

この場合、没官刑執行の主権は朝廷に所在し、一方頼朝は、謀叛人の没収所領を没官領として給与されることを先例と認識し、給与された所領は、地頭職設置など独自に処分していたとして、双方の権限を並立させ得る。

（検討三）謀叛人跡暫定占拠（＝点定）期間の想定

次に没官刑執行に関する第二の問題、謀叛人跡（或いは敵方所領）の探索と占拠の実行が、本来朝廷の執行すべき没官刑を統合したものと評価できるかという点について検討したい。

（検討一）（検討二）では、没官刑の主権は朝廷にあり、幕府はそれに準じる立場であって、独自に没官刑を執行していたのではないとした。一方、川合氏は、没官領地頭職は「東国における戦争状態のなかで必然的に展開した敵方本拠地の軍事的占領行為」であり、西国でもそれが継承されたと理解されている(35)。

幕府は東国同様に、西国にても敵方所領没収を遂行し、朝廷はこれを軍事的配慮から容認した。ここに公的刑罰である没官刑が、幕府の敵方所領没収と統合されることになったとする。私は、基本的に謀叛とは朝廷に対する反逆であるから、謀叛人に対して行なわれる没官刑と、幕府の私的敵対者に行なう没収行為とは、法的に区別されるものと考える(36)。しかし、今問題なのは、幕府が現実に行なっている謀叛人跡、或いは敵方所領の占拠行為が、没官刑に相当する行為と認められるか否かである。

軍事制圧により謀叛人跡所領が接収され地頭職設置などの処理が行なわれる場合、これは大山氏の謀叛人跡注文による処置、或いは川合氏の御家人個々の探索行動によるいずれの場合であっても、謀叛人跡が発覚し、制圧された直後に地頭が補任されることは一般的ではないと考える。

例えば、文治元年十二月六日「頼朝書状」では、鎮西の原田種直らの謀叛人跡は、同年三月の壇ノ浦の合戦を契機として幕府により把握されたはずだが、十二月に至っても沙汰人職を設置し得ていない。また、同年末の朝幕交渉により、諸国庄園への大規模な没官領地頭設置が実行されたが、この時期に一斉に補任されたということは、実施を延期されていた多くの補任候補地が存在していたことは明らかである。

こうした謀叛人跡処理が、一時期に一斉に行なわれるのは文治地頭に限らない。治承四年八月に挙兵した頼朝が、初めて論行功賞を行なったのは同十月二十三日（『吾妻鏡』同日条）であり、北条・武田・千葉・三浦・上総介・土肥・佐々木ら御家人一般に対する本領安堵・新恩給与と、敵対者の処罰として身柄の拘束、所領の没収が行なわれている。寿永三年正月に義仲を逐って上洛した後、同年十一月十四日（『吾妻鏡』同日条）には、西国に所領を宛行われた輩の沙汰付が義経に命じられている。恐らくは、鎌倉で論行功賞があり、その決定を遵行したのであろう。(37)

このように地頭新恩給与は東国・西国を問わず、兵乱の状況に応じた各段階で、一斉に行なわれている。これは、頼朝の棟梁たる地位の、最も顕著なる表現が論行功賞なのであり、臨機に軽々しく行なうのでなく、勲功の優劣の評価を明確にするため、また戦果と棟梁の威信を誇示するためといった様々な意味において、儀式的に厳重に執行されるべきものと考える。川合氏は、敵方没収地の新恩給与は、敵方所領没収と同時並行的に進められていくとされるが、(38)没収地は戦争中に随時生じるのであり、給与は特定の時期に一斉に執行されるのであるから、双方が同時並行的であるという認識には違和感を覚える。

また川合氏は、御家人が自己の裁量で、謀叛人とその所領を探索制圧し、追ってその地頭職に補任される場合があり、これを幕府追認型の地頭とする。(39)もし御家人が自己の判断で謀叛人跡を制圧駐留しても、幕府の確認がなければ、自称地頭では客観的には自由押領となんら変わるものではなく、幕府より地頭への補任が行なわれて初めて、占拠などの行為も正当化されるのであろう。それは地頭職は鎌倉殿から補任されるという性格上当然である。幕府追認型の地頭であっても、武力占拠してから地頭補任の認可が下るまでは、時間を要することになろう。

つまり、謀叛人跡の探索・制圧により旧所有者の権利が剝奪された後、幕府・朝廷などの没官刑執行責任者の裁量を経て、地頭設置などの最終的処理が行なわれると考える。

とするならば、謀叛人跡の探索・制圧の後、地頭設置或いは本主への返還などの処理があるまでは、その跡地はいかに処遇されていたと考えるべきであろうか。本領主に一時的に返還されたり、空白状態となっていたとは考え難い。東島誠氏は「義経沙汰没官領」の検討の結果、[40]義経沙汰と称されている没官領は、戦乱による占領から一定期間を置いて地頭職が設置されており、[41]その間の義経は地頭に補任されたのではなく、一時的管理者にすぎないとするが、旧所有者の権利剝奪の後、暫定管理を経て最終処置が下されるという理解には興味をひかれる。つまり、謀叛人跡が制圧され、その処分が決定する間は、幕府の暫定管理下に置かれていたという想定である。

史料上、謀叛人跡を接収する行為は、「没官」「没収」「収公」などと表記されるが、特に「差し押さえ」の意味である「点定」が使用される場合があり、これが暫定管理を考える上で参考になる。

寿永三年七月二十四日「一院御座作手等解案」[42]では、旧待賢門院領で、後に後白河院領となった御莚料藺田を、中原親能（当時は藤原姓）が平家関係所領として点定している。親能は「平家不審ヲハ、次官（斎院次官親能）被レ奉レ誡」という職務にあり、その結果「為二平家領一之由有二其聞一」により、この所領を点定したとする。さらに、七月二十六日「藤原親能書状」[43]では、この点定行為につき「近辺散在田地等、可二尋沙汰一之由、蒙二鎌倉殿仰一候之間、所レ令二尋沙汰一也」と説明しており、親能が頼朝の命を受けて洛中の平家に縁座する人物・所領の探索と点定業務にあたっていたらしい。

また、北条時政入京に際する『吾妻鏡』文治元年十二月十五日条では、「謀反人家屋等先点㆓定之㆒、同㆓意悪事㆒之輩、当時露顕分、不㆓逐電㆒之様廻㆓計略㆒」と時政が頼朝に報告しており、謀叛人同意の輩の逐電を防ぐため「先点㆓定之㆒」とあるように、理非を問わず迅速な処置がとられている。

時代が降るが、建武三年（一三三八）三月十二日「足利尊氏御教書」[44]により、「薩摩国欠所并京進年貢等事」につき「平均令㆑点㆓定之㆒」という命令が、守護島津貞久らに下されており、この際には「寄㆓事於寺社領㆒、雖㆑令㆓遁避㆒、先点㆑之、令㆑糺㆓明実否㆒、可㆑被㆑注㆓申子細㆒」とある。すなわち、実否の究明以前にまず点定を行ない、後にその調査と報告を行なえというのが尊氏の指示であった。

また、点定という表記は無いが、寿永三年三月日「感神院所司等解」[45]では、同院社頭・四至内において、義経の命令を受けたとする武勇輩が謀叛人所縁の咎人が居ると称し、或いは同院に寄宿している者に嫌疑をかけて社家住僧神人らを追捕している。義経は、この訴状に対して狼藉停止の外題を加えている。これにより義経及びその配下が、平家もしくは義仲などの謀叛人を探索していることが理解され、こうした謀叛人関連での探索行為には、親能・時政と同様の点定行為を伴うことが想定されよう。

また、所務法ではあるが、『新編追加』一三九条「一、点定物事」[46]では、係争中の点定物は、点定を被った人に返付せず、糺明の後、その決定に随って処分せよとする。ここでの点定物は、裁決が下されるまでは未処分状態におかれ、被点定者・点定者のいずれかが保管しておき、相論の是非が下されてのちに没収などの処置を行なうよう規定されている。すなわち本条での点定は、没収・没官とイコールではなく、処分が決定するまでの一時的差し押さえ処置と理解される。

前述の如く、軍事制圧後、地頭設置などの謀叛人跡処理が行なわれる場合には、謀叛人跡の探索と占拠の後、即座に地頭補任の沙汰に及ぶことはなく、一定期間をおいて最終的な処置が下されるのであり、この期間は、点定＝未処分暫定占拠の状態に置かれていたと想定する。この点定は、没官という最終処置に至る過程での一段階であり、また、暫定処置であるので、最終的に没官刑が執行されない場合、或いは没官刑が執行されても、頼朝以外の第三者へ給与・返付される場合なども想定し得る。

頼朝軍は、謀叛人追討追捕の一環として、謀叛人跡の調査と不穏分子の排除を目的とした謀叛人跡の占拠を行なっているが、その占拠行為自体を没官刑の執行と認識すべきではなく、最終判断が下されるまでの暫定処置と考える。また、川合氏の幕府追認型地頭論は、御家人個々が独自の判断で没官行為を行なうとするが、私は御家人個々が独自の判断で行ない得るのは点定行為までであり、点定地に没官刑を執行し得るのは、朝廷・幕府といった行政機関であると考える。

すなわち謀叛人の追討追捕とその所領の占拠行為は、為政者による没官刑の執行に至る前段階であり、最終判断の下される迄の期間は、暫定占拠＝点定状態におかれるとの想定を提示したい。

（検討一〜三）の終了

本章では、第二章で提示した①没官刑を幕府が独自に執行しているのか、②武士狼藉停止と諸国庄園地頭設置とは如何なる関係かという二つの課題のうち、①について検討した。本章（検討一）〜（検討三）において、没官刑執行の主権は朝廷にあること、幕府の謀叛人跡占拠行為はそれ自体を、没官刑の執行と理解すべきではないことを論じた。

没官刑に関する基本的な認識を提示した上で、残された②武士狼藉停止と諸国庄園地頭設置との関係解明に取り組みたい。

また、第三章で提示した〔第三〕の課題、朝廷は頼朝の軍事的優位性の確保を重視して、頼朝独自の没官刑執行を黙認したとする川合氏の説明についても、合せて検討してみたい。

第四章　謀叛人跡処理と武士狼藉停止の相対関係

第一～三章までの論旨を整理しながら、第二章の課題②・第三章の〔第三〕の課題につき検討し、没官刑執行をめぐる朝廷・幕府の関係の全体像を明らかにしたい。

朝廷が朝敵追討追捕の宣旨・院宣を発給した後、その軍事行為は、頼朝に一任されている。そうした関係上、戦後処理及び治安維持業務の一環として行なわれる謀叛人跡の調査と点定といった職務は、幕府側の特定地域の管轄者である惣追捕使・守護人や、洛中の特殊任務にあった源義経・中原親能・北条時政などの主導により、或いは御家人個々により遂行されるのが必然となる。この謀叛人跡の調査と占拠は、没官刑執行の候補となる所領を検出し、差し押さえる意味で没官刑執行の前提であり準備過程といえる。

また、前章で検討した文治二年十月八日「太政官符」では、没官刑に相当しない謀叛人跡への地頭補任は、国司・領家の訴えに従って停止することが指示され、また頼朝は同年十一月二十四日頼朝請文（『吾妻鏡』同日条）を以てこれに同調し、停止命令の執行を擁護することを確認している。このことは、前述の如く没官刑執行の最終判断の権限が、朝廷に所在することを示す。また地頭設置の後にその処置の是非が問題化した経緯を示すのであり、第三・四章で述べたように、没官領は、朝廷から頼朝へ給与されるという性格にありながら、朝廷は給与すべき没官所領個々について、刑執行の是非を確定せずに給与していたことになろう。

恐らくは、没官領の申請も認可も、もとより確定的な内容と認識して行なわれたのではなく、地頭設置以後の問題発生に伴う没官措置の撤回など、将来の個別対処の可能性を前提としてなされていたものと考える。

すなわち、一つには、謀叛人追討追捕及び、没官刑執行の準備段階である謀叛人跡の探索・点定は、幕府主導で遂行されていること、一つには、朝廷は給与対象の謀叛人跡所領の個々・総体を把握し、没官刑の量刑確定に基づいて没官領を給与したのではないこと、また頼朝は、没官刑執行対象地の個別詳細な報告と確認を行なってはいなかったことなどを想定する。これらを前提として、朝廷の没官刑執行権を機能させるような、謀叛人跡処理過程における朝廷側の主体的な関与が提示できなければならない。なぜなら、たとえ没官刑執行に関して朝廷の判断の優位性がいかほど主張されても、刑執行に関する頼朝の申請が即座に無条件に裁許され、執行の基準も、実際は頼朝の独断によるものであれば、朝廷の権限は原則論に止まり、存在意義は認められないことになる。よって没官刑執行の主権が朝廷に所在するとしても、その原則が実際いかに機能していたか、どれほどの貫徹性を持っていたか、つまり実行性の有無・程度が問題となる。

第三章（検討三）では、謀叛人跡処理の過程について検討し、謀叛人跡の検出から没官領給与の間には、暫定占拠（＝点定）期間が存在すると想定した。また、同（検討二）では、没官刑執行にあたっては、原則的に尋常なる罪状審議が行なわれ、刑に相当するや否やの是非が問われていることを述べた。双方を照らし合せるに、その暫定占拠期間に没官刑の当否が審議されると考えるのが順当であろう。

但し、この罪状審議に関して、解放対象の占拠地を、朝廷が能動的に調査することは、自力救済を基調とする前近代法の一般的傾向として、また主体となるべき朝廷の実行能力からしてありえない。占拠地が解放される場合は、被占拠者側である国司・領家・在地領主・名主百姓などから訴訟が起こされ、朝廷がそれを受理し、幕府に占拠の違法性とその解放命令が通達されるという経緯が一般的である。つまり占拠地の解放とは、被占拠者側からの訴えにより、占拠の停止命令が発動された結果としてなされるのであり、それが数的に充分に行なわれることにより、没官刑対象地の限定に至るものと考える。ここで、朝廷の主体的関与として、訴訟を受理し、占拠停止の命令を発して没官刑執行対象地を限定するという役割が想定できよう。

つまり、頼朝に給与される没官領は、占拠された謀叛人跡のうち、没官刑に相当する所領のみに限定されて給与されること、及び解放対象の不当占拠地は、被害者からの訴えにより認識されることの二点を前提とするならば、不当占拠という訴えを朝廷が受理し、その解放を幕府側に命じ、それを幕府が実行することにより、没官刑執行対象地が限定されてゆくという過程が考えられる。

逆に幕府側で謀叛人跡と称して占拠し、被占拠者・同関係者より解放の訴えが無い場合には当然であるが、さらに朝廷が占拠不当の訴えを却下する、または幕府側で没官領たる由緒をあくまで主張し、妥当と裁決された場合には、そのまま没官所領として頼朝に給与されることになったと考える。すなわち、被占拠者からの訴訟を、朝廷が受理して、停止が実行されるかどうかが、没官刑の当否を審議することに等しいものと想定する。

あらためて謀叛人跡処理全体の過程のなかで考えるならば、幕府は謀叛人跡を調査点定し、一方朝廷は、被占拠者からの訴えを受理し、それを武士狼藉として停止させるのであり、朝廷は幕府の無秩序な没官領拡大の指向を、抑制・制御する役割を負っていたものといえよう。

なお、朝廷が被占拠者などからの訴訟を受理するかどうかは、朝廷独自の判断で行なっているのであり、また前述の如く文治二年六月二十一日「頼朝書状」では、たとえ謀叛人跡の由緒に基づき地頭を補しても、院宣に随って停止するとあり、朝廷の判断を順守する幕府側の姿勢は明白である。この方針が諸国庄園地頭設置後に特有なものでないことは、『吾妻鏡』寿永三年三月二十八日条に「就二武家輩事一、於下自二仙洞一被二仰下一事上者、不レ論二是非一可二成敗一、至下武家帯二道理一事上者、追可二奏聞一之旨被レ定」とあり、また元暦二年四月二十六日「頼朝下文」（『吾妻鏡』同日条）に「於レ今者早随二被レ下院宣一、不レ論二是非一、令レ退二出堺内一之後、帯レ理者追可レ令レ言二上子細一」とあり、院宣には即座に応じ、由緒があれば追って上申するという共通した事例により類推できよう。

ただし史料的に、謀叛人跡として点定をうけた所領が、没官刑不相当として解放された経緯を明示する例は、第三章であげた元暦元年七月、中原親能による洛中薗田四段少の点定の件、及び謀叛人跡点定に関するものと想定される感神院社頭・四至内追捕の件、或いは義経の使者主税大夫隆康が、伊勢国大橋御薗領主得業行恵に平家方人の罪科をかけて、同領を押妨している件[47]などいくつかあげられるが事例が多いとはいえない。しかし文治二年十月「太政官符」での地頭停止が、地頭綺を停止すると間接的に表現されているように、地頭設置の前段階である謀叛人跡占拠も、単に武士押領・押妨の停止、または庄務・国務の妨げの停止などという間接的表現により、より多くの占拠の停止が行なわれているものと考える。

さらに「綺」の問題でも触れたように、訴人・論人は各々の正当性を主張するのであるから、たとえ幕府側が謀叛人跡という由緒により点定しても、被占拠者側で、単に押領行為と認識・主張し、それが受理された場合は、押領・

濫妨・狼藉の名のもとに停止命令が発せられることになる。つまり、抽象的な武士狼藉停止文言の事例のなかに、謀叛人跡を由緒とする点定行為が含まれている可能性に配慮すべきであろう。

この謀叛人跡を由緒とする点定行為が、武士狼藉として停止されているという認識は、第二章にて言及した武末論に抵触する。同論においては、武士狼藉は由緒に拠らない違法行為であり、地頭知行は謀叛人跡たる由緒による正当な行為であるので、地頭の非法行為は年貢諸役の抑留などの義務を怠っているにすぎず、地頭知行自体の違法性は問題にされていないとされる。しかし（検討二）では、文治二年十月「太政官符」の法意は軽微な罪科による地頭補任を不当なる干渉として地頭を停止させることにあるとした。とすれば地頭知行自体の違法性が問題とされていることになる。たとえ頼朝が、文治二年六月二十一日書状により、謀叛人跡たる由緒により補任された地頭の正当性を主張したとしても、「太政官符」では地頭補任自体の違法性を問う方針であり、同符の「頼朝請文」では、それを順守する姿勢を明確にしているのであるから、その主張が貫徹されたとはいえない。むしろ六月の「頼朝書状」には明記されなかった「没官刑に相当しない所領への地頭設置は撤回する」という案件が、十月の「太政官符」では明記され、その方針が確認されたと整理するのが適当であろう。「太政官符」では謀叛人跡地頭設置の当不当が問われているのであり、結論として、謀叛人跡を由緒とする地頭等の設置も、武士狼藉停止の対象であったと考える。

このように、謀叛人跡処理をめぐる朝廷と幕府の関係は、幕府は朝敵追討職務の一環として謀叛人跡を調査点定し、没官刑執行の準備を行ない、一方朝廷は、被占拠者などからの訴えを受理し、幕府の無秩序な没官領拡大を、抑制・制御する役割を負っていたと整理できよう。

ただし没官領給与に直結する謀叛人跡占拠問題は、多様な武士狼藉問題の一部であり、占拠問題を含む包括的な武士狼藉問題に関する朝廷と幕府の政治的課題のなかで取り扱われていたという点も認識しなければならない。

もとより頼朝配下の武士狼藉は、様々なケースが想定し得る。兵士の展開地域では、謂われの無い暴力行為・犯罪行為が普遍的に発生していたであろうし、また臨時課役である兵粮米・兵士役の過剰な徴収、違法な奪取や、寄進を受けたと称しての占有など、追討軍としての権限・権益を挺としている場合は、状況に応じて違法性が問われた。これら被害者からの訴訟を、朝廷が受理した場合、一律に武士狼藉と表現され停止の対象となったのであり、没官給与対象地である謀叛人跡の占拠も様々な武士狼藉の一つなのである。

内乱が終息にむかいつつある状況下で、秩序を混乱させる主体は、第一・二章の検討の如く頼朝配下の武士であった。朝廷が、謀叛人跡を没官領として頼朝に給与し、地頭職・沙汰人職を設置するなどの権限を認めることは、旧秩序への復旧を困難にし、社会・経済システムの変動を公然化させるであろうことが想定される。実際に諸国庄園地頭の設置が断行された文治二年以降、武士狼藉は鎮静化することなく、さらには地頭の非法狼藉と名を替えて継続されるのである。

つまり朝廷は、頼朝の申請する没官領の給与と、それに伴う地頭・沙汰人職の補任に対し、無造作に認可を行なうような状況にはなかったはずであり、武士の狼藉が鎮静化し、一定の秩序の回復が実現しなければ、没官領給与の裁許を出し得ないというのが朝廷の方針であったと推測する。また幕府勢力の伸張を抑える意味においても、謀叛人跡処理による地頭職の設置は、極力抑制する必要があったであろう。

さらに、不当占拠を含む様々な頼朝軍の違法行為の訴訟窓口であり、法秩序の維持責任者として、また朝廷・諸権門の権益の擁護のため、及び頼朝軍に朝敵の追討を命じた責任上、国司領家の訴訟を受理し頼朝軍に法秩序を順守させ、狼藉を停止させる立場にあった。

しかし、内乱状態において地方と中央は分断され、頼朝側は朝敵追討活動を挺として国衙在庁官人・地方武士を掌握しており、従来の国衙・検非違使を用いての違法停止執行機能は失われていたであろう。また、たとえ機能していたとしても、かつてない秩序の混乱に、朝廷の秩序回復能力が対処し得たとは思えない。こうした状況のもと、朝廷の秩序回復への手段は、唯一その能力を備えていた頼朝勢力を介して実現する以外に方法がなかったのは当然である。こうした前提の故に、第一・二章で検討したような、院宣を遵行する形式での頼朝側による狼藉停止業務が遂行されたと考える。

朝廷・幕府間には、朝敵追討に伴う秩序混乱の是正という課題があり、被害の主体であり、また被害者を擁護し秩序回復の責務を負っていた朝廷は、幕府から最大限の秩序回復の努力を引き出す必要があった。幕府側による謀叛人跡占拠地の解放は、没官領給与対象地を限定してゆく意味で、没官領給与と直接的に関係していたが、さらに没官領給与の前提として秩序を回復させるという課題が、秩序回復という朝廷側の要求により、重複して課されることになったと想定する。

最後にここまで検討した謀叛人跡処理の過程と、朝廷・幕府の課題であった治安回復問題に関する自論に基づき、十二月六日「頼朝書状」を再度検討してみる。

書状前半部にて、鎌倉殿御使による武士狼藉停止問題にふれているが、彼等は、頼朝の使者として院宣に従い、頼朝配下の武士による狼藉行為の停止を遂行し秩序を回復することを任務としていた。これは前述の朝廷による頼朝を介しての武士狼藉停止＝秩序回復作業であり、さらには給与対象の謀叛人跡を限定し、地頭設置を可能とする社会状況を準備するための作業と意義付けられる。

頼朝は、この作業を畿内近国で遂行し、朝廷の要請によりさらに鎮西へと進めようとしており、その間、没官領への沙汰人の設置は順延していたとする。

しかし義経・行家謀叛問題を契機として、その方針の転換が主張される。義経・行家追捕により、さらなる武士狼藉の発生が予測されるが、将来の治安維持のため諸国庄園への地頭設置を武士狼藉停止業務より先行させたいとし、没官領の給与と地頭設置を優先させる方針の緊要性を主張したのである。

ここで義経・行家問題が、いかにしてその方針転換の契機となったのかにつき考えてみたい。

同書状中頼朝は、義経・行家問題に関して、義経・行家を九国・四国の地頭に補任されたことは「前後之間、事与レ心相違」と朝廷側の処置を非難する。[48] 前後の間とは、時間についてのこと以外には考えつかないので、義経・行家事件の前と後ということになる。事と心が相違するとは、現実と思っていたことにへだたりがある、つまりは、予想もしない現実となったの意味であろう。

この義経・行家問題に関する文章の前は、「種直らの所領は没官の所であるので、先例に任せて沙汰人職を置くべきと考えていたが、とりあえず先に事の由を申して、なおたやすく今に成敗をしていない、どうしてほかの所の成敗に及ぶことがあろうか、近国の沙汰のように、院宣に任せて方々の狼藉を鎮めようと、兼ねて存知していた」である。頼朝は、没官の所の成敗以前に、院宣に任せて狼藉を停止しようと存知していたのであり、その実行は義経・行家問題以前の朝廷の意向に沿ったものであった。ところが不審な事、すなわち義経・行家が九国・四国の地頭に補任されるという思ってもいない事態となったと主張しているに相違あるまい。つまり、先の想定の如く、沙汰人の設置などの没官領措置を据え置き、武士狼藉停止を先行することが朝廷の意向であったのであり、その意向とは裏腹に義経・行家への地頭補任が行なわれたと頼朝は非難しているのである。

朝廷は、鎮西の原田種直等の旧領につき、頼朝から没官地給与の申請を受けながら、秩序回復を優先して、それを許可しなかったのに、義経・行家を地頭に補任した。頼朝側からすれば、朝廷側で先に没官地給与を執行したのであり、自己の申請が抑留される理由がなくなった。朝廷側は、この失政により、頼朝の要求を受け入れ諸国庄園地頭職補任を勅許したと推測する。

このような十二月六日「頼朝書状」の内容理解からは、朝廷は秩序回復のため武士狼藉停止を優先させ、没官領の給与を急がない方針であり、頼朝は治安維持の必要性を盾に没官領給与と地頭設置を急ぐべきとする、両者の相克が明確になろう。

頼朝は書状中、諸国庄園地頭職補任は全く身の利潤を思うからではないと述べ公益性を訴えるが、この主張は、朝廷側から利潤の追求とみなされることを危惧する故であり、必ずしもその主張が受け入れられていないことを示している。書状が奏上された理由は、この公益性に理解を求め、諸国庄園地頭職補任の認可を要求するためと考える。

書状の末では、今は天下草創の時であり、淵源を究行して後白河院へ取り次いでほしいと記す。頼朝が兼実に理解を求めた「淵源」=物事の本質とは、秩序崩壊の根本的な要因は、平家の謀叛以来繰り返し謀叛が発生することであり、この謀叛の発生を止めることが、秩序回復の本質的な問題解決方法なのだと主張していると考える。故に、追討軍兵士による秩序破壊は、副次的な問題だということになろう。

つまり、副次的な問題=武士狼藉による秩序破壊の解決よりも、本質的な問題=謀叛の再発防止を優先すべきであるとする頼朝の論理の主張を、読み取らなければならない。

まとめ

鎌倉幕府の庄郷地頭制度、殊に没官領地頭の成立過程に関する問題について、文治元年十二月六日「頼朝書状」の分析を中心とする考察を行なった。

没官領地頭とは、謀叛人跡に設置された地頭をさす。幕府は追討追捕の宣旨を賜ることにより、朝敵追討追捕行為を一手に担う。その軍事行動の一環として謀叛人の旧領＝謀叛人跡の調査探索と暫定占拠が行なわれる。検出された謀叛人跡のうち、没官刑の主権者たる朝廷の判断により、没官刑に該当しない謀叛人跡は、幕府に解放が命じられる。この際、没官領対象地の限定、つまり違法点定の解放は、武士狼藉停止の一環として行なわれ、且つまた、この点定の解放を含む武士狼藉停止業務は、頼朝配下の武士の違法行為を鎮静化させ地頭設置を可能とする社会状況を導く意味において、没官領給与・地頭設置の準備作業といえる。そして没官刑執行の当不当の充分な淘汰がなされ、秩序の回復程度を勘案して頼朝に没官領が給与されることになる。義経・行家謀叛を契機として、大規模な給与が実施され、諸国庄園地頭が設置されたが、その後も、没官処置が不相当とされた場合は、地頭職は停止され没官領も返還されたと考える。

要約するならば、没官刑の執行とそれに伴う没官領の給与は、幕府が没官刑対象地である謀叛人跡を検出占拠し、朝廷がそれを淘汰限定の上で給与するという関係のもとで行なわれたといえよう。

朝廷側では、頼朝家人による狼藉行為の徹底停止を求めた。これに対し十二月六日「頼朝書状」では、内乱による治安秩序の混乱から復旧するためには、謀叛人跡給与による諸国庄園地頭設置政策が不可欠であることが強く主張されている。かような没官領地頭の問題、武士狼藉停止問題を如何に処理するかが朝幕交渉での大きな課題であったことが同書状から読み取れる。

幕府は治安秩序の復旧・維持という大義名分を以て、庄・郷へ地頭「職」を設置する政策を遂行し、地頭へは国衙法・庄園法の順守を指示しており、庄園公領制の社会経済秩序を維持継承する方針を明確にしている。つまり、旧国家体制に自らを組み入れ、安定した地位を構築する方向性が読み取れる。

なお本論文で説明し得たことは、没官刑執行の法的・事務的な過程の一部であり、頼朝が没官領の給与を先例と称する理由、謀叛人跡の点定管理体制、没官領の給与申請と認可の手続きといった点について、言及するに至っていない。今後の課題としたい。

〔注〕

(1)「鎌倉幕府地頭御家人制の形成と追討使」『国史学』一五九(一九九六)。

(2)前者は石母田正「鎌倉幕府一国地頭職の成立」『中世の法と国家』(一九六〇)、『石母田正著作集』九(一九八九)再録。後者は三田武繁「文治の守護・地頭問題の基礎的考察」『史学雑誌』一〇〇―一(一九九一)。

(3)「文治二年の守護地頭停止の史料について」『中世の窓』三(一九五九)、『石母田正著作集』九(一九八九)再録。

(4)「鎌倉政権の成立過程について」『歴史学研究』二〇〇(一九五六)、「文治二年の兵粮米停止について―『吾妻鏡』の本文批判の試み(その一)―」『法学志林』五五―一(一九五七)、「一谷合戦の史料について―『吾妻鏡』の本文批判の試みの一環として―」『歴史評論』九九(一九五八)、「文治二年の守護地頭停止について―『吾妻鏡』の本文批判の試み（その二）―」『法学志林』五六―一（一九五八）、「平氏政権の総官職設置」『歴史評論』一〇七（一九五九）、「頼朝の日本国総守護職補任について」『歴史学研究』二三四（一九五九）、他注(2・3)論文。すべて『石母田正著作集』九に再録。
(5)上横手雅敬『日本中世政治史研究』（一九七〇）第二章三節「文治の守護・地頭」。
(6)石母田正「鎌倉幕府一国地頭職の成立」〈注(2)〉
(7)『尊卑分脈』閑院流高藤公孫。
(8)『公卿補任』元暦二年項。
(9)『図書寮叢刊　九条家本玉葉』より引用。「令」は『吾妻鏡』により補う。
(10)石母田氏は三浦周行『続法制史の研究』（一九二五）第三編第五章第二十五節　守護地頭の設置と兵粮米の徴収、牧健二『日本封建制度成立史』（一九三五）第二章第一節　守護地頭補任の勅許（一）などをあげる。
(11)牧健二『日本封建制度成立史』第二章第二節　総守護及び総地頭。
(12)安田元久『地頭及び地頭領主制の研究』（一九六一）第三章一「文治地頭」の勅許について。
(13)武末氏は「土民とは通常農民層を指す語句」と認識されるが、例えば永仁五年十一月二日「平野殿庄雑掌聖賢申状案」（『鎌倉遺文』一九五二〇）では「下司清重・惣追捕使願妙以下土民等」とあり、下司・惣追捕使を土民に含めている場合もある。また、頼朝が農民層の反乱に危機感を抱いていたという点についてもやや難を感じる。
(14)田中稔「「鎌倉殿御使」考―初期鎌倉幕府制度の研究―」『史林』四五―六（一九六二）、『鎌倉幕府御家人制度の研究』（一九九一）再録。
(15)（1）金勝寺文書『平安遺文』四二四二、（2）賀茂別雷神社文書『平安遺文』四二四三、（3）書陵部所蔵谷森文書『平安遺文』四二四五、（4）御池坊文書『平安遺文』四二六五。
(16)『吾妻鏡』元暦二年六月十六日条には「尾張国有二玉井四郎助重云者一」とあるので、尾張の国の住人のようであるが、埼玉県熊谷市玉井を本貫地とする武蔵七党横山党玉井氏であるという説もある（八代国治・渡辺世祐『武蔵武士』〈一九一三〉）。

(17)『吾妻鏡』文治四年三月十五日条等にも頼朝供奉人としてみえる。

(18)東京国立博物館所蔵『源頼朝文書の研究史料編』六五、『鎌倉遺文』一三〇。本文書を掲載する前掲二書は、「文治二年ヵ」とするが、御使久経・国平の活動時期からすれば、文治元年の可能性もある。

(19)梶原景時の場合は、山城国泉木津御庄・美豆牧、播磨国揖保・桑原・五箇・上遍・東這田・安田庄・福田庄・西下郷・大部郷・浦上庄。土肥実平・同息遠平では、長門国阿武御領、備後国有福庄・大田庄、周防国大島庄などへの押領が知られる。

(20)例えば、元暦二年三月四日付「吉田経房宛頼朝書状」（『吾妻鏡』同日条）でも文末に「以二此旨一可下令二申沙汰一給上候」とあり、明らかに院奏の依頼である。他、例は多数。

(21)本文中に列挙した先行論文でも、該当部分を申請・主張の主旨とするのは同様。

(22)注(10)三浦周行『続法制史の研究』、牧健二『日本封建制度成立史』。

(23)注(3)「文治二年の守護地頭停止の史料について」。

(24)泉谷康夫『日本中世社会成立史の研究』（一九九二）第十章　守護・地頭制度の成立に関して、及び前掲高田・川合論文など。

(25)義江彰夫「院政期の没官と過料—中世財産刑形成前史—」『奈良平安時代史論集　下巻』（一九八四）、川合康「鎌倉幕府荘郷地頭職の展開に関する一考察」『日本史研究』二七二（一九八五）、小川弘和『古代・中世国家と領主支配』（一九九七）第三部第三章　治承・寿永の内乱と中世国家。

(26)「種直・隆直・種遠・秀遠之所領」は、没官の所領であるので、朝廷への報告を済ませ、頼朝いわく先例として沙汰人職を置くことが可能な場所であり、これと区別される「自余之所」＝種直ら以外の所領の性格は「没官の所領」・

「事由を申した所領」の両方、或いは一方の条件を満たしていないものと考えられる。「自余之所」を種直以下の所領以外の全ての所領と理解するのは抵抗がある。それらは、今後、御使の狼藉停止業務の対象地となる可能性を含んだ所領であるはずであり、つまりは武士狼藉を被っている場所と考えるべきであろう。つまり、没官領と決定していない、或いは報告がなされていない武士押領所領との性格づけができよう。

(27)牧健二『日本封建制度成立史』第二章　総守護及び総地頭、龍粛『鎌倉時代　上巻』（一九五七）、また同条『大日本史料　第四編之一』の綱文は「官符院宣ヲ頼朝ニ下シテ、諸国現在謀叛人ノ跡ヲ除ク外、地頭ノ進止ヲ停メシム、尋デ、頼朝命ヲ奉ズ」である。

(28)「文治二年の守護地頭停止について―『吾妻鏡』本文批判の試み（その二）―」注(4)、『石母田正著作集』九に再録。

(29)上横手雅敬『日本中世政治史研究』第三章第一節　鎌倉初期の公武関係、川合康「荘郷地頭職の展開をめぐる鎌倉幕府と公家政権―文治二年十月八日付太政官符―」『神戸大学史学年報』創刊号（一九八六）。

(30)『吾妻鏡』元暦二年二月五日条。

(31)同辞典では「いかに勲功を望めばとて、相伝の主を討ち現在の聟を害しける忠宗が所存をば（平治物語）」、「いはんや、彼等はけんさいの孫なり、しかも嫡子なり（曾我物語）」との例をあげる。

(32)「石母田正氏『文治二年の守護地頭停止について―吾妻鏡の本文批判の試み（その二）―を読んで』」『中世の窓』一（一九五九）、『中世日本の政治と史料』（一九九五）再録。

(33)注(3)「文治二年の守護地頭停止の史料について」。

(34)高野山領備後国大田庄では、建久元年十一月「金剛峯寺根本大塔供僧解状案」で、下司（後に地頭）橘兼隆・大田光家の加徴米段別二升五合が文治四年からの押領とされ、建久三年正月十五日「鑁阿置文」ではそのうち二升が給与されている（『備後国大田荘史料一』）。また、『新編追加』三〇四条、貞応二年七月六日「去々年兵乱以後所レ被レ補二諸国庄園郷保一地頭沙汰条々」（『中世法制史料集一』追加法一〇条）では、加徴段別五升・犯科人糺断三分一が規定されている。

(35)川合康「鎌倉幕府荘郷地頭制の成立とその歴史的性格」『日本史研究』二八六（一九八六）。

(36)拙稿「鎌倉幕府地頭御家人制と追討使」では、西国での軍事行動は、追討の宣旨に基づく朝敵追討使としての行動であるとした。故に、軍事力は朝敵に対して行使されるのが原則であり、軍事行動の発動は、朝廷の政治指揮下にあった。例えば一ノ谷の合戦以前に朝廷では、平家を追討すべきか、平和的解決の途を求めるかの僉議の末、追討に決して追討宣旨を発給した。この決定を受けて幕府軍が出陣していることから、幕府側も、その原則を認識していたことが推測できる（拙稿）。

(37)『吾妻鏡』元暦元年二月二十五日条所収頼朝書状では、平家追討事は「任二義経之下知一」としながら「於二勲功賞一者、其後頼朝可二計申上一」として、論行功賞の権限を代官に代行させることはなかった。

(38)「鎌倉幕府荘郷地頭職の成立とその歴史的性格」〈注(35)〉。

(39)「鎌倉幕府荘郷地頭職の展開に関する一考察」〈注(25)〉。

(40)東島誠「義経沙汰没官領」『遙かなる中世』一一（一九九一）。

(41)『吾妻鏡』元暦元年九月九日条所収の頼朝書状では「於二信兼領一者、義経沙汰也」とあり、この義経沙汰旧信兼領には、元暦二年六月十五日「源頼朝下文」（『島津家文書』）を以て地頭島津宗忠が補任されたとする。

(42)白河本東寺百合文書『平安遺文』四一八五。

(43)白河本東寺百合文書『平安遺文』四一八六。

(44)二階堂文書一『中世法制史料集二』第三部、参考史料三。

(45)神田孝平氏旧蔵文書『平安遺文』四一四五、『源頼朝文書の研究史料編』四一一。

(46)貞永元年十二月十九日事書『中世法制史料集一』追加法五一条。

(47)「多米正富解案」醍醐寺文書『鎌倉遺文』三五。

(48)小学館『日本国語大辞典』では、「ことと心と違う」を見出しとし、「物事が考えていた通りにならない」「現実が理想と食い違う」の意味をのせる。頼朝書状の「事与レ心相違」もこれに近い意味であろう。

鎌倉幕府征夷大将軍の補任について

北 村 拓

はじめに

近年、鎌倉政権に関する研究は公武関係・将軍権力論等の面でも大きく進展した。公武関係論では森茂暁氏が『鎌倉時代の朝幕関係』（平成三年）で関東申次の変遷を明らかにした。将軍権力論の分野では昭和六十年に青山幹哉氏が「鎌倉将軍権力試論」（『年報中世史研究』八）を、折田悦郎氏が「鎌倉幕府前期将軍制についての一考察」（『九州史学』七六・七七）を発表した。これらは鎌倉幕府文書の検討を通じて、源頼家以降の将軍に対する「北条執権の傀儡」という伝統的見解の見直しを求めるものであった。

しかし、征夷大将軍補任をめぐる朝廷側の対応についての研究はあまり進展が見られない。本来は朝廷の臨時官職の一つである「征夷大将軍」が源頼朝に授けられ、頼家以降にも継承された事情について、従来、深い注意を払われることはなかった。それは、これまでの研究者の大半が「頼朝が征夷大将軍に任官したのはこの職が武家の棟梁にふさわしいから」「征夷大将軍は武士の統率者の権限を象徴するから頼朝は任官を切望した」等の説明を繰り返してきたことからもわかる。杉橋隆夫氏「鎌倉右大将家と征夷大将軍」（『立命館史学』四）はこうした状況を克服する内容をもった研究であるが、将軍補任の事情は頼朝側についてのみの検討であった。藤本元啓氏は「源頼朝の征夷大将軍補任に関する問題」（『軍事史学』二〇―二、昭和五十九年）で、そもそも頼朝は将軍任官を切望していたか、という点に疑義を呈したが、この問題提起は殆んど顧みられていない。

「鎌倉殿」と「征夷大将軍」との関係に注目した研究は、庄司壮哉氏「鎌倉幕府における摂家将軍について」（『国史談話会雑誌』三六、平成七年）がある。庄司氏は、源氏三代の血統が絶えた後、武家出身ではない頼経が「鎌倉殿」

の地位を継承するにあたって、「征夷大将軍であれば鎌倉殿となれる」という観念・制度が作り上げられたと考えている。しかし、将軍補任をめぐる朝廷側の対応については論じられていない。

宮将軍は従来「傀儡」視されてきたためか、研究者の注目を集めることも少なかった。補任・更迭事情に言及した研究には佐久間広子氏「宗尊親王　鎌倉将軍家就任の歴史的背景」（『政治経済史学』三七〇、平成九年）、川添昭二氏「北条時宗の研究」（『松浦党研究』五、昭和五十七年）、林葉子氏「鎌倉将軍久明親王と三条大臣家」（『政治経済史学』三二六、平成五年）、同氏「久明親王将軍関東下向と甲斐源氏浅原為頼宮中乱入事件」（『政治経済史学』三〇〇、平成三年）があるが、いずれも個々の将軍に関するもので、宮将軍全体を扱ったものは管見に入っていない。宮将軍全般にかかわる記述のある書物も、安田元久氏編『鎌倉将軍執権列伝』（秋田書店）、高橋富雄氏『日本史小百科　将軍』（東京堂出版）を見るのみである。将軍補任関係を通史的に記述したものは新井白石の「将軍宣下三十一箇度不同次第」のみである。永井晋氏は『鎌倉幕府の転換点』（ＮＨＫブックス九〇四、平成十二年）で、宗尊親王の頃に将軍の役割が「武家の棟梁」から「祭祀王」へと変化したことを説いている。これも鎌倉幕府内での征夷大将軍の立場を論ずるものであった。

ある官職への補任を論じるには、任命される側だけでなく、任命権者側の事情も視野に入れなければならない。本稿は、征夷大将軍補任にあたっての朝廷側の動向に着目し、任命権者側から見た征夷大将軍像を考察しようとするものである。

第一章　源頼朝の征夷大将軍補任をめぐって

一、「征夷大将軍」前史

本章では源頼朝の征夷大将軍補任の意義を高く評価する従来の見方を再検討する。まず、頼朝以前の征夷大将軍の系譜を概観しておく。

「征夷大将軍」の初見は『日本紀略』延暦十三年（七九四）正月朔日条である。前年二月設置の「征夷使」(1)の大将軍であり、当時この職にあったのは大伴乙麻呂だった。次いで延暦十六年・同二十三年の二回、坂上田村麻呂が任ぜられたが、弘仁二年（八一一）の文室綿麻呂は単に「征夷将軍」とされた。その後史料上に征夷大将軍の語が見えるのは天慶三年（九四〇）、平将門の乱の時のことであるが、これは「征東大将軍」が正しいようである(2)。これらは軍防令に準拠して任命されたものである(3)。しかし、平安最末期に出現する事例は、軍防令の規定から逸脱する。寿永三年（一一八四）正月十日、伊予守従四位下源義仲は征夷大将軍に任ぜられた。『吾妻鏡』(4)同日条には次のように記されている。

伊予守義仲兼㆓征夷大将軍㆒云々、粗勘㆓先規㆒於㆓鎮守府㆒宣下者、坂上中興以後、至㆓藤原範季㆒安元二年三月、雖㆑及㆓七十度㆒、至㆓征夷使㆒者、僅為㆓両度㆒歟、所謂桓武天皇御宇延暦十六年丁丑十一月五日、被㆑補㆓按察使兼陸奥守坂上田村麻呂卿㆒、朱雀院御宇天慶三年庚子正月十八日、被㆑補㆓参議右衛門督藤原忠文朝臣㆒等也、・（自脱カ）尓以降、皇家廿二代、歳暦二百四十五年、絶而不㆑補㆓此職㆒之処、今始㆓例於三輩㆒、可㆑謂㆓希代朝恩㆒歟、

高橋富雄氏は「希代朝恩」なる表現を「羨望を禁じ得なかった頼朝の心中」と説明する。[5] そのとおりなら、頼朝もこの段階で既に征夷大将軍就任を希望していたことになる。

義仲は七月二十八日に入京、同三十日には勧賞の件が院御所で議論された。平氏追討の賞として官位を授けるというものである。『玉葉』[6] 寿永二年（一一八三）七月三十日条には、勧賞の原案決定過程が次のように記されている。

一、仰云、今度義兵、造意雖レ在二頼朝一、当時成功事、義仲・行家也、且欲レ行レ賞者、頼朝之鬱難レ測、欲レ待二彼上洛一、又両人愁二賞之晩一歟、両ケ之間、叡慮難レ決、兼又三人勧賞可レ有二等差一歟、其間子細可二計申一者、人々申云、不レ可レ被レ待二頼朝参洛期一、加二彼賞一、三人同時可レ被レ行、頼朝賞、若背二雅意一者、随二申請一改易、有二何難一哉、於二其等級一者、且依二勲功之優劣一、且随二本官之高下一、可レ被二計行一歟、惣論之、第一頼朝、第二義仲、第三行家也、

頼朝 京官、任国、加級、左大臣云、於二京官一者、参洛之時可レ任、余云、不レ可レ然、同時可レ任、長方同レ之、

義仲 任国、叙爵、

行家 任国、叙爵、但以二国之勝劣一任レ之、尊卑可二差別一云々、実房卿云、義仲従上、行家従下宜歟、

京官の授与は「勲功第一」の頼朝のみとされた。これは「法皇の政治的配慮」[7] というより、朝廷側が義仲を頼朝指揮下の一武将と誤認していた[8]ことによると考えられる。

高橋氏は、義仲の征夷大将軍就任は頼朝の先例であり、義仲は皇室・朝廷に代わる最高権力者の座に収まろうとした、と述べる。そうであるなら、かかる重大な意味をもつ官職を何故朝廷が授けたのだろうか。京都政界で孤立した義仲が頼朝を攻めるべく寿永二年十二月初頭から平氏と接触していた事実は『玉葉』『吉記』などに見える[9]が、管見

の限り頼朝追討の名義としての征夷大将軍を朝廷に請求した事実は見られない。『百練抄』[10]寿永三年正月十一日条には「以二伊予守義仲一可レ為二征夷大将軍一之由被レ下二宣旨一」とのみ記す。『玉葉』は寿永三年正月十五日条に小槻隆職の報告として「義仲可レ為二征東大将軍一之由、被レ下二宣旨一了云々」と記すが、これは宣下から五日ほど後の伝聞であり、「征夷大将軍」を「征東大将軍」と記すなど、兼実の関心は必ずしも高くないと考えられる。藤本元啓氏は、義仲の征夷大将軍任官について「義仲は迫り来る頼朝軍に対して微少な直轄軍事力で戦わなければならなくなった。そのため、分裂している京都駐留軍事勢力を結集しなければならず、征夷大将軍という称号を強要し就任したのであろう」[11]と指摘する。義仲がかような事情から何らかの軍事指揮官的な地位を要求した可能性は否定できないが、それが「征夷大将軍」であったかどうか疑問がある。むしろ朝廷が名目的に与えたのではなかろうか。

義仲討伐の三カ月後、朝廷は勧賞として頼朝に征夷大将軍宣下を行おうとした。『吾妻鏡』寿永三年四月十日条はその経緯を次のように記している。

源九郎使者自二京都一参着、去月廿七日有二除目一、武衛叙二正四位下一給之由申レ之、是義仲追討賞也、持二参彼聞書一、此事、藤原秀郷朝臣天慶三年三月九日自二六位一昇二従下四位一也、武衛御本位者従下五位也、被レ准二彼例一云云、亦依二忠文宇治民部卿之例一、可レ有二征夷将軍宣下一歟之由有二其沙汰一、而越階事者彼時准拠可レ然、於二将軍事一者、賜二節刀一被レ任二軍監軍曹一之時、被レ行二除目一歟、被レ載二今度除目一之条、似レ始二置其官一、無二左右一難レ被二宣下一之由、依レ有二諸卿群議一、先叙位云々、

義仲追討の勧賞が初めて検討されたのは、義仲討死の翌日、寿永三年正月二十一日だった。二十二日、法皇は兼実に対し勧賞の内容を諮問した。[12]『玉葉』同日条は、

一、頼朝之賞如何、

申云、可レ被レ仰二依レ請之由一歟、然者又若存下無二恩賞一之由上歟、暗被レ行、被レ仰二其由一、何事有哉、於二其官位等事一者、非二愚案之所一レ及者、

と記す。法皇の諮問に対し、兼実は頼朝の申請による処理を進言したが、朝廷側の意向で官位を授ける場合の結論は保留している。前夜の議定（兼実は欠席）でも兼実と同様の意見が大勢を占めたが、藤原実定が三位への昇叙を提案した。この段階では具体的な結論は出ていない。征夷大将軍任官の議は朝廷が選定する過程で出来したようである。二月二十日、飛脚が鎌倉より帰着し、頼朝の「勧賞事只在二上御計一、過分之事一切非レ所レ欲」との返事を伝えた(13)。頼朝への勧賞は正四位下昇叙（越階）のみとされ、三月二十七日に入眼が行われた春除目にて処理された。『玉葉』寿永三年三月二十八日条には、

見二聞書一、全無二別事一、可レ為二大除目一之由、兼日謳哥、而依二頼朝申状一、被レ止二珍事等一了云々、頼朝叙二正四位下一、若是所望歟、将又推被レ行歟、然者同可レ被レ任二直官一歟、

とある。「珍事」、すなわち征夷大将軍宣下が止められた理由を、『玉葉』は「頼朝申状」、『吾妻鏡』は「諸卿群議」による、と記す。頼朝は征夷大将軍宣下を辞退したと考えられる。「諸卿群議」について『吾妻鏡』は、「『忠文の例』を根拠に頼朝を征夷大将軍に任ずべし」との主張があった一方で、「節刀授与、軍監・軍曹の任命なく征夷大将軍を任ずることは前例がない」との意見が出されたと記す。頼朝の征夷大将軍補任は、朝廷内に存在した反対論に加え、頼朝自身が乗り気でなかったことにより実現しなかった。

この時期に朝廷が頼朝の将軍補任を企図した理由を、藤本氏は次のように結論する。

将軍宣下が朝議にのぼった理由は、おそらく朝廷側が義仲の就任を考慮して、一方的に検討したことにすぎないと考えるべきであろう。結果的に、将軍宣下は本来臨時官であるこの職を常置官へ変質させることに朝廷側が躊躇したため見送られることとなったのである。

たしかに、今回の補任理由は「義仲追討賞」、根拠は「忠文之例」であり、征夷大将軍の権限とは特に関連性がない。しかし、本来臨時官である征夷大将軍が完全に「常置」化するのは摂家将軍期以降である。寿永三年当時、そのような「変質」は予見困難であろう。「似レ始二置其官一」は原則に反する征夷大将軍補任を非難する文脈で語られており、「先例がない」といった程度の意味である。もっとも、『玉葉』では将軍補任見送りの理由を頼朝の意向に帰しており、朝廷側が「躊躇」したという記述にはなっていない。頼朝の就任辞退をうけて「直官」すら授けずに済ませたため、むしろ兼実が呆気にとられたようだ。この当時、朝廷は征夷大将軍補任をさほど真剣に考えていなかったのではなかろうか。

二、「頼朝将軍待望説」の検討

源頼朝が征夷大将軍任官を待望していたとの説は現在広く通用している。藤本元啓氏がこの説に疑問を呈しているが、その後も再検討される気配がない。「頼朝将軍待望説」の大筋は次のようなものである。「頼朝は兼ねてから征夷大将軍就任を望んでいたが、後白河法皇の反対で実現しなかった。建久三年（一一九二）の法皇崩御で頼朝の宿願は果たされた」。根拠とされているのは、『吾妻鏡』建久三年七月二十六日条の次の記述である。

将軍事、本自雖レ被レ懸二御意一、于レ今不二令レ達之給一、而法皇崩御之後、朝政初度、殊有二沙汰一被レ任之間、故以レ

及二勅使一云々、

「本自」とはどの時点からなのか不明確である。治承四年（一一八〇）の挙兵以来とする説はまず見あたらないが[14]、寿永三年の源義仲の征夷大将軍就任と関連づける説[15]が若干見られる。文治五年の奥州征討の際[16]、あるいは建久元年の上洛時とする説もある[17]。ここでは治承四年説・寿永三年説は除き、文治五年説・建久元年説について検討する。

文治四年（一一八八）二月八日、義経が奥州平泉に匿まわれているとの信頼し得る情報が京都にもたらされ、同二十一日には義経追討の宣旨が、二十六日には官符・院庁下文が発せられた[18]。義経追討宣旨発布の前、頼朝からの書状が一条能保の許に届けられた。『玉葉』文治四年二月十三日条はその内容を次のように記す。

（前略）頼朝卿申送云、義顕《（義経）》在二奥州一事已実也、但頼朝為二亡母一造二営五重塔婆一、今年依二重厄一禁二断殺生一了、仍雖レ承二追討使一、雖レ可レ遂二私宿意一、於二今年一者、一切不レ可レ及二此沙汰一、若彼輩於二来襲一者非二此限一、

これによれば、頼朝は奥州攻めにあたって「征夷大将軍」ではなく「追討使」任命を想定していたと考えられる。

『武家名目抄』[19]に、

按、大将の称は、始めて雄略紀に見え、副将は欽明紀に出たり、往古は官軍出て征することあれば、必大将軍、副将軍を任ぜられて、節刀軍令等を給はする式ありしに、中古以来は其式も大かた略儀に従ひ、もし事ある時は、武士の其器に堪たるものに命じて、征伐を致さしむ、是を呼で征罰使、追討使など称すること、常のならひとなりぬ、然りしより後、大将軍・副将軍の職を授くる事はおのづから絶て、ひとへに一軍の首将をよびて大将軍と称し、次将を副将軍といふことゝなれり、

とあるように、単に追討使と言えば「征夷大将軍」を指すものではなくなっていた。

『吾妻鏡』によればその後の動きは次のとおりである。文治四年十月十二日には義経追討宣旨が、十一月には院庁下文が改めて下された。文治五年（一一八九）二月、頼朝は朝廷に対し義経討滅以後の奥州攻め継続を初めて表明した。奥州追討宣旨は四月九日に発せられた。義経は閏四月三十日に自害、首は六月三十日に鎌倉に届けられた。翌日、頼朝は泰衡の行為を叛逆として奥州征討を命じたが、同日、征討中止の内意を伝える消息が京都の一条能保から寄せられた。頼朝は奥州追討宣旨の発給を再三申し入れたが容れられず、七月十六日に奥州追討の強行を決した。高橋富雄氏はこの一連の経過から、頼朝が征夷大将軍就任を朝廷に申し入れたが拒絶された、との見解を示し、その理由四箇条を挙げている。

第一に「頼朝が討とうとしているのは、奥州、まさしくエゾの故地である。（中略）この時こそ、征夷大将軍としての追討名義を得べき絶好の機会だったはずである」と述べる。しかし当時、征夷大将軍なる官職には政治的な意味はなく、頼朝が前年二月段階で言及した「追討使」の方が軍事指揮官として実態にかなうであろう。

第二に、奥州征討軍について「中央本隊・東海道軍・北陸道軍の三軍に編制して、各方面隊指揮者は『大将軍』の名で呼ばれている」とし、「総司令官たる頼朝の呼称としては征夷大将軍しかありえない」と述べる。たしかに『吾妻鏡』文治五年七月十七日条には、

可レ有レ御二下一向于奥州一事（中略）、所謂東海道大将軍千葉介常胤・八田右衛門尉知家（中略）、北陸道大将軍比企藤四郎能員・宇佐美平次実政等（中略）、二品者大手自二中路一可レ有二御下向一、先陣可レ為二畠山次郎重忠一之由、召二仰之一、

とあるが、東海道大将軍・北陸道大将軍は私的呼称であって、官職たる征夷大将軍とは同列には扱えない。『武家名

目抄』に、中古以来、大将軍とは一軍の首将の意であり「大将軍、副将軍といへるも、皆俗言にとなへし称呼にて、全く其職に任ぜられしにあらず」とある。『吾妻鏡』の「大将軍」は単に「首将」「指揮官」程度の意である。

第三に高橋氏は、大庭景能の「軍中聞二将軍之令一、不レ聞二天子之詔一云々、已被レ経二奏聞一之上者、強不レ可下令レ待二其左右一給上、随而泰衡者、受二継累代御家人遺跡一者也、雖レ不レ被下二綸旨一、加二治罰一給、有二何事一哉」（『吾妻鏡』文治五年六月三十日条）という有名な言葉を根拠に、次のように論じる。

> ここには、武家政治における二つの論理がのべられている。一つは公法の論理である。本来、勅命・綸言によって権威づけられ、正当化される軍令権である。もう一つは、主従の道理で処理できる私法・固有法の論理である。
>
> この二つの論理のうち、後者は「鎌倉殿の論理」と言ってよいであろう。そして前者こそは「征夷大将軍の論理」と考えるべきものである。ここでは、勅許がなかったから「天子の詔を聞かず」と負け惜しみを言ったのである。（中略）そして後に、幕府はこの特権を公認される。それが征夷大将軍というものだった。

しかし、「公法の秩序」の根拠は鎌倉殿に授けられた官職ではなく、宣旨・院宣等の単行の行政命令や法令の「束」だったと考えられる。強いて「征夷大将軍」に「幕府」の「公法」的根拠を求める必要はない。頼朝が「主従の道理」を用いて奥州征討を「御家人」に対する「治罰」と位置づけ、戦の正当性を確保したことから、征夷大将軍も追討使も問題ではなくなった。藤本元啓氏が「頼朝の生涯において本来の意味で征夷大将軍に就任する唯一の機会であったにもかかわらず、結局は自らその職への就任を放棄した」と指摘するとおりである。文治五年六月段階で頼朝が征夷大将軍補任を望んだとは言い難い。

第四に、奥州征討で捕縛された由利八郎が尋問の際に「故御館者、為₂秀郷将軍嫡流之正統₁、已上三代、汲₂鎮守府将軍之号₁、汝主人猶不ㇾ可ㇾ発₂如ㇾ此之詞₁」などと述べたという『吾妻鏡』文治五年九月七日条の記述を根拠に、高橋氏は「鎮守府将軍・陸奥守。それは伝統的に源氏がみちのくエビスたちに権威として臨む時の支配の形式であった。それが今は平泉のものになっている。その上に立ち、しかもこれを僭上として膺懲する権威の形式としては、征夷大将軍。これしかない」と述べる。しかし、これまでに奥州藤原氏のもつ「鎮守府将軍」職の権威が問題となった形跡は認められない。

建久元年上洛の際に補任を求めたとも考え難い。佐藤進一氏は「頼朝も建久元年（一一九〇）上洛の際にこれを望んだが、後白河法皇の拒絶に遇って右近衛大将で満足せざるをえず[20]」と述べており、石井進・永原慶二両氏の論もほぼ同一である。しかしこれらの記述を直接証明する史料はない。藤本氏の指摘のとおり九条兼実との会談内容に基づいてこの解釈が発生したと考えられるが、『吾妻鏡』建久三年（一一九二）七月二十六日条の記述を建久元年上洛の際の法皇との会談に結びつけていることも確かだろう。

建久元年十一月九日、頼朝は法皇に謁見し、ついで兼実と会談した。この参院の際に権大納言補任が告げられるはずであった[21]。朝廷では頼朝の権大納言・右近衛大将補任を既定のものとして扱っていた。権大納言については既に除目のための準備が整っていたが、右近衛大将は現職の藤原兼雅の辞職待ちのため、補任が延期されていたのだった。こうした状況から、法皇が征夷大将軍補任を拒絶したとは考え難い。

『玉葉』同年十一月九日条には頼朝が兼実との会談で語った内容の一部が記されている。

謁₂頼朝卿₁、所ㇾ示之事等、依₂八幡御託宣₁、一向奉ㇾ帰ㇾ君事、可ㇾ守₂百王₁云々、是指₂帝王₁也、仍当今御事、無双可レ奉レ仰レ之、然者、当時法皇、執二天下政一給、仍先奉レ帰二法皇一也、天子ハ如二東宮一也、法皇御万歳之後、又可レ奉レ帰二主上一、当時モ、全非二疎略一云々、又下官辺事、外相雖レ表二疎遠一之由、其実全無二疎簡一、深有二存旨一、依レ恐二射山之聞一、故示二疎略之趣一也云々、又天下遂可二直立一、当今幼年御尊《寿イ》下、又余算猶遥、頼朝又有レ運ハ、政何不レ反二淳素一哉、当時ハ、偏奉レ任二法皇一之間、万事不レ可レ叶云々、

この記事は一般に頼朝の法皇批判・兼実支持表明と解される。しかし、頼朝が語った内容は、参院を優先したことや兼実を疎略に扱っていることへの弁解、兼実の意志による政治の実現は暫く待つべきことなど、兼実の不満への釈明と解すべきだろう。頼朝と法皇・兼実との会談からは、征夷大将軍をめぐる問題は検出できない。

以上のことから、『吾妻鏡』建久三年七月二十六日条の「将軍事、本自雖レ被レ懸二御意一」なる記述は、頼朝が将軍補任を切望した事実を示すものではなく、『吾妻鏡』編纂者の文飾である疑いが濃厚である。

三、源頼朝の征夷大将軍補任

建久三年（一一九二）七月十二日、臨時除目が行われ、源頼朝は征夷大将軍に任ぜられた。その理由が頼朝の意志によるものではないとすれば、朝廷側が自発的にこの官職を授けたとしか考えられないから、その意図を考察しておかなければならない。

頼朝の征夷大将軍補任に関する史料は『吾妻鏡』のほか見あたらない。(22)『愚管抄』は建久元年・六年両度の上洛には言及しているが、将軍補任の件は全く記していない。『百練抄』建久三年七月十二日条は「今日天神御筆、自二蓮華王院一被レ返二納外記局一」と記すのみで、頼朝関係の記述は皆無である。『皇代暦』裏書も「政始除目、左大臣已

下可レ然大臣卿相賜二国々一」とのみ記す。この件に関する公家一般の関心の低さを示すと見るべきだろう。『除秘抄』「被レ任二征夷大将軍一事」[23]には「補二将軍一事、忠文・頼朝・頼家・実朝・頼経下名次・頼嗣、以上小除目次被レ任レ之」とあり、朝廷でも頼朝の例に注意してはいるが、手続上特筆すべき点はなかったらしく、頼朝の名が出てくるのはこの時だけである。藤本元啓氏は、

征夷大将軍就任記事を『吾妻鏡』は特記しているが、公家側の日記にはそれがみあたらない。なかでも兼実の弟慈円が『愚管抄』に記していないことは、朝幕関係上、京都側にとって特記すべきことではなかったことを裏付けているようである。

と述べる。朝廷側の編纂にかかる史書に頼朝の補任記事がないことは、この見解が妥当であることを示している。

『吾妻鏡』は建久三年七月二十日・二十六〜二十九日条に詳細に記事を載せている。この記事を検討すると若干の不審点が浮かび上がる。『吾妻鏡』建久三年七月二十六日条の関係部分を示せば、次のとおりである。

勅使庁官肥後介中原景良、同康定等参着、所レ持二参征夷大将軍除書一也、両人各着二衣冠一任レ例列二立于鶴岳廟庭一、以二使者一可レ進二除書一之由申之、被レ遣二三浦義澄一、々々相二具比企右衛門尉能員・和田三郎宗実并郎従十人各甲冑一、詣二宮寺一請二取彼状一、（中略）

除書云、

右少史三善仲康　　内舎人橘実俊

中宮権少進平知家　　宮内少丞藤原定頼

大膳進源兼光　　大和守大中臣宣長

河内守小槻広房辞二左大史一、　尾張守藤原忠明元伯耆守、
遠江守藤原朝房元陸奥守、　近江守平棟範
陸奥守源師信　伯耆守藤原宗信元近江、
加賀守源雅家　若狭守藤原保家元安房、
石見守藤原経成　長門守藤原信定
対馬守源高行　左近将監源俊実
左衛門少志惟宗景弘　右馬允宮道式俊
建久三年七月十二日
征夷使
大将軍源頼朝
従五位下源信友
左衛門督通親参陣、参議兼忠卿書レ之、

上横手雅敬氏はこの記事を寿永二年八月頃の院使下向の記録を元に記したものと推測する。[24] 少なくとも、勅使下向の記述は年月を偽って記載した疑いがもたれるのである。

除書の内容のうち、日付以前の聞書の部分は大筋で信用できる。[25] 問題は「征夷使／大将軍源頼朝」なる部分である。そこで『吾妻鏡』の「除書」と、比較的近い時期の聞書とを比較する。ここで示すのは『民経記』[26] 寛喜三年（一二三一）二月五日条所収の春除目のものである。自筆原本ではないが忠実に筆写されている。

中務丞藤　信平春日行事神宝功、　藤　教康新日吉社仮殿功、
侍従藤　教房左大臣息云々　藤　冬忠権大納言家嗣卿息云々
内舎人藤　忠重臨時内給、　藤　久継臨時内給、
（中　略）
修理権亮小槻朝治　藤　繁氏臨時内給、
伊賀守平　信房　上総守藤　敦季
壱岐守中原行兼検非違使、　出羽権守中原業経粛子内親王臨時被レ申、
左近衛少将藤　教房還任、　藤　親季還任、
将監菅原俊澄臨時内給、　大江之尚興福寺南円堂修理功、
藤　信継　藤　経重臨時内給、
（中　略）
左馬允源　盛国南殿御読経用途功、　平　季政臨時内給、
右馬允藤　俊行春日行幸神宝功、　藤　景重臨時内給、
藤　家俊臨時内給、　兵庫頭高階知経
寛喜三年二月五日
正三位高階経時
従四位上安倍忠尚御祈労、　藤　頼経

安倍親職

従五位下藤　為永罷二木工権頭一叙レ之、　源　惟長

藤　業教罷二壱岐守一叙レ之、　安倍晴職

従五位上中原師範父師季春日行幸行事賞譲、　安倍為親□（マヽ）功、

従五位下藤　為基　藤　祐時

高階家宗

使　宣旨左衛門尉源康仲

（中　略）

防鴨河判官中原友景

修理右宮城判官三善信直　中原国清

主典中原盛景

治部丞菅野宗仲　主殿允藤原高康

左近将監藤　久国

辞退、

一般に除目聞書では令制官職を京官・地方官の順に記載し、日付の後に叙位・令外官・辞退等を載せる。諸使は「防鴨河判官」等と表記し、「防鴨河使／判官」等と職名が二行にわたることはない。聞書における征夷大将軍の記入位置は、『除秘抄』には「折紙并聞書ニハ征夷大将軍ヲバ、嘉禄、諸国ト近衛ノ上ニ書レ之、寛元、近衛ノ上ニ書レ之」

とある。[27]『吾妻鏡』建久三年七月二十六日条の「除書」の様式は「嘉禄」（頼経）・「寛元」（頼嗣）のいずれの例とも一致しない。本来は頼朝の名は日付の後に「征夷大将軍源頼朝」と記されるのが正当だろう。「征夷使／大将軍源頼朝」という記事は召名の一部を借用して書いたと考えられる。[28]『除秘抄』「清書事」には、

　征夷大将軍勅任也、
書様、
征夷使
　大将軍正五位下——
　年月日
勅任召名書様、黄紙、
勅
　太政官
　大納言従二位源朝臣
　年月日自余、准レ之

とある。「勅」の一字と日付を外せば、「朝臣」の文字こそないものの『吾妻鏡』の記事と近似した文面となる。聞書に『除秘抄』の記述と同様の様式が採用されていたのなら、源兼光の次（諸国と近衛の上）に来なければならない。[29]『吾妻鏡』建久三年七月二十六日条所収の「除書」は、聞書の体裁を採りながらも頼朝の部分だけは召名の形式が紛れ込んでいる。何らかの記録に記載されていたこの時の除目聞書をもとに『吾妻鏡』の編者が改竄を加えたもので

あろう。藤本氏は『吾妻鏡』に宣旨の存在への言及がないことを指摘するが、除目で就任した頼朝に対して同内容の宣旨が下されたとすれば二重手続になるから、宣旨は当初から作成されていないと見るべきである。『吾妻鏡』編纂者が除目聞書を改竄した理由について、藤本氏は『吾妻鏡』編纂時に頼朝の征夷大将軍補任関係史料が散逸していた可能性を指摘する。上横手氏は『吾妻鏡』の勅使下向の記事を寿永二年八月頃の出来事の付会と考える。

頼家以後も小除目による征夷大将軍補任が続くが、いずれも官使下向の事実は知られない。頼朝の時に限り官使が下向した可能性も、この人事に対する朝廷側の意識の低調さから考えれば極めて低い。頼朝の将軍補任の宣旨が存在しないため、『吾妻鏡』の編纂者は何らかの記録を参考に頼朝の征夷大将軍補任の状況を再現しようとしたのだろう。だが、除目聞書そのままの引用では頼朝の名が目立たなくなってしまうため、改竄を加えて『吾妻鏡』に掲載したのではなかろうか。『吾妻鏡』建久三年七月二十六日条は、頼朝の征夷大将軍補任という事実を核とするが、その記事内容は正確なものとは認め難い。

「征夷大将軍」は朝廷側が一方的に贈ったと考えられる[30]。『除秘抄』は頼朝と同様の手続による補任例に藤原忠文を挙げる。寿永三年に義仲追討の賞として頼朝の征夷大将軍補任が検討された際、忠文の例を根拠にこれを可とする意見があった。建久三年七月の除目でも忠文の例が根拠とされたことが類推される。寿永三年には節刀親授等の問題から補任が見送られたのに建久三年に補任されたのは、「法皇崩御之後、朝政初度、殊有二沙汰一」という事実と関係があろう[31]。将軍職は過去の軍功を賞する意味から選択されたもので、何らかの職務権限等を象徴するものではなかったと考えられる[32]。鎌倉時代初頭の成立とされる『官職秘抄』に「征夷大将軍」の記事がないことからも、この官職が少なくとも建久年間頃までは実体を殆んど伴わなかったことが了解される。

征夷大将軍は補任手続も不確定であった。『除秘抄』によれば、源義仲は宣旨、頼朝は小除目で任ぜられている。宗尊親王は宣下の手続がとられている。征夷大将軍は令外官である。今江廣道氏によれば、令外官は補任手続によって「除目官」と「宣旨職」に大別される(33)。しかし、頼朝以来、征夷大将軍を除目により任ずる例が固定化していたわけではない。今江氏によれば「除目官」は官位相当が存在し、「宣旨職」はそれがない。征夷大将軍はこれに該当しないことになる。『拾芥抄』には摂政・関白・参議・造寺使等と同様に位署書の最初に記される官職であることが明記されており、官位相当の対象外だったと見られるが、実際は頼朝以後頼嗣まですべて除目により任ぜられている。義仲討滅後に頼朝の将軍補任が取り沙汰された際も、公家の議論は除目と宣下を混同している節がある。補任が長らく絶えていたことから、そのようなことが生じたのだろう。

頼朝の征夷大将軍補任には政治的意義は特に認められない。「鎌倉幕府」の「公法」的根拠は単行の行政命令や法令の「束」だったと考えられる。その一つに、次に示す建久二年三月二十二日宣旨（新制）の第十六条がある。

一、可レ令三京畿諸国所部官司搦二進海陸盗賊并放火一事

仰、海陸盗賊、閭里放レ火、法律設レ罪、格殺懲レ悪、而頃者奸濫尚繁、厳禁不レ拘、水浮陸行、往々縦横之犯頻聞、掠レ物放レ火、比々賊害之制未レ止、非三啻成二強竊之科一、兼亦渉二闘殺之辜一、斯法官緩而不レ糺、凶徒習而無レ畏之所レ致也、自今已後、慥仰二前右近衛大将源朝臣并京畿諸国所部官司等一、令レ搦二進件輩一、抑度々雖レ被レ仰二使庁一、有司怠慢無レ心二糺弾一、若尚懈緩、処以二科責一、若亦有二殊功一者、随レ状抽レ賞、(34)

勿論、前右近衛大将源朝臣とは源頼朝のことである。この条文について水戸部正男氏は、

追捕の範囲は全国であり、全国的に警察権を行使しうる実力者は頼朝を擱いては無かったのであり、且つ彼が命令を受くべき地位に在ったからこそかかる命令が出されたものであろう。(35)

と述べる。この条文は建久年間以後も頼朝に全国の警察権行使を引き続き委任するものと考えられる。軍事についても、文治勅許で認められた権限が継承されたとする水戸部氏の見解に従えば、自動的に委任されたことになる。当時散位であった頼朝は、官職の如何にかかわらず、宣旨によって全国の軍事・警察権行使を継続して委任されたのである。(36)

第二章　征夷大将軍職の「常置」化

一、建久十年正月「頼朝遺跡継承」宣旨

源頼朝は建久十年（一一九九）正月十一日に重体となり、十三日に薨去した。頼朝出家の噂は正月十八日には京都にも広まった。(37)鎌倉からの飛脚が院御所に到着したのは十七日夜、後鳥羽上皇と宣陽門院の使者が京都を発ったのは同日深夜であった。(38)

正月二十日、頼朝薨去の報が京都に届いた。同日、通親は自己の右近衛大将就任と源頼家の左近衛権中将補任を中心とする臨時除目を強行した。『明月記』建久十年正月条に事の顛末が記されている。

廿日（中略）、前将軍去十一日出家、十三日入滅、（大略頓病歟、）未時許除目、頭権大夫承レ仰内覧、殿下即参内、可二書下一由有二院宣一云々、其後隆保朝臣参入、申二必定入滅由一飛脚到来云々、除目此事以前之由有二沙汰一云々、今

朝早々右大将上表使成定朝臣、除目少納言忠明、内蔵頭仲経兼、右近大将通親、中将頼家、造東大寺長官資実、遭レ喪之人本官猶以二服解一、今聞二薨由一被レ行二任官一、頗背二人倫一之儀歟、春除目以前臨時除目頗珍事歟、後見及二仁安二年正月七日一宗盛任二右近中将一、
後聞、内覧極僻事也、此除目并十四日僧事不二内覧一云々、
廿二日（中略）、人云、右大将自二初任一翌日閉門、前将軍有レ事之由不二奏聞一傍輩又如レ此、称二見存由一行二除目一之後聞二薨逝一、忽驚嘆之由、為レ相二示閉門一云々、奇謀之至也、

通親は頼朝の薨去を実際には知りながら、敢えて予定どおりに頼家を左近衛中将に昇進させている。複数の人物の補任が行われているとはいえ、主眼が頼家にあったことは明確である。通親が除目を強行した理由について橋本義彦氏は、

通親はこれによって頼朝ないしは幕府の歓心を買う一方、おのれの右大将拝命に対する頼朝らの感触を好くしようと期待したのではなかろうか。(39)

と推測している。一方、上横手雅敬氏は、

通親は頼朝死後の不安な世情の中で、己が身を守るために頼家に諸国守護権を与え、それにふさわしい左中将の官につけることを急いだのである。通親は反通親の動きを反国家的なものとし、それを鎮圧する義務を頼家に押しつけたことになる。父の死にあたった頼家が任官するのは「背二人倫一」事であるがゆえに（『明月記』正治元・正・廿条）、頼朝の死を知らぬ体で、除目を行ったのである。(40)

と述べる。上横手氏が言う「諸国守護権」の付与は、建久十年正月二十六日に下された宣旨を指す。その「諸国守護権」を象徴させるために近衛府の高官に補任するのだということになるが、建久十年正月段階で、かかる観点から頼

家の左中将補任を強行する意味があっただろうか。「反通親」の動きが鎌倉殿（頼家）の軍事力により鎮定されるべき兵乱である可能性を当時予見できていたか疑問の余地がある。(41)

橋本氏は頼家の左近衛権中将補任を通親の大臣任官計画の一環と捉える。通親は建久九年、土御門天皇践祚の頃から自己の大臣任官に向けた周到な計画を実行に移しており、その第一歩が通親の右大将就任だという。何故このことと頼家の左中将補任が関係するのだろうか。橋本氏は建久十年正月二十日の除目を過去一年間の人事との関連で解釈しているが、鎌倉との関係も同様に建久九年以降の状況から推測できよう。通親が鎌倉側に配慮した理由は土御門天皇の践祚にあろう。通親は頼朝が幼主の擁立に難色を示した(42)にもかかわらず、外孫・為仁親王の践祚を強行した。そのため、頼家の官職昇進で鎌倉との関係改善を図ったのではなかろうか。建久六年の頼朝上洛以来、通親は頼朝・頼家に露骨に好意を示していた(43)。このような経過を考えれば橋本氏の見解が妥当だと考えられる。高橋氏は、「鎌倉幕府」二代目は当初、征夷大将軍ではなく左近衛権中将によって継承されたとして官職と「幕府」との関係を重視するが、頼家の段階でもまだそうした傾向は見られない。

頼家による頼朝の権限継承の公認も、宣旨によって行われた。その宣旨は建久十年正月二十六日に発せられ、二月初頭に鎌倉に到着している。その文面は完全には伝わっていないが、『吾妻鏡』建久十年二月六日条に要約されている。

羽林殿下去月廿日転二左中将一給、同廿六日宣下云、続二前征夷将軍源朝臣遺跡一、宜レ令下二彼家人郎従等一如レ旧奉中-行諸国守護上者、彼状到着之間、今日有二吉書始一、（中略）此事故将軍薨御之後、雖レ未レ経二廿ヶ日一、綸旨厳密之間、重々有二其沙汰一、以二内々儀一、先被レ遂二-行之一云云、

頼朝の跡を継承して御家人を統率し諸国守護にあたれ、というのが宣旨の要旨である。これは『百練抄』建久十年正月二十五日条に「故頼朝卿家人随二右近中将頼家一可レ奉二仕諸国守護一之由宣下」とあることから確認できる。『吾妻鏡』が頼朝を「前征夷将軍源朝臣」と称していることは、杉橋氏が論じるように鎌倉殿＝征夷大将軍という認識が朝廷にも存在した根拠になり得るが、『業資王記』(45)建久十年正月二十一日条裏書の「後聞、頼家将軍宣旨了云々」(46)なる記述を検討すれば、そのように解する必要はない。

杉橋氏は頼家への将軍宣下が行われたとの「巷説」の存在を考え、「頼朝の遺跡継承を象徴的に表すのが征夷大将軍職への任命だと、当時考えられていたことを示唆」すると論じる。しかし前引記事に「巷説」であることを示す文言は見えない。「後聞……云々」という形であって情報源は明示されていない。この記事は、頼朝遺跡継承の宣旨の内容を聞いた業資王が「前征夷将軍源朝臣」なる文言に影響されて将軍宣旨と誤解したと考えられる。正月二十六日は「三左衛門の変」発覚で京都市中が混乱していた時期である。『明月記』はこの前後の記事を完備するが、主な内容は「三左衛門の変」関連で、頼家宛の宣旨には言及がない。この宣旨は通親が独断で手続を進めたとみられるから(47)、「前征夷将軍」なる文言はその中で誤記されたとも考えられよう。この宣旨に「前征夷将軍源朝臣」とあっても、それは朝廷が鎌倉殿＝征夷大将軍と認識していたことを示すものではない。

この宣旨は、寿永二年十月・文治元年十二月・建久二年三月の各段階で公認されてきた頼朝の軍事警察権行使の権限をそのまま頼家に相続させることを宣言している。朝廷が全国の軍事警察権行使を引き続き鎌倉殿に委任する旨を認めたことになる。当時、全国の軍事・警察力を統率しうる存在は頼朝しか考えられない状態であり、その頼朝が薨去した以上、継嗣頼家による継承は当然の成りゆきだったかもしれない。留意すべきは、かかる権限の継承が、官職への補任ではなく宣旨によって公認されたということである。

二、源頼家・実朝の征夷大将軍補任

源頼家は建久十年（一一九九）正月二十六日、諸国守護権の頼朝からの相続を認める宣旨の交付をうけ、二月六日、その鎌倉到着を承けて吉書始を行った。鎌倉殿の地位継承の公認はこの宣下で済んだのであり、頼家の一連の昇進過程は鎌倉殿の権限とは一応切り離して考えた方がよいと思われる。

頼家の征夷大将軍補任は建仁二年（一二〇二）七月二十三日である。当時、朝廷には頼家を征夷大将軍に任ずる理由があったのだろうか。『明月記』建仁二年七月二十日条には「近日門々戸々有㆓大除目㆒之由謳歌、大略今明歟」とある。今回の除目の執行は数日前から巷間でも関心を呼んでいたが、頼家の征夷大将軍補任は注目されていなかったようだ。この除目に関連して『明月記』に頼家の名が現れるのは七月二十四日条である。

> 内蔵頭長経兼、大蔵卿有家、蔵人頭定通、中将経通父卿辞㆑職任㆑之、主税頭良業兼、玄蕃泰忠、正二位頼家、従三位師経中将、大略云々如㆑此、按察使泰通・有家、自㆓叡慮㆒付㆑之云々、和歌賞云々、

頼家の将軍補任には言及がない(48)。右大臣近衛家実は『猪隈関白記』建仁二年七月二十三日条で除目について記しているが、頼家の叙位任官事項には大して意義を感じなかったらしく、省略している(49)。

頼家の征夷大将軍補任について、上横手雅敬氏は次のように述べている。

> 建仁二年（一二〇二）、頼家を征夷大将軍に任じたのは、諸国守護権のより強い確認であり、頼家を文字どおり、後鳥羽院政下の侍大将として位置付け、上皇の命のままに、諸国守護にあたらせようとする意図の現れであった(50)。

また、田中稔氏は、

頼朝は建久五年征夷大将軍の職を辞し、その子頼家がそれに就任したのは建仁二年（一二〇二）七月であり、その間に八年間（頼家の家督相続後三年）の空白期間がある。（中略）頼朝死後の正治二年（一二〇〇）正月梶原景時追討、同十一月近江国住人柏原弥三郎の謀叛、建仁元年正月越後国城長茂が京都で、同四月甥の城資盛が越後国で謀叛を起こすなど、兵乱が相次いで起きている。近江国では宣旨をもって兵を動かしているが、景時・資盛追討では宣旨なくして出兵している。このように東国では幕府が実質的な追討権を掌握していたが、兵乱が続いたため、東国における追討権の再確認のために建仁二年になって頼家は将軍宣下を受けたのではなかろうか。(51)

と述べる。両氏とも、頼家の征夷大将軍補任は軍事・警察的権限の「再確認」の意味を有すると解している。こうした見解は、頼朝に与えられた右近衛大将や征夷大将軍の官職が軍事警察権を象徴するという見方の延長線上にあるものと言えよう。

上横手氏の見解では、頼家を征夷大将軍に任じたのは後鳥羽上皇であるということになる。たしかに当時後鳥羽上皇が院政を行ってはいたが、強力に推進されるのは建仁二年冬の通親薨去の後である。通親色の濃厚な建仁二年七月二十三日の除目において、頼家の征夷大将軍補任だけが上皇の明確な政治的意図に基づくと解釈するのは不自然である。

田中氏は将軍補任の理由を正治二年から建仁元年にかけての兵乱続発に求め、「鎌倉幕府にとって、征夷大将軍とは（中略）己自身の手による東国における自由な追討権を象徴する官名としての意義をもつものであったと考えたい」と述べる。しかし、幕府が仮にこの官職を「追討権の象徴」と見なしていたとしても、朝廷による所定の手続を経なければ任官は実現しない。頼家の将軍補任は通親の意思による一方的なものであり、鎌倉殿に公許されている軍事警察権に関係するものではないと考えられる。

鎌倉側から補任を請求した可能性は低い。『吾妻鏡』の頼家将軍就任関係記事は、「京都使者参、去月廿二日左金吾叙二従二位一、補二征夷大将軍一給之由申レ之」(52)とあるのみである。これは朝廷側の記録も同じことで、頼家の官位関連記事は除目当日に唐突に現れる。鎌倉との間に将軍職をめぐる交渉が行われたことは窺えない。

頼家は建仁三年八月二十七日、病状悪化を理由に家督を譲与することとなり、頼家の嫡子一幡と弟千幡とに家督が分割された。九月七日、鎌倉から頼家薨去の報を受けた朝廷は、実朝を従五位下に叙し征夷大将軍に任じた。実朝の将軍補任の事情について、『猪隈関白記』建仁三年九月七日条には次のように記されている。

関東征夷大将軍従二位行左衛門督源朝臣頼家去朔日薨去▨之由、今朝申レ院云々、日者所労云々、生年廿二云々、故前右大将頼朝卿子也、件頼家卿一腹舎弟童〈年十二、云々〉、今夜任二征夷大将軍一、叙二従五位下一、名字実朝云々、自レ院被レ定云々、〈上卿内大臣、執筆左大弁云々、官奏之次云々、〉頼家卿子息〈年六歳、云々〉、并検非違使能員〈件能員頼家卿子息祖父也〉為二今大将軍実朝一、〈去二日、〉被レ撃云々、後聞、頼家卿子息不レ被レ撃云々、於二能員一撃了云々、

鎌倉からの通報によれば頼家は九月一日薨去とされていた（これは周知の通り北条時政・政子の捏造であった）。朝廷では同日夜、千幡に実朝の名を与え、従五位下に叙し征夷大将軍に任じた。朝廷側の対応の素早さは頼家の家督相続時とは大きく異なる。そこで藤本元啓氏は、『吾妻鏡』建仁三年九月十五日条の「幕下大将軍二男若君〈字千幡君〉、為二関東長者一、去七日、被レ下二従五位下位記并征夷大将軍宣旨一、其状今日到二着于鎌倉一云々」という記述を根拠として「征夷

大将軍に棟梁の地位が認められるのは頼家→実朝の時期」と論じる。しかし「関東長者」と「征夷大将軍」とを結合させている『吾妻鏡』の文章は地の文であって「宣旨」の引用ではない。そもそも、実朝は小除目により将軍に補任されているので宣旨は存在しないはずである。鎌倉側が実朝の叙位任官の通知を以て鎌倉殿の地位継承の公認を受けたと解釈したにしても、征夷大将軍を鎌倉殿、あるいは武家の統率者の地位を示すものと見ていたかどうかは別問題であろう。『明月記』建仁三年九月七日条には、

夕帰家之間、閭巷馳走、左衛門督頼家卿薨、遺跡郎従争レ権、其子六歳、或四歳外祖為二遠江国司時政金吾外祖一被レ討、其所従等於レ京家々追捕磨滅云々、金吾弟童可レ継レ家之由申二宣旨一云々、

とある。千幡（実朝）の家督相続を公認する宣旨が下されるよう鎌倉側から朝廷に申請がなされたというのである。これを将軍宣下の申請と見ることは不可能ではない。現に編纂年代の比較的近い『六代勝事記』でも「禅門舎弟実朝を挙して、将軍の宣旨を申成て、禅門を深山に幽閉す」と、鎌倉側が実朝の将軍補任を求めたように記す。しかし『明月記』にはこの時点で「征夷大将軍（あるいは将軍）」なる用語は見えない。

今回の補任も朝廷主導だったが、政治的意図が皆無とは言えないようだ。上横手氏は、

実朝を直ちに征夷大将軍に任じたのは、頼家の場合と同様に、後鳥羽上皇が幕府を統御し、諸国守護の任にあたらせようとしたものとみられるが、上皇自ら実朝の命名を行なった点、上皇の意志はいっそう明白である。[53]

と述べるが、実朝の時も征夷大将軍が殆ど空名に近いことを認識したうえで任じていたのではなかろうか。実朝は従五位下に叙せられたが朝官には任ぜられず、征夷大将軍のみに任官した。頼朝は将軍補任時に散位とはいえ右近衛大将の前歴を有し、頼家は現任の左衛門督であった。朝官の経歴が皆無の者を征夷大将軍に任じた前例はない。さらに、

鎌倉側が実朝の家督相続の公認を求めたにもかかわらず、朝廷はそれには全く言及しない形で征夷大将軍に任じている。朝廷は叙位任官によって実朝を関東源氏の家督相続者として認めたものの、諸国守護権継承の公認までは与えなかったと考えられる。

三、九条頼経・頼嗣の将軍補任

頼朝・頼家・実朝の所謂「源氏三代」の時には、征夷大将軍の官職が鎌倉殿に公認された諸国守護の権限にふさわしいという認識のもとに補任が行われたとは言い難かった。だが現状では、鎌倉政権の構造を論じるにあたって鎌倉殿と征夷大将軍とが混同して使用され、「征夷大将軍」は「諸国守護権を象徴」する「武家の棟梁にふさわしい」「勇壮な」職名である、という伝統的見解に繋がっている。

『吾妻鏡』は頼朝が征夷大将軍の官職を切望してきたかのように記すが、それは編者の作文と考えられる。かかる作文が行われた理由として藤本元啓氏は次の二点を挙げる。

（一）少なくとも『吾妻鏡』編纂時には、征夷大将軍に武家の統率者としての性格が固定していた。

（二）『吾妻鏡』は北条氏の幕権簒奪の色彩を薄め、その立場を正当化するために種々の虚飾をしている。その一環として、頼朝が征夷大将軍任官を切望したと殊更に強調することで、幕府後継者を征夷大将軍と規定した。

いずれも妥当な見解と考えられる。ここでは官職としての「征夷大将軍」に着目し（一）について検討する。

九条頼経は、征夷大将軍補任から五年ほどたった寛喜二年（一二三〇）十一月三日の新制において、海陸盗賊追討の権限を公的に認知された。これ以降、この種の内容をもつ宣旨が鎌倉殿に下される例は見られなくなる。当該条文は次のとおりである。

一、可下仰二諸国一令上レ追二討海陸盗賊一事

仰、如二風聞一者、海有二白波一、山有二緑林一、海陸之行、共不二容易一、運漕有レ煩、委輸難レ至、以レ之為レ業、好レ之結レ党之輩、其処之村民、定無レ隠歟、其中渠鋪、又易レ知歟、仰二諸国司并左近衛権中将藤原朝臣郎従等一、殊尋捜、宜レ令二禁遏一[54]

盗賊の追討を頼経に委任する文言が含まれている。頼経は「左近衛権中将藤原朝臣」と記され、征夷大将軍となってはいない。この段階でも朝廷では鎌倉殿に軍事警察権の委任を公認する場合に征夷大将軍職を問題にしていなかったと考えられよう。朝廷側が頼経の元服・征夷大将軍補任の後五年にわたって諸国守護権の行使を公認する宣旨の発給を抑えたのは、頼経の異常に早い元服に不審を抱いたためと思われる。一方の鎌倉側は、頼経の元服[55]の際に当然征夷大将軍に任ぜられるものと考えていたらしく、補任要請のため佐々木信綱を京都に派遣している[56]。頼経の征夷大将軍補任に至る経緯は『明月記』に詳しい。

定家が三寅（頼経）元服を知ったのは嘉禄二年正月十二日であった[57]。同二十三日、佐々木信綱が入洛、ついで叙位任官の交渉が始まった。除目は二十三日に行われたが頼経の叙位任官はなかった。二十六日、信綱は関白近衛家実邸に赴き、征夷大将軍宣下の件につき交渉を行っている。左は『明月記』同年正月二十六日条の一部である。

信綱今日参二関白殿一、可レ申二将軍宣旨事一云々、叙位事聞申歟、不レ聞二委旨一、又御姓事、信綱相二伴行兼一、参二春日御社一、可レ申二請改姓一可レ否云々、（中略）藤氏之為二源氏一、未レ聞事歟、

信綱は家実に、頼経への征夷大将軍宣下を要請したのである。それだけでなく、頼経を源姓に改めるべく春日社に伺

いをたてている。[58] これは、頼経の将軍宣下が鎌倉側の意志によって発議されたことを示している。執権北条泰時ら鎌倉側は、「征夷大将軍源頼経」を実現させ、源氏の名義を復活させることを考えていたのであろう。朝廷の都合はどうあれ、実朝まで三代にわたって征夷大将軍が任ぜられてきたという既成事実がある。[59]

鎌倉側は将軍補任で家督の完全な継承を実現できると考えていたのであろう。実朝が家督を継いだときには「可レ継レ家」との宣旨の下付を申請していたが、今度は初めから将軍任官を申請している。実朝は諸国守護権継承の宣旨を下付されなかったが、この権限は実質的に鎌倉側が維持した。泰時はもはや宣旨による公認がなくても頼朝以来の先例により諸国守護権の行使が可能だと判断したのではないか。また、頼経の将軍補任には執権北条泰時が自らの署判による下知状での「御恩」受給が困難になっていたという背景があったと説明される。[60] 将軍補任の奏請は幕府運営上の必要によるとも言えよう。

朝廷側の認識はどうだったか。『明月記』嘉禄二年（一二二六）正月二十九日条には、頼経の補任に関する前摂政九条道家と関白近衛家実のやりとりが記されている。それによれば、二十七日に信綱が道家邸を訪れ、頼経の補任の手配を要請した。そこで道家は家実に意見を求めた。家実は「叙位任官事無二指申事一、但官不レ可レ高、（中略）此間事、只可レ随二御存知一也」と回答した。道家は頼朝から実朝までの例を列挙し「任官事本雖レ存不レ可レ然由、自二彼官位一事由申レ之、就レ之猶叙二正五位下一、任二右近衛少将一宜候歟、侍従又将軍兼官乎、左右只可レ随二御計一」と述べている。結局、家実が「侍従実将軍不二相応一、右近少将可レ宜歟」と結論を下した。この時の道家も家実も単に鎌倉からの請求を受けて頼経の叙位と京官への任官を相談しているだけである。朝廷当局者の意識には、征夷大将軍のことは殆んどのぼっていない。

同年正月二十七日、頼経は小除目の下名に際して右近衛少将・征夷大将軍に任ぜられ、正五位下に叙せられた。召名は『除秘抄』「被レ任二征夷大将軍一事」に載せられている。(61)

勅、
　征夷使
　　大将軍正五位下藤原朝臣頼経
　　　嘉禄二年正月廿七日
（首書）除目下名次也、今日先任二少将一、叙二正五位下一、元六位、
太政官謹奏、
　右近衛府
　　権少将正五位下藤原朝臣頼経
　将監――
　　　嘉禄二年正月廿七日

征夷大将軍は勅任、右近衛権少将は奏任であるため、双方の召名に氏名が記載される。(62)
九条頼経の征夷大将軍補任について、幕府側の史料では『吾妻鏡』嘉禄二年二月条に次のような記事が見られるのみである。

十三日戊戌、佐々木四郎左衛門尉信綱自二京都一帰参、正月廿七日有二将軍宣下一、又任二右近衛少将一、令レ叙二正五位下一給、是下名除目次也云云、其除書等持二参レ之、

十四日己亥、晴、信綱依レ召参二御所一、賜二御剣一、使節勤仕之故也、武州令レ授レ之云々、

特に盛大な儀式が行われてはいないという点では頼家・実朝の時と同様だが、今回は使者を務めた佐々木信綱に泰時を通じて御剣の授与が行われた。征夷大将軍補任をめぐる交渉がほぼ順調に進んだことを賞したものであった。幕府にとっては、鎌倉殿が征夷大将軍に任ぜられることにより「諸国守護権」を認められたと解することができたのである。

朝廷側が征夷大将軍と軍事的権限の関係を認識するようになったのは寛元二年（一二四四）の九条頼嗣の補任の時だった。頼嗣の将軍補任手続の一端を示す史料が『除秘抄』「被レ任二征夷大将軍一事」にある。ここには召名の内容がそのまま伝えられている。

勅
　征夷使
　　大将軍従五位上藤原朝臣頼嗣
　　　寛元二年四月廿八日
（首書）頼嗣去廿一日元服、従五位下藤光保被レ加二叙之一、已上三人任官叙位、頼嗣今日即叙二従五位上一、
太政官謹奏
　右近衛府
　　権少将従五位上藤原朝臣頼嗣
　　将監正六位上藤原朝臣忠康

寛元二年四月廿八日

頼嗣の補任は頼経と同様に除目下名の際に行われた。征夷大将軍就任と同時に、従五位上に叙せられ、右近衛権少将に任ぜられている。征夷大将軍に任ずる場合の本官として右近衛権少将が選ばれたのは、頼経の例に準拠したものだろう。位階は一階下の従五位上であった。頼経より低年齢での補任であるため、位階が父より高くならないように配慮したものだろう。聞書は『平戸記』(63)寛元二年四月二十八日条に収められている。

征夷大将軍藤原頼嗣正二位藤原朝臣譲、
右近衛権少将藤原頼嗣
　将監藤原忠康
従五位上藤原頼嗣臨時、
従五位下藤原光保臨時、

『除秘抄』には、「折紙并聞書ニハ征夷大将軍ヲバ、嘉禄、諸国ト近衛ノ上ニ書レ之、寛元、近衛ノ上ニ書レ之」とあり、『平戸記』所載の聞書は内容・様式ともこれと一致する。『除秘抄』の註記は、小除目の際に征夷大将軍を任ずる場合の様式を確定したものとして扱っている。なお、征夷大将軍の記載位置を頼経の時は国司と近衛の前、頼嗣の時は近衛の前にしているのは、頼嗣任官時の小除目で国司の補任がなかったからで、本質的に頼経の例と同一である。(64)朝廷では小除目による征夷大将軍補任の手続は頼経の例を基準としていたと思われる。将軍補任手続は摂家将軍期に入ってから一応の確定をみたと考えられよう。

　事務手続としての将軍補任は頼経と同様に処理されたから、朝廷側でもこれには異論がなかったようだが、その政治的な意味をめぐっては民部卿平経高が「五歳将軍如何、只今譲補之条、世以目、人々所レ思不レ空歟、関東武士之案等尤以不審々々」(65)と記している。二十七歳の頼経を更迭して五歳の幼児を元服させ、将軍補任を朝廷に要請したのである。頼嗣が北条氏の傀儡となることは容易に予見されたであろう。

第三章　宮将軍の補任

一、宗尊親王

建長四年（一二五二）三月、将軍九条頼嗣は帰洛し宗尊親王が下向した。『吾妻鏡』は頼嗣の更迭理由を明示していない。佐久間広子氏よれば、重時主導の幕府内では反体制派抑制の過程で将軍頼嗣の更迭が方向付けられ、他方京都側でも九条家の後退などからその可能性が高まったという(66)。しかし、事態は短期間のうちに進展しているうえ、北条時頼らは頼嗣の教育に腐心しており、早くから頼嗣更迭計画があったか疑問はある。

建長三年（一二五一）十二月二十六日に了行法師らの謀反の計画が露顕すると、幕府は翌日には関係者の処罰を発表して事件の早期収拾を図った(67)。『鎌倉年代記裏書』建長三年条及び『保暦間記』によれば、了行の謀反に関連して頼経の不穏な動きが暴露され、道家・頼経一族の多くが勅勘を蒙った。頼嗣もその対象となった可能性は高い。鎌倉側が次期将軍の下向を奏請したのは「了行事件」から二カ月後であった。『吾妻鏡』建長四年二月二十日条は、

和泉前司行方・武藤左衛門尉景頼、為二使節一上洛、是奥州（重時）・相州（時頼）、当将軍被レ辞二執権申一、上皇第一・三宮之間可レ有二御下向一之由、依二申請一也、其状相州自染レ筆、奥州被二加判一処也、他人不レ知之云云、

と記す。この間、後嵯峨上皇が頼経らに勅勘を言い渡し、それが関東へも伝えられたと見られる。幕府は了行の「頼経関与」の供述は信憑性が低いと判断したものの、勅勘の処分をうけて何らかの措置をとらねばならず、結局は頼嗣送還という結論に達したのだろう。

　次期将軍の人選は極秘裡に行われた。幕府は皇族の関東下向を奏請することとし、後嵯峨上皇の一宮・宗尊親王、三宮・恒仁親王（のちの亀山天皇）を候補とした。これは多数の候補から絞り込んだというより、治天の君に近い人物を挙げればこの二名しかいなかったというのが実状であろう。

　後嵯峨上皇の幕府に対する低姿勢ぶりは、宮将軍の実現が確実であることを意味する。従来、公武関係の安定期だった後嵯峨院政下にあって、宗尊親王の下向は順調に事が運んだとされてきた。しかし『吾妻鏡』『百練抄』によればそれほど単純ではないようだ。

　二月二十日に鎌倉を発った使者が京都に到着したのは二月末頃であろう。京都側はその時点で幕府が皇族将軍を希望していることを知ったが、『百練抄』二月三十日条には「関東飛脚到来、三品親王宗尊為二征夷将軍一可レ有二御下向一云々」とあり、幕府からの飛脚が宗尊親王を指名してきたことになっている。しかしこの時、幕府は次期将軍候補をまだ決定していなかった。宗尊親王指名の記事は『百練抄』の誤りと思われる。それは次に示す『吾妻鏡』三月五日条から知ることができる。

　辰刻、京都飛脚参二着于関東一、是先日上洛使節和泉前司行方・武藤左衛門尉景頼就二奏聞一、宮御下向事、自二去一日一於二仙洞一連々有二其沙汰一、殿下（近衛兼経）毎度参給、但三歳宮准后腹・十三歳宮大納言二品腹両所之間、何御方可レ有二御下向一哉事、依レ被二尋仰下之一、両六波羅所二馳申一也、奥州・相州等会合、被レ経二群議一、十三歳宮可レ有二御下向一之旨被

レ申レ之、仍及二同日申刻一、飛脚帰洛、

朝廷側が皇族将軍を認めたのは三月一日より仙洞で開催された会議の際であった。会議は複数日にわたったようであり、なおかつ飛脚の鎌倉着を五日としているので、逆算すれば結論がでたのは二日だったと考えられる[68]。会議は数回にわたり開かれ、摂政近衛兼経も毎回出席していた[69]。朝廷内部に宮将軍の下向に抵抗があったことが察せられる。嘉禎元年（一二三五）には公卿とその近親者の一時的な下向ですら非難されたほどだから[70]、皇族の半永久的な下向はなおのこと拒否反応を示す廷臣がいたとしても不思議ではない。しかし、結局は宮の関東下向が決定した。宗尊・恒仁親王のいずれかを下向させるというもので、その選択を幕府に一任している。決定は六波羅に伝えられ、六波羅から関東へと飛脚が発せられた。

この時点では、下向すべき宮はいずれとも決定していなかった。後嵯峨上皇は、現段階で皇位継承から外れている親王のうち、幕府の望む人物を下向させて差し支えないという判断をしていた。三宮でありながら中宮・大宮院の所生である恒仁親王は建長元年誕生でこの時四歳、ほどなく親王宣下をうけている。一宮の宗尊親王は仁治三年誕生、寛元二年に親王宣下をうけたものの、母・平棟子の出自の関係で待遇は大宮院腹の親王より劣っていた[71]。しかし、建長四年正月に十一歳で元服、三品に叙せられた[72]。

三月五日、幕府では時頼・重時が中心となって次期将軍の人選を行った結果、宗尊親王の下向奏請に至る。選択肢は年齢は上だが母方の出自が劣る者と、その逆条件の二者択一であった。あまりにも幼い人物を将軍に迎えるとその養育過程で極めて親密な側近集団が形成される、という前例が頼経の時に存在するから、幕府が既にある程度成長している宗尊親王を迎える決定を下したとも考え得る。翌六日、幕府は六波羅に使者を派遣して宗尊親王下向にむけた

準備を指示した。『吾妻鏡』三月六日条には、

藤次左衛門尉泰経為㆓御使㆒上洛、行程七箇日云云、是宮御下向之間条々事、依㆑被㆑仰㆓遣六波羅大夫将監長時朝臣㆒也、彼朝臣并可㆑然在京人等可㆑令㆓供奉㆒之由云云、

とある。これと入れ替わりに、幕府には六波羅からの飛脚が到着している。『吾妻鏡』三月十三日条に「巳刻、京都飛脚重参着、宮御事、可㆑為㆓来十九日御進発㆒之由云々」と見えるように、宗尊親王の京都出発の日程を知らせるものであった。三月十七日、後嵯峨院御所では宗尊親王下向の詳細が決定された。『吾妻鏡』同日条には「三品親王関東御下向事、於㆓仙洞㆒有㆓御沙汰㆒、条々今日治定、殿下被㆑参、又法親王仁助此間祗候云々」とあり、この「御沙汰」には摂政近衛兼経と仁助法親王（後嵯峨上皇の実弟）が同席していた。仁助法親王は上皇の信任が篤かったことで有名である。[73] 翌十八日、宗尊親王は勅授帯剣の宣下をうけ、[74] 十九日に下向となった。『吾妻鏡』同日条によれば、親王は八葉車に乗って夜明け頃に仙洞を出発して六波羅に向かい、輿に乗り換えて辰刻に関東へ向かった。『増鏡』内野の雪[75]は下向の状況を、

上下、めづらしくおもしろきことにいひ騒ぐべし、御迎へに東の武士などもあまたのぼる、六波羅よりも名ある物〔ママ〕十人、御送りに下る、上達部・殿上人・女房など、あまたまいる、（中略）まことに大やけになり給はずば、これよりまさる事、なに事かあらんと、にぎはゝしく花やかさは並ぶかたなし、

と記している。宮将軍は皇位に次ぐ待遇を受けられるものと認識されていたのである。

四月一日、親王は時頼邸に入り、重時・政村はじめ幕府要人の出迎えをうけた。[76] 翌日、城頼景が親王の鎌倉到着を通知するため上洛した。[77] 京都では四月一日に宗尊親王の将軍宣下が行われた。本来なら在京中に宣下をうけるべきと

ころ、親王の鎌倉到着日に合わせたのだろう。現職の将軍が帰洛し、入れ替わりに新将軍が下向するという先例がなかったためか、まず新将軍（予定者）が下向し、宣旨が追って送られるという煩雑な手続がとられた。宣旨の送達については『吾妻鏡』四月五日条に次のように記されている。

及レ晩、六波羅留守飛脚小林兵衛尉到着、是所レ持二参将軍宣旨案文一也、正文来十一日可レ被二請取一、官使権少允已可二進発一云云、奥州・相州被二参会一、令レ披二見之一給、而彼官使下向饗禄事、尋二先例一可レ有二其沙汰一之由、被レ経二評議一之処、建久記不二分明一之由、出羽前司行義・民部大夫康連等申レ之云云、宣旨状云、

三品宗尊親王

右被二左大臣宣一偁、件親王宜レ為二征夷大将軍一、

建長四年四月一日　　大外記中原朝臣師兼奉

まず六波羅に宣旨の案文が届けられ、それが飛脚によって鎌倉にもたらされた。正文を携えた官使の到着予定は四月十一日であった。時頼・重時からは、評定衆に対し官使下向時の饗応の先例の調査が指示され、頼朝の例が調査されたが、結局「不分明」との回答があった。六波羅からの飛脚によれば官使は既に京都を発っているはずだったが、なぜか『吾妻鏡』には官使到着の記事はない。

一般に将軍補任手続を「将軍宣下」と称しているが、鎌倉幕府の将軍で実際に「宣下」手続が行われたのは宗尊親王と久明親王のみである。今回の宣下は宗尊親王が直前まで京都に居住していたことと関係がありそうである。今江廣道氏は宣旨により任ぜられる令外官について「直接天皇から任命されるのであるから、天皇との私的な関係の上に成り立ってゐると云ひ得る」[78]と指摘している。両親王はともに在京中に将軍補任が決定しており、加えていずれも時

の治天の君の皇子だったことが宣下の理由となったのであろう。

二、惟康親王

宗尊親王には文永元年四月二十九日、男子（惟康王）が生まれた。[79] 宗尊親王の身辺で将軍職更迭の動きが見え始めたのは文永三年六月頃である。六月二十日に時頼邸で開催された秘密会議で将軍更迭が決定した。『吾妻鏡』同日条には更迭理由は明示されていない。『鎌倉将軍執権列伝』で宗尊親王の項を執筆した新田英治氏も、特に原因となるような事実は見あたらないとしている。一方、川添昭二氏は、和歌を通じて御家人とのつながりを深めていた親王は将軍近侍を取り仕切る北条実時・時宗から警戒され、幕府体制維持のために更迭された、と見る。[80] 瀬野精一郎氏が指摘するように、将来執権となるべき時宗より年下の将軍が求められた[81]ことも想定されよう。

六月二十三日、惟康王は時宗邸に迎えられた。[82] 時宗らは既に惟康王の次期将軍補任を前提に行動しているが、朝廷側が鎌倉の異変を知るのは七月八日頃であった。[83] 翌九日になって関東飛脚が入洛したことから朝廷は対応に追われた。『新抄』文永三年七月九日条は、

関東飛脚到来、糟谷三郎・合田入道、将軍御謀反事云々、仍将軍奉レ出二越後入道時盛宅一、奉二守護一、急可レ有二御上洛一云々、

と記す。朝廷側は「御謀反」の詳細についてほとんど把握していなかったらしい。左少弁経任は翌十日に院御使として六波羅に向かい、更に十五日には関東に下向した。[84]

将軍更迭の動きは突如表面化し[85]、七月四日、親王は京都へと単身出発した。朝廷側が将軍更迭を知った時には宗尊親王は既に鎌倉にはいなかった。七月二十日、親王は京都に到着した。[86]『吾妻鏡』同日条には「戌刻、前将軍家御入

洛、着二御左近大夫将監時茂朝臣六波羅亭一、『新抄』同日条には「今夕、関東将軍御入洛、御二坐六波羅一、仍時茂居移二長井頼重宅一云々、近国御家人等奉二守護一」とあり、さしあたり六波羅北方の時茂邸に落ち着くこととなった事実が知られる。ところが『深心院関白記』[87]同日条は「関東将軍子刻許入洛、被レ坐二六波羅一云々、上洛不レ知二何故一」とのみ記している。記主の近衛基平は宗尊親王御息所宰子の実弟であり、院使として六波羅に向かった経任は基平の家司であるから[88]、事前に情報を得ていないとは考え難い。憚りありとして書かなかったのだろう[89]。経任は六波羅に派遣され情報収集にあたった折に、幕府側から「将軍御謀反」の内容を告げられたようである。

次期将軍の補任手続は、宗尊親王入洛の翌日から動きが見え始める。『新抄』文永三年七月条には一連の動きを次のように記録している。

二十一日、（中略）今日関東使判官入道行一・城四郎左衛門入道道洪、上洛、

二十二日、（中略）東使参二常磐井殿一、申下入以二将軍若宮一可レ為二将軍一之由上、可レ被二宣下一云云、

二十四日、（中略）小除目、以二惟康王一為二征夷大将軍一、皇后宮大夫師継卿・左大弁宰相雅言卿・頭弁忠方以下参二入之一、

二十一日に到着した東使は二階堂行忠と安達泰盛である。両名は関東申次西園寺実氏の邸に入り、次期将軍に惟康王を任じるよう申し入れた。森茂暁氏によれば、西園寺実氏の関東申次指名以後の朝廷と幕府の交渉方式は、関東申次及び六波羅探題の関与の有無により四種にわけられるという[90]。惟康王の場合は、幕府が東使を派遣して関東申次に伝達する方式がとられており、六波羅探題の関与はなかったようである[91]。

惟康王の征夷大将軍補任は二十三日中に決定されたらしく、二十四日には小除目が行われた。この小除目については『深心院関白記』七月二十二日条にも記事がある。

今日可レ被レ行二除目一、被レ任二征夷大将軍一、是前将軍（宗尊親王）子息、御息所（藤原宰子）御腹也、名字惟康云々、即今日被レ叙二従四位下一、上卿皇后宮大夫師継卿云々、

わずか三歳の征夷大将軍の誕生は異例であるが、公家側がこれを「珍事」と見なすこともなかったようで、幕府の申請どおりに処理されている。従四位下叙位は、選叙令に「凡蔭二皇親一者、親王子従四位下」とあるのでこの規定が適用されたと考えられる。

三、久明親王

正応二年（一二八九）九月十四日、惟康親王は京都に帰着した。『鎌倉年代記裏書』[92]正応二年九月十四日条は「将軍二品惟康親王御上洛」とのみ記し、具体的な更迭理由には言及していない。次期将軍の補任準備は九月上旬頃には始まっていた。『吉続記』[93]九月二十一日条には、

参二殿下一入二見参一、関東使者昨日向二右大将許一、将軍御元服可レ為二来月六日一、其儀預二勅問一、以二省略之儀一可二参内一之由、申入了、

とある。九月二十日に幕府の使者が西園寺実兼邸に入り、次期将軍の元服を十月六日に行うよう申し入れている。久明王に対して既に「将軍」の語が使われているが、この時点では現職の将軍は惟康親王である。つまり次期将軍には久明王が内定済みだったのである。その選定過程は明確ではないが、幕府から新たな親王将軍下向を要請する形で久明王を事実上指名、朝廷はそれを追認し久明王を適任として回答したものと考えられる。もっとも、当時皇室には将軍候補に挙げられるような人物は久明王しかいなかったようである。[94]

次いで、『吉続記』九月二十八日条には次のような記事がみえる。

被レ召二伊豆国一、堀川中納言給レ之、将軍御供可レ下二向関東一之賞云々、豆州者左幕下分国也、当時依二超越之恨一籠居、大臣之闕右幕下可レ任云々、今又被レ召二一州一、不審々々、若宮将軍、立親王可レ為二来一日一、件日同可レ有二御元服定一云々、御元服事、左大弁雅藤朝臣奉行也、建長顕雅卿奉行、仍申沙汰云々、

久明王に供奉して下向する権中納言基俊に、大納言・左大将信嗣の分国である伊豆国が与えられている。同時に、久明王の立親王・御元服定が十月一日と決定した。『続史愚抄』[95]十月一日条によると、立親王にあたって、母方の伯父である三条実重が親王家勅別当となっている。十月六日、後深草院御所にて久明親王の御元服式が行われ[96]、九日に将軍宣下が行われた。『勘仲記』同日条は

親王今夜被レ宣二下征夷大将軍事一、頭中将冬季朝臣奉行、上卿内大臣令二奉行一給、坊門中納言・冷泉宰相・左大弁宰相参陣云々、

と記されている。新井白石の「将軍宣下三十一箇度不同次第」では「仙洞にて将軍宣下」とあるが、宣下が仙洞で行われたとは考え難い。元服と混同したのであろう。翌日未明、久明親王は仙洞を出発して六波羅邸に入り、関東へと下向した。『勘仲記』正応二年十月十日条にはその様子が記されている。

今日、将軍御二下一向関東一、先未明入二御六波羅一、八葉長物見車、堀川中納言、基俊、殿上人二条少将資藤朝臣・左少弁経親朝臣候二御供一、下北面五位行広、六位四人云々、号二剣帯一武士十余人進二御迎一、御車前令二歩行一出御、々車寄三条大納言実重卿、祗候云々、（後略）

親王は未明に仙洞を出発して六波羅に入った。この時の親王の行列は、供奉の公卿・殿上人のほか下北面五人を伴い、

六波羅が差遣した武士十余人が先導するという小規模なものだった。六波羅から関東への行列は格段に大規模になり、将軍の輿を先導する武士も二十人以上となった。女房らの後に親王輿、公卿・殿上人・上北面、と下向する人々が続き、関東から差し向けられた医師・陰陽師がこれに加わる。次いで奉迎のため下向した宗秀・助宗と武士多数が従った。宗尊親王の時とほぼ同様の構成である。沿道には公卿らの桟敷が並び、後深草上皇は花山院定雅の桟敷で見物した。『増鏡』さしぐしは、

関の東を宮この外とて、をとしむべくもあらざりけり、都におはしますなま宮たちの、より所なくたゞよはしげなるには、こよなくまさりて、めでたくにぎはしく見えたり、

と、宮将軍の待遇を賛美している。久明親王が下向した頃には、皇族の関東下向は朝廷にとっても忌避すべきことではなくなっていた。

四、守邦親王

徳治三年（一三〇八）七月、久明親王は京都へ送還されることとなった。八日、秋田城介時顕は親王上洛を伝えるため鎌倉を出発している(97)。親王は十九日に鎌倉を出発(98)、八月四日に京都に到着した。『続史愚抄』同日条には、

征夷大将軍式部卿久明親王、後深草院皇子、自㆓鎌倉㆒上洛、入㆓二条富小路第㆒、為㆓相模守入道貞時朝臣㆒被㆑逐云、

とあり、上洛と同時に旧後伏見院御所の二条富小路邸に入ったことがわかる。久明親王の更迭事情は、単に北条貞時による放逐とのみしている。この事情を記した記録は特にないようであり、幕府当局が将軍更迭を断行した意図は不明である(99)。

『武家年代記』によれば、守邦親王は徳治三年（一三〇八）八月二十六日に元服し、同日、征夷大将軍始を行ったとされる。しかし、朝廷側の手続はこれより早く進められていた。『続史愚抄』徳治三年八月条には次のような記事が見られる。

七日、関東使前常陸介行顕入洛、言㆓将軍宣下事㆒、

十日、式部卿久明親王男守邦王七歳、或作㆓八歳㆒、為㆓征夷大将軍在㆓鎌倉㆒、当㆓此日元服㆒歟、

八月七日に関東からの使者が到着して将軍宣下を申し入れている。鎌倉には久明親王の子息守邦王が残されていたから、次期将軍は内定済みである。使者が久明親王の入洛に合わせて申し入れができるよう、発遣日時などは計算したうえで設定したのであろう。十日に将軍補任となったが、手続の詳細は不明である。非在京であることから、惟康親王の例から類推すれば、「宣下」ではなく「小除目」ということになる。補任の報は、新井白石の「将軍宣下三十一箇度不同次第」にあるように六波羅探題に伝達され、幕府の飛脚によって鎌倉に届けられたものと見られる。二十六日の元服・将軍始は補任の報の到着をうけて行われたものであろう。ついで九月十九日、京都では尊治親王立太子に先立って守邦王の立親王儀が行われた。宮内庁書陵部蔵の「守邦親王立親王并尊治親王立太子次第」（伏見宮御記録）には守邦王立親王について次のように記されている。

立親王儀

諸卿着陣、頭右兵衛為藤朝臣就㆑軾、仰㆓守邦王立親王并叙品三品事㆒、即下㆓名字勘文㆒、冬平召㆓右大弁頼俊朝臣㆒、宣㆓下親王㆒事、給㆓名字勘文㆒、次召㆓内記㆒仰㆓叙品事㆒、勅別当不㆑被㆑仰㆑之、弘安例也、次有㆓親族拝㆒、冬平以下立㆑之、申次為藤朝臣、

儀式の内容は『皇室制度史料』皇族（三）に掲載された他の親王宣下の事例とほぼ合致するが、勅別当の補任は省略された。弘安例とは惟康親王の例である。在京中に宣下をうけた久明親王の時は伯父の権大納言三条実重が勅別当となっている(100)ことから、親王本人が在京していなければ勅別当は省略するという慣例ができつつあったと考えられる。

守邦王への親王宣下が朝幕いずれの意向で行われたのかを直接示す史料はない。『続史愚抄』徳治三年九月三日条に「関東使左近大夫入道道潤長井、入洛参院、持明院殿、奏下可レ有二御政務一由上」とあることから、関東使・長井道潤が伏見上皇院政の奏請と同時に申し入れたとも考えられる(101)が、朝廷側の都合により行われた可能性も否定できない。

守邦親王は孫王であり、なおかつ非在京で親王宣下をうけた二人目の人物である。この事実は、将軍として鎌倉に下向した親王の子孫が長期にわたり親王の身位を世襲する可能性があったことを示す。世襲宮家のはしりは亀山天皇皇子恒明親王にはじまる常磐井宮と、後二条天皇皇子邦良親王にはじまる木寺宮とされるが、守邦親王への宣下は常磐井宮二代目の全仁親王より早い時期のようである。孫王への親王宣下を以て「世襲」の成立を認めるなら(102)、宗尊親王以降の「鎌倉将軍家」が最も早く成立した世襲親王家とも言えよう。特に久明系は皇統が持明院統から大覚寺統へ移っても影響をうけずに存続しており、元弘三年（一三三三）の幕府瓦解まで北条氏が守邦親王の送還を企図した形跡も認められない。本来さらに継続する可能性を有した血統が幕府滅亡により断絶したと解せば、宗尊系との性格の相違も考えられよう(103)。

おわりに

「征夷大将軍」なる官職がどのように認識されてきたのか、任命権者である朝廷の対応を中心に考察してきた。

頼朝が征夷大将軍補任を希望したという事実は認め難い。右近衛大将も征夷大将軍も、頼朝が公認を受けてきた軍事警察権行使の権限を象徴するものではなく、軍功を賞するため、あるいは政始の特別人事としての性格をもつものだった。『吾妻鏡』所載の頼朝の将軍補任記事には編者の作為が加えられていたと考えられる。鎌倉時代の将軍の大半は宣下ではなく小除目により任ぜられた。その区別の基準は在京か否かによるものと思われる。

頼朝が朝廷から諸国守護権の公認を受けた根拠は一連の宣旨（新制）に求められる。それは頼家の代でも同様だった。頼家の将軍補任には朝廷の内部事情が影響していたと考えられる。実朝の場合、後鳥羽上皇は殆んど空名に近い将軍職のみを授け、諸国守護権公認の宣旨の発給は抑制していたと推測される。征夷大将軍職と諸国守護権の結合が明確に意識されるようになるのは、鎌倉側においては頼経の代、朝廷側では頼嗣の代であった。

宮将軍の最初となる宗尊親王は、後嵯峨院政下の「安定」した公武関係が背景となって実現しているが、人選などは幕府主導であった。宗尊親王の更迭は朝廷では予測されていなかったようであり、ほぼ完全な幕府主導のもとで惟康親王の将軍補任が行われた。三歳の幼児の補任ではあったが、朝廷内では特に問題視されることもなく手続が進められた。久明親王は、皇統が持明院統に移行する時期にあたったことから将軍補任が実現したが、補任手続そのものは宗尊親王とほぼ同様であった。既に朝廷側には宮将軍への違和感はなかった。守邦親王は久明親王の更迭をうけて自動的に補任が決定した。

〔注〕

（1）『日本紀略』延暦十二年二月十七日条より、征東使の改称であることがわかる。

(2)『扶桑略記』天慶三年二月八日条に「賜二征夷大将軍右衛門督藤原忠文節刀一」とある。しかし『貞信公記』天慶三年二月八日条には「征東大将軍賜二節刀一進発」、『日本紀略』天慶三年正月十九日条には「勅以二参議修理大夫藤原朝臣忠文一任二右衛門督一為二征東大将軍一」とある。

(3)藤原忠文の場合は従前の蝦夷征討軍としての性格とは異なるが、副将軍の任命も行われた（『扶桑略記』天慶三年二月八日条）。忠文らは実際には派遣されなかった。

(4)新訂増補国史大系本による（以下同じ）。

(5)『征夷大将軍　もう一つの国家主権』（中公新書八三三、昭和六十二年）。以下、高橋氏の説はすべてこれによる。

(6)名著刊行会本による（以下同じ）。

(7)安田元久氏『鎌倉開府と源頼朝』（教育社歴史新書五一、昭和五十二年）

(8)『玉葉』寿永二年四月二十五日条に「左大臣仰二左中弁兼光朝臣一云、源頼朝・同信義等、虜二掠東国・北陸一、仰二前内大臣一、可レ令二追討一者」、同年七月三日条には「或云、秋節以前、賊徒可二入京一云々、或云、待二関東之勢一、九・十月比可二入洛一云々」とある。頼朝と義仲が無関係であることが朝廷に認識されたのは九月以降のようである。

(9)『玉葉』では寿永二年十二月五日条が初見。『吉記』は寿永二年十二月二十日条に見える。

(10)新訂増補国史大系本による（以下同じ）。

(11)「源頼朝の征夷大将軍補任に関する問題」（『軍事史学』二〇―二、昭和五十九年）以下、藤本氏の論はすべてこれによる。

(12)二十一日には勧賞の件で鎌倉に飛脚が派遣されているので、兼実への諮問は事後の確認の意味があったのかもしれない。

(13)『玉葉』寿永三年二月二十日条。

(14)高橋富雄氏は「源頼朝の征夷大将軍に対する意識は、きわめて早くから、胸中に萌していたものである」「治承四年の挙兵当初から、この意志があったかどうかは不明である」と、挙兵当初から征夷大将軍補任を意識していた可能性に含みを持たせている。

(15)杉橋隆夫氏前掲「鎌倉右大将家と征夷大将軍」、高橋富雄氏前掲「征夷大将軍」、及び田中稔氏「院政と治承・寿永の乱」（『鎌倉幕府御家人制度の研究』吉川弘文館、平成三年、所収）。第一節で検討したように、この時期に頼朝が征夷大将軍補任を望んだとは言い難い。田中稔氏の言う「法皇が言を左右にして認めようとしなかった」事実も認められない。

(16)上横手雅敬氏「幕府と京都」（『鎌倉時代政治史研究』吉川弘文館、平成三年、所収）に、これを示唆する記述がある。但し、根拠は明示されていない。

(17)佐藤進一氏『日本の中世国家』（岩波書店、昭和五十八年）、石井進氏「一二―一三世紀の日本」（『岩波講座日本通史』中世一、平成六年）、永原慶二氏『源頼朝』（岩波新書青版三〇八、昭和三十三年）。

(18)『玉葉』文治四年二月八日・二十一日・二十六日条、『吾妻鏡』文治四年四月九日条。

(19)故実叢書本による（以下同じ）。

(20)前掲『日本の中世国家』。

(21)拙稿「源頼朝の権大納言・右近衛大将補任について」（『國學院雑誌』一〇一―二、平成十二年）。

(22)『玉葉』『明月記』『山槐記』は、いずれも建久三年七月の記録を欠く。『心記』は建久三年七月の記事が若干残っているが、いずれも後白河法皇の諒闇関係の記事である。

(23)押小路家文書（内閣文庫蔵・文明十二年写）。『群書類従』公事部所収の『除目抄』と同内容である。

(24)『平家物語の虚構と真実』下（塙新書六二、昭和六十年）。根拠として寿永二年に院使として下向した中原康定が法皇崩御後も従来同様の職務にあたっていることの不審を挙げる。

(25)藤原忠明・藤原信定は『公卿補任』から、平棟範は『弁官補任』から任官を確認できる。

(26)大日本古記録本による。
(27)この順序に従って作成された除目聞書としては、足利義詮就任時のものがある。『大日本史料』第六編之二十二参照。
(28)『建武年中行事』には「勅任は黄なる紙にかく。公卿の兼官は奏任の別紙にかく。式・兵のつかさ、各べちに奏任にかく」とある。召名では『吾妻鏡』のような様式を採り得ない。
(29)『除秘抄』にある「寛元」の例が「近衛ノ上」となっている理由は第二章三参照。なお、頼朝の次に記される「源信友」は管見の限り他に所見がない。中野栄夫氏は『除秘抄』にみえる「太政官謹奏」を根拠に「将監であろう」と推定する(藤本論文〈追記〉)が、勅任官たる征夷大将軍の召名に近衛府の奏任官たる将監の名が紛れ込むことはあり得ない。信友は頼朝の征夷大将軍補任とは無関係で、この日の除目で従五位下に叙せられた人物であろう。
(30)征夷大将軍への補任理由としてよく挙げられるのが「武家の棟梁にふさわしい」というものである(例えば安田元久氏『鎌倉開府と源頼朝』、石井進氏「一二―一三世紀の日本」)。しかしこれは特に根拠が挙げられるでもなく、当時現実にかかる観念が存在したとは認め難い。佐藤進一氏は『日本の中世国家』で「彼が築き上げた棟梁の地位を安全に子孫に相続させる方途」の一つ、とも述べているが、征夷大将軍は臨時の官職であり子孫代々の継承は全く保障されない。かかる不安定な官職に源氏の将来を託すべき理由が説明されていない。川合康氏は「奥州合戦ノート」で、高橋富雄氏の「鎮守府将軍の地位が征夷大将軍に吸収された」との説を引きつつ、源頼義が鎮守府将軍であったこととの関連を指摘する。しかし、川合氏自身が認めるように、頼朝が鎮守府将軍を選択しなかった理由が不明確である。また、それなりの実体を有してきた常置の官職が実体を失って久しい臨時の官職に吸収されるという現象が、官職制度の常識から考えてあり得るのか疑問である。
(31)この除目が政始除目であることは『皇代暦』裏書からも確認できる。
(32)頼朝の将軍補任を発議した人物は不明である。金沢正大氏は「関白九条兼実の公卿減員政策―建久七年政変への道―」(『政治経済史学』二二六、昭和六十年)で、後白河法皇崩御後の朝廷の人事権は九条兼実が掌握したとしている。

藤本氏も「兼実の好意」との見解を示している。しかし、寿永三年、頼朝の将軍補任に批判的だった兼実の姿勢がその後変化したか疑問がある。『玉葉』には頼朝を「征夷大将軍」等と表現している箇所は見あたらない。

(33)「令外官の一考察」（『続日本古代史論集　下』〈吉川弘文館、昭和四十七年〉所収）。

(34)『三代制符』所収。『中世政治社会思想』下巻（日本思想大系〈新装版〉、岩波書店、平成六年）及び『鎌倉遺文』一巻五二三号による。

(35)『公家新制の研究』（創文社、昭和三十六年）。

(36)類例として、権大納言平重盛に賊徒追討の権限を委任した仁安二年（一一六七）五月十日宣旨が挙げられる。当時、重盛は現職の武官ではなかったが、清盛の跡を継承する軍事指導者としてこの権限を委任された。

(37)『猪隈関白記』建久十年正月十八日条、『業資王記』同日条。

(38)『明月記』建久十年正月十八日条。

(39)『源通親』（人物叢書二〇三、吉川弘文館、平成四年）。

(40)前掲「幕府と京都」。

(41)上横手氏は前掲「幕府と京都」で正月下旬に発生した「三左衛門の変」の原因は通親の捏造ではないかと推測している。

(42)『玉葉』建久九年正月七日条。

(43)頼家は建久六年六月三日と同二十四日、頼朝と共に後鳥羽天皇に再度拝謁した。当時無位無官だった頼家の異例の参内を、原則論を重視する兼実が支援したとは考え難い（山縣明人氏「建久六年在洛及び帰鎌途次における源頼朝の政治軍事行動」〈『政治経済史学』二一四、昭和五十九年〉）。頼家が頼朝の継嗣として公的に認知されたことになる六月三日の拝謁は通親の配慮で実現したと考えられよう。建久八年十二月十五日、頼家は左近衛権少将に任ぜられ、公卿への昇進を保証された。同時に叙爵にあたって従五位上を授けられたのは摂関家の子弟に準ずる破格の待遇だった

（青山幹哉氏「王朝官職からみる鎌倉幕府の秩序」〈『年報中世史研究』一〇、昭和六十年〉、白根靖大氏「王朝社会秩序の中の武家の棟梁」〈『歴史』九一、平成十年〉）。当時人事権を事実上掌握していた通親は、頼朝を確実に自己の支持勢力に位置づけ、継嗣頼家にも同様の関係を期待したのだろう。

（44）前掲「鎌倉右大将家と征夷大将軍」。

（45）宮内庁書陵部所蔵藤波家本による。建久十年正月当時の業資王は十六歳、従五位下で神祇伯就任の直後である。杉橋氏が前掲「鎌倉右大将家と征夷大将軍」で指摘するように、政治の枢要を把握しうる地位にはなく、王が得る情報の正確度も不安がある。建久十年正月二十一日条では二十日の臨時除目を「今夜」と記しているほどであるから、『業資王記』には、事実誤認を含む記事が多く含まれている可能性がある。

（46）この記述がなされた経緯について杉橋氏は次のように解釈している。

臨時の小除目が行われたのは正月二十日だが、後日これを耳にした業資王は、二十一日のこととして具注暦の表裏にその記事を配した。さらに二十六日に至り、頼朝の遺跡継承を認める宣旨が頼家に対して下されたが、それは「将軍宣旨」と誤伝された。しかも、これをのちに伝え聞いた業資王は、宣下の日を臨時除目と同日（王の認識によれば二十一日）だと誤解を重ね、前記事に書き足した。

（47）橋本義彦氏は前掲『源通親』で、この宣旨が下されるにあたって通親と幕府重臣との間に連携があったと推測している。上横手氏は前掲「幕府と京都」で、幕府は頼んだこともない宣旨を届けられて驚いた、としている。『明月記』に頼朝薨去の前後に京都から使者が派遣された旨が記録されていることから、これが単なる見舞いや弔問の使者ではなく、頼朝薨去後の対応を協議する目的もあったと考えられる。鎌倉側がこのような宣旨の発給を直接要請したことはないが、早晩この種の宣旨が下されることは予定されていたであろう。

（48）『明月記』は正二位頼家とするが正しくは従二位。新訂増補国史大系本『公卿補任』建仁二年条に頼家の将軍補任の記事はない（『大日本史料』第四篇所収本には記載あり）。

(49)公家社会では、頼家の征夷大将軍補任とは別の理由からこの除目が注目されていた。『明月記』建仁二年七月二十一日条には「是多即宗頼任二大納言一之故被レ行歟」とある（『猪隈関白記』七月二十三日条に異例の超越人事である旨記述がある）。
(50)前掲「幕府と京都」。
(51)前掲「院政と治承寿永の乱」。
(52)『吾妻鏡』建仁二年八月二日条。
(53)前掲「幕府と京都」。
(54)『大日本史料』第五篇之六。
(55)嘉禄元年十二月二十九日（『吾妻鏡』同日条）。
(56)『吾妻鏡』嘉禄二年正月八日条。
(57)『明月記』嘉禄二年正月十二日条には「将軍去廿九日元服給了」とある。この時、頼経は征夷大将軍に就任していない。定家は単に「武家の総大将」もしくは「鎌倉方の統率者」といった程度の意味で将軍の語を使ったのだろう。『愚管抄』巻第七には「コノ将軍（頼経）ト云ハワヅカニ二歳ノ少人ナリ」という記述があるが、これも同様の用法であろう。
(58)青山幹哉氏「鎌倉将軍三つの姓」（『年報中世史研究』一三、昭和六十三年）参照。
(59)源姓への改姓は実現しなかった（『明月記』嘉禄二年正月二十七日条）。改姓は無理でも、頼経の征夷大将軍補任だけでも実現すれば泰時にとって何ら支障はなかったであろう。
(60)工藤勝彦氏「九条頼経・頼嗣期における将軍権力と執権権力」『日本歴史』五一三、平成三年。
(61)事書の割註に「除目次任例・宣下例、見除目口伝抄」とあるが、当該史料については不明。
(62)任征夷大将軍の召名は何故か「案」が存在する。『鎌倉遺文』五巻三四五八号文書（狩野亨吉氏蒐集文書）である。召名は作成後に上卿が弓場に持参して蔵人に付し、蔵人は鬼の間にて奏上するが、この時に内侍が受け取り天皇に奏する。この過程での案文作成は考え難く、本文書は検討を要する。『鎌倉遺文』の文書名「藤原頼経任征夷大将軍宣旨案」は本来「藤原頼経任征夷大将軍召名写」と称すべきものであろう。

(63)増補史料大成本による（以下同じ）。

(64)実朝以前の聞書の様式は具体的には不明であるが、『除秘抄』で頼経以降の様式のみを註記している。これ以前は『除秘抄』の編者も然るべき史料を収集できなかったと思われる。

(65)『平戸記』寛元二年四月二十八日条。

(66)「宗尊親王　鎌倉将軍家就任の歴史的背景」（『政治経済史学』三七〇、平成九年）。

(67)『吾妻鏡』十二月二十六・二十七日条。

(68)『吾妻鏡』は二月三十日京着の飛脚については言及していないが、二月二十日・三月五日条との関連より、同様の奏請を再度行ったと考えられる。二月二十日発の使節は時頼らの内意を伝えるものであったから、公式の宮将軍下向要請は二月三十日京着の飛脚によって行われたことになる。二重の使者派遣が行われたのは、二月二十日発の使者で宮将軍下向の内定をとりつけて既成事実化し、幕府内の不満勢力が頼嗣更迭に反対してもそれを抑える意図があったのかも知れない。

(69)但し、現存する兼経の日記『岡屋関白記』は前年で記事が絶えており、朝廷側の他の記録も欠如している。

(70)『明月記』嘉禎元年十月十八日条。

(71)『増鏡』内野の雪には、後嵯峨上皇が源姓を賜わろうと考えたことさえあると記されている。

(72)宗尊親王の元服を『吾妻鏡』は正月四日、『百練抄』は同八日とする。『吾妻鏡』は宗尊親王十三歳、恒仁親王三歳とするが、実際はそれぞれ十一歳と四歳である。佐久間広子氏は、宗尊親王の年齢は頼嗣が当時十四歳だったことを意識して実際より年長として幕府に知らせたと推測する（「宗尊親王　鎌倉将軍家就任の歴史的背景」）。しかし、両者とも年齢が事実と食い違うことから、幕府側に年齢が正しく伝わっていなかった可能性もある。

(73)『五代帝王物語』（『群書類従』帝王部）。
(74)『吾妻鏡』『百練抄』同日条。
(75)日本古典文学大系本による（以下同じ）。
(76)『吾妻鏡』同日条。なお、頼嗣は三月二十日に鎌倉を発ち、四月三日に京都に到着した。
(77)『吾妻鏡』同日条。
(78)前掲「令外官の一考察」。
(79)『新抄』（続史籍集覧本による。以下同じ）文永元年四月二十八日条には「関東将軍御息所御産男君（惟康）之由、後日聞レ之」とあるが、記述からわかるように後日の補筆であり、日付に誤りがあるものと思われる。
(80)「北条時宗の研究」（『松浦党研究』五、昭和五十七年）。川添氏によれば、更迭の直接の理由とされたのは宗尊親王の御息所・近衛宰子と松殿僧正良基の密通だった。永井晋氏は「事件ともならない事件」（『鎌倉幕府の転換点』）と評する。
(81)「惟康親王」（『鎌倉将軍執権列伝』所収、昭和四十九年）。
(82)『吾妻鏡』同日条。
(83)『新抄』七月八日条。
(84)『新抄』七月十日条・十五日条。経任の帰洛日時は不明である。
(85)『鎌倉年代記裏書』文永三年六月二十三日条及び『吾妻鏡』同日条によれば、この日、宰子と姫君が山内邸に、惟康王が時宗邸に移されているが、この時点では「深秘御沙汰」の当事者以外は将軍更迭の準備段階であるとは認識していなかったであろう。
(86)将軍辞退の手続は不明確だが、幕府側では京都到着の時点で辞任と見なしていたと思われる。
(87)大日本古記録本による（以下同じ）。

(88)『深心院関白記』文永五年閏正月十四日条。

(89)『深心院関白記』文永三年十一月四日条は「関東御息所《（近衛宰子）》上洛云々、無二殊子細一唯上洛給云々」と、姉の帰洛を記述しているが、ここでもその事情を記していない。

(90)「関東申次をめぐる朝幕交渉」（『鎌倉時代の朝幕関係』思文閣、平成三年）。

(91)宗尊親王の将軍補任時と手続の性格に差異があったわけではなく、他の交渉事項に比べて頻度が格段に低いために定式化がなされていなかったための相違であろう。

(92)増補史料大成本による。

(93)増補史料大成本による（以下同じ）。

(94)『本朝皇胤紹運録』より、後深草院・亀山院皇子のうち、正応二年時点で存命中かつ元服前後とみられる人物を抽出すると、久明王以外に適任者はいない。当時の治天が後深草院であることを考えれば、その皇子の将軍補任は当然のことと考えられていたであろう。

(95)新訂増補国史大系本による（以下同じ）。

(96)『勘仲記』同日条。

(97)『武家年代記裏書』（増補続史料大成本による）徳治三年条。

(98)『将軍執権次第』。

(99)林葉子氏「鎌倉将軍宮久明親王と三条大臣家」は、後二条天皇の皇后忻子の母が三条公親女であり親王の叔母にあたることから、大覚寺統ともつながりができた久明親王と三条家が幕府から警戒されるようになったと指摘する。さらに、後二条天皇の急崩とも関連づけ、八月上旬に天皇御不例の情報を得た鎌倉の大仏宣時らが天皇崩御を見越して親王を上洛させた、とする。しかし、親王の帰洛決定は徳治三年七月上旬であるから、この推論は成立しない。

(100)『続史愚抄』正安二年十月一日条。

（101）『継塵記』弘安十年十月十二日条には、関東使が将軍源惟康の親王宣下と、伏見天皇の践祚・後深草上皇の院政を申し入れた事実が見られる。

（102）親王宣下を連続してうけた代数を数えると、木寺宮は二代、常磐井宮は三代である。

（103）宗尊親王の子孫の動向については、菊池大樹氏「宗尊親王の王孫と大覚寺統の諸段階」（『歴史学研究』七四七、平成十三年）に詳しい。

鎌倉期の賀茂祭と白川家

――延応二年徳政下における近衛府使勤仕をめぐって――

佐藤尚美

はじめに

これまで朝廷の年中行事に関する研究は、その完成期と言われる平安時代を中心として論じられ、鎌倉時代以降の年中行事は、単に平安時代の模倣ないしは縮小と考えられている。さらに応仁の乱を契機としてそのほとんどが中絶したと言われている。確かに年中行事それぞれの儀式次第や催行状況・規模などについては、その通りであろう。しかし、行事に対して人々が抱いた期待や、朝廷など政治権力が行事を催行する際に課題とした点などは、その時々で異なり、一様であったはずがない。このような観点に基づき、本稿では、中世における年中行事の在り方を探る材料として、賀茂祭を取り上げる。(1)

最初に賀茂祭の概要を簡単に述べておく。賀茂祭は、毎年四月に行われ、賀茂社祭・山城国祭・天皇の奉幣を奉る中酉日の祭などから構成されているが、中酉日の祭は弘仁十年(八一九)三月の勅により中祀とされ、(2)以後国家の恒例行事となった。このうち朝廷の祭である中酉日の祭は人々の注目を最も集めた。

中酉日の祭では、天皇は天下泰平を祈願し、幣帛を奉るため、祭使を派遣した。内蔵寮使や近衛府使などの祭使は、内裏を出発すると一条大路に向かい、そこで斎院の一行と合流、賀茂御祖神社(下鴨神社)、さらに賀茂別雷神社(上賀茂神社)へと向かう。下上両賀茂社では社頭の儀が行われ、内蔵寮使は祝詞及び天皇の幣帛を奉る。さらに諸使からの幣帛、近衛府使・馬寮使による走馬の儀などが行われた。(3)

一 祭使の人選

前章で示したような儀式次第の中酉日の祭では（以下、本稿では中酉日の祭を賀茂祭とする）、御所から下上両賀茂社へ向かう祭使たちの行列が、多くの見物人を集め、京中の人々の関心の高まりは内蔵寮・近衛府・中宮・東宮・馬寮の各使および女使からなる祭使集団に変化を与えた。

当初、下上両賀茂社において天皇の幣帛及び祝詞を奉る役目を担っていた内蔵寮使は、祭使集団の代表であった。ところが摂関期になると、祭使に対する人々の注目は、天皇に代わり幣帛を奉る内蔵寮使から近衛府使へと変化してゆく。賀茂祭の祭使はそれぞれの官司の次官クラスが勤めるが、なかでも近衛府使となる近衛中少将は、官途の上で当時の出世コースのひとつであったため、(4)経済的に富裕な者や権力者の子弟が勤めた近衛府使は、ひときわ注目される存在となった。そのため本来の祭使集団の代表である内蔵寮使よりも、人々の注目を集めた近衛府使がその中心であるかのように考えられるようになる。(5)

さらに、桟敷などを設けて、一条大路を渡る祭使の行列を見物するなど、京中の人々の注目が高まるほど、祭使たちは自分自身及び供奉する者達をより際立たせるため、その衣装や飾りにさまざまな意匠をこらし、その風流を競った。それも度が過ぎると、過差として検非違使からの取り締まりの対象とされ、度々出された公家新制でも禁じられるほどであったが、あまり守られることはなかった。(6)

このように、見物人の注目の中、祭使は風流を競ったが、祭使の中でも有力公卿の子弟が勤めた近衛府使は一段と豪華な意匠をこらしていたため、祭使の行列において、最も人々の関心を集める存在だった。有力公卿からすれば、子弟に近衛府使を勤仕させ、意匠を尽くした姿で一条大路を渡らせることで、近衛府次将となった子弟を京中の人々に披露(7)し自己の権勢や富を示すことができた。となれば、有力な公卿達にとって、自分の子弟が近衛府使になれるか、誰の子弟が選ばれるのか、大きな関心事だったはずである。

近衛府使に選ばれる者は、ごく初期を除いて摂関家の子弟をはじめとする藤原氏と源氏（特に村上源氏）とがその多くを占めており、これは摂関期の有力貴族層と合致している。また摂関期の近衛府使は、一人の人間や特定の家に片寄らないよう平均的に選出されており、管見の限り一人の者が二度近衛府使を勤める例は源氏のみである（表1参照）。

院政期になると、近衛府使に選ばれる者に変化が見える。その特徴として、近衛府使が院の近臣から選出されるようになり、一人ないし父子兄弟で数度にわたり勤仕する例も散見される。これは摂関期には見られない傾向といえる。本来は天皇を中心とした祭だが、祭使を選ぶにあたって、院の意向が大きく反映していたと思われる。また平氏政権期には平氏の子弟が勤めている(8)。

さらに鎌倉時代には、幕府関係者と姻戚関係にある者が近衛府使に任命される例が増加してくる。ただし任命される者は無作為ではなく、やはり藤原氏ないし源氏からしか選出されない。

このように平安期から鎌倉期にかけての近衛府使の人選では、原則として①藤原氏か村上源氏の中から、②政権担当者や有力公卿の子弟・一門の中から近衛府使として選ばれたのである。近衛府使は当時の政治権力及び支配者層の動向をよく反映し、その選定には当該期の権力者の意志が強く影響したことを窺い得る。

二　延応二年の徳政と祭興行

前章で示したように、平氏政権期を除く平安期においては、近衛府使は藤原氏と源氏（村上源氏）から任命される

表1　賀茂祭近衛府使年表

年（西暦）日	天皇	上皇	近衛府使	備考	出典
寛平元（八八九）二四	宇多		在原友于 左少		小野宮年中行事
承平元（九三一）二一	朱雀		○ 権中将	祭使権中将と有	西宮記
四（九三四）一六			藤師輔 頭右中		西宮記
七（九三七）一五			藤敦忠 頭左中		西宮記
天慶二（九三九）一四			○		西宮記
三（九四〇）一四			○ 少		日本紀略
天暦八（九五四）一八	村上		藤頼忠 右少		西宮記
天徳三（九五九）二二			藤伊尹 頭左中		九暦
天延元（九七三）一四	円融		○		親信卿記
二（九七四）一九			藤致忠 右少		親信卿記
天元五（九八二）二四			○		小右記
寛和元（九八五）二三	花山		平親信 右衛門権助	源時中代	日本紀略・小右記
永祚元（九八九）二三	一条		藤公任 頭左中		小右記
正暦三（九九二）二三			藤斉信 左中		栄花物語
長徳元（九九五）二一			藤義理 右兵衛佐	代官	日本紀略
三（九九七）一六			○ 少		小右記
長保三（一〇〇一）二〇			源雅通 右少		権記
四（一〇〇二）二〇			藤経通 左少		権記
五（一〇〇三）一四			藤実成 右中		権記
寛弘元（一〇〇四）二〇			源頼定 左中		権記・御堂関白記
二（一〇〇五）二〇			源雅通 右少	栄花物語では藤原頼通	小右記
四（一〇〇七）一九			藤頼宗 右少		権記・御堂関白記

六（一〇〇九）二四	一条	平孝明 左兵衛佐	左少将定頼代	日本紀略・権記・御堂関白記
七（一〇一〇）二四	一条	藤教通 左中		御堂関白記
八（一〇一一）一八	一条	源朝任 左少		権記
長和元（一〇一二）二四	三条	藤実経 右少		小右記・御堂関白記
二（一〇一三）二四	三条	藤忠経 左少		小右記
三（一〇一四）一八	三条	藤公成 右少		小右記
四（一〇一五）二四	三条	藤道雅 左中		小右記・御堂関白記
五（一〇一六）二四	後一条	藤兼房 右少		小右記・御堂関白記
寛仁元（一〇一七）一七	後一条	源経親 左少		御堂関白記
二（一〇一八）二二	後一条	藤長家 右中		小右記・御堂関白記
三（一〇一九）二二	後一条	源顕基 左少		小右記
治安三（一〇二三）一六	後一条	藤資房 左少		小右記
万寿元（一〇二四）一六	後一条	源師房 右中		小右記
二（一〇二五）二二	後一条	〇 少		左経記
四（一〇二七）一五	後一条	源顕基 頭左中		小右記
長元元（一〇二八）二〇	後一条	源実基 右権中		左経記
二（一〇二九）二一	後一条	藤経季 左少		小右記
三（一〇三〇）一五	後一条	藤行経 右少		小右記
五（一〇三二）二一	後一条	藤俊家 左少		小右記
八（一〇三五）二〇	後一条	〇 少		左経記
長暦元（一〇三七）一八	後朱雀	藤資仲 右少		平記
長久元（一〇四〇）二五	後朱雀	藤基家 左少		春記
二（一〇四一）二〇	後朱雀	源信宗 右少		百練抄

永承三（一〇四八）一七	後冷泉		藤定房 左中		春記
七（一〇五二）二三			藤忠俊 左少		春記
承暦四（一〇八〇）一六	白河		藤家忠 左中		左経記・水左記
永保二（一〇八二）二二			源雅俊 左権中		為房経記
三（一〇八三）一六			藤宗忠 右少		後二条師通記
応徳元（一〇八四）一六			源国信 左少		後二条師通記
三（一〇八六）二二			藤仲実 左少	頭中将源雅俊代	後二条師通記
寛治元（一〇八七）一六	堀河	白河	藤宗通 右少		為房卿記・中右記
二（一〇八八）二一			源顕雅 左少		中右記
三（一〇八九）二一			藤俊忠 右少		中右記
四（一〇九〇）一四			源師隆 左少		後二条師通記・中右記
五（一〇九一）二〇			藤俊忠 右少		後二条師通記

六（一〇九二）二一	堀河	白河	源有賢 左少		中右記
七（一〇九三）一五			○		後二条師通記
嘉保元（一〇九四）一五			源顕通 左少		中右記
二（一〇九五）二〇			藤顕実 右中		中右記
永長元（一〇九六）一四			藤家政 左少		中右記
承徳元（一〇九七）一四			藤宗輔 右少		中右記
二（一〇九八）一九			藤実隆 左少		中右記
康和元（一〇九九）二五			源家定 右少		後二条師通記・中右記・本朝世紀
三（一一〇一）一九			源顕雅 右中		中右記
四（一一〇二）二五			藤俊忠 左中		中右記・殿暦
五（一一〇三）二五			源家定 右少	右少将源顕重	中右記・殿暦

長治元（一一〇四）一八	堀河	白河	藤通季 左少		中右記
二（一一〇五）一八			源雅定 右少		中右記
嘉承元（一一〇六）二四			源顕国 左少		中右記・永昌記
二（一一〇七）一七			藤信通 右少		中右記・永昌記
天仁元（一一〇八）一七	鳥羽		源師重 左中		中右記
天永二（一一一一）一七			藤伊通 右少		中右記・殿暦・長秋記
三（一一一二）二三			藤忠宗 左少		中右記・殿暦
永久元（一一一三）二三			藤伊通 右少	源師時代	中右記・長秋記
二（一一一四）一六			藤信通 左中		中右記・殿暦
元永元（一一一八）二一			藤重通 左少		中右記
二（一一一九）二二			藤成通 右少		中右記・長秋記
保安元（一一二〇）一五			藤季成 左少		中右記

天治元（一一二四）一四	鳥羽	白河	成通 中		永昌記
大治元（一一二五）二五			季成		中右記目録
二（一一二七）一四	崇徳		藤忠基 右少		中右記
四（一一二九）二五			藤公隆 右少		中右記・長秋記
五（一一三〇）一四		鳥羽	藤公教 左中		中右記・長秋記
天承元（一一三一）一九			藤公能 右少		長秋記
長承元（一一三二）二四			源俊雅 左少		中右記・平記
二（一一三三）二四			藤経宗 右少		中右記
三（一一三四）一八			藤公隆 左中		中右記・長秋記
保延元（一一三五）一八			源師行 右少		中右記
康治元（一一四二）二二			藤家明 左少		台記
二（一一四三）二二	近衛		藤公親 右少		本朝世紀

年次（西暦）年齢	天皇	院	人物・官職		典拠
久安二（一一四六）二二	近衛	鳥羽	藤家明 左権少		本朝世紀
三（一一四七）一六	近衛	鳥羽	藤公親 右少		本朝世紀
四（一一四八）二二	近衛	鳥羽	藤実長 右権少		本朝世紀
五（一一四九）二二	近衛	鳥羽	藤公保 右少		本朝世紀
仁平元（一一五一）二〇	近衛	鳥羽	藤行通 右少		本朝世紀
二（一一五二）二一	近衛	鳥羽	藤実定 左少		本朝世紀・兵範記・宇槐雑抄
三（一一五三）一四	近衛	鳥羽	藤公光 右少		本朝世紀・兵範記
久寿元（一一五四）二七	近衛	鳥羽	源成雅 左中		兵範記
二（一一五五）二一	近衛	鳥羽	藤実国 右少		兵範記・山槐記
保元元（一一五六）一四	後白河	鳥羽	藤成親 左少		兵範記
二（一一五七）一四	後白河	鳥羽	藤信頼 左中		兵範記・師守記
三（一一五八）二〇	後白河	鳥羽	成兼 左少		兵範記

年次（西暦）年齢	天皇	院	人物・官職		典拠
応保元（一一六一）一九	二条	後白河	源通能 右少		山槐記
永万元（一一六五）一九	二条	後白河	藤実守 右中		山槐記
仁安元（一一六六）二四	六条	後白河	源顕信 左少		師守記
二（一一六七）三〇	六条	後白河	藤光能 右少		山槐記・兵範記・玉葉
三（一一六八）一八	高倉	後白河	藤脩範 左少		兵範記・百練抄
嘉応元（一一六九）二三	高倉	後白河	藤実宗 右中		兵範記
二（一一七〇）一七	高倉	後白河	源有房 左少		兵範記
承安元（一一七一）一七	高倉	後白河	藤隆房 右少		玉葉
二（一一七二）二三	高倉	後白河	平知盛 左中		玉葉
三（一一七三）二三	高倉	後白河	源通親 右中		玉葉
四（一一七四）一七	高倉	後白河	藤実教 左少		玉葉
安元二（一一七六）二二	高倉	後白河	藤泰通 左中		玉葉・吉記

治承元（一一七七）一六	高倉	後白河	源雅賢 右少		玉葉・愚昧記
二（一一七八）二一			源通資 左少		玉葉
三（一一七九）二一			藤顕家 右少		山槐記・玉葉
四（一一八〇）一五	安徳	高倉	藤基宗 左少		山槐記・玉葉・明月記
養和元（一一八一）一六		後白河	藤公衡 右少		玉葉・吉記・明月記
寿永元（一一八二）二一			平有盛 左少		玉葉
二（一一八三）一五			藤成定 右少		玉葉
元暦元（一一八四）一五	後鳥羽		藤隆保 左少		玉葉
二（一一八五）二〇			源雅行 右少		玉葉
文治二（一一八六）一四			藤定輔 左少		玉葉・吉部秘訓抄
三（一一八七）一四			藤信清 右少		玉葉・百練抄
四（一一八八）一九			源通宗 左中		玉葉・百練抄

五（一一八九）二五	後鳥羽	後白河	藤成家 右少		仲資王記
建久元（一一九〇）一四			藤兼宗 左中		玉葉・吉部秘訓抄
二（一一九一）二〇			藤保家 右少		玉葉・吾妻鏡
四（一一九三）二五			藤実保 右中		玉葉
五（一一九四）一八			藤師経 左少		百練抄・仲資王記・玉葉
七（一一九六）二四			藤親能 左中		百練抄・中右記
八（一一九七）一八			藤公信 右少		猪隈関白記
九（一一九八）一八	土御門	後鳥羽	源雅親 左少		百練抄・猪隈関白記
正治元（一一九九）二四			藤兼季 右少		明月記・猪隈関白記・業資王記
二（一二〇〇）二四			藤教成 左少		猪隈関白記
建仁元（一二〇一）一八			藤忠信 右少		猪隈関白記・東進記

年	天皇	院	使		出典
二（一二〇二）二三	土御門	後鳥羽	源雅清 左権少		猪隈関白記
三（一二〇三）二三			藤国通 右少		明月記・猪隈関白記・業資王記
元久元（一二〇四）一六			藤伊時 左少		明月記・仲資王記・三長記
二（一二〇五）二二			実時 右少		明月記
建永元（一二〇六）二二			藤公俊 左少		猪隈関白記・三長記
承元元（一二〇七）一六			藤実嗣 右少		明月記・仲資王記
二（一二〇八）二二			藤忠明 左少		明月記・猪隈関白記
四（一二一〇）一六			藤雅経 左中		猪隈関白記
建暦元（一二一一）一六	順徳		藤家信 右中		仲資王記・業資王記
二（一二一二）二一			資平 左中	近衛府使 源カ	明月記・業資王記・玉蘂
建保元（一二一三）一四			雅平 右少		百練抄

年	天皇	院	使		出典
二（一二一四）一五	順徳	後鳥羽	源家兼 左少		後鳥羽院宸記
承久二（一二二〇）一四			藤親仲 左少		玉蘂
嘉禄元（一二二五）一九	後堀河		一条頼氏 右少		明月記
二（一二二六）二五			西園寺実任 左少		民経記
安貞元（一二二七）二五			阿野実直 右権少		民経記
寛喜二（一二三〇）二四			二条親季 左少		明月記
三（一二三一）一七			花山院雅継 右少		民経記
貞永元（一二三二）二三			徳大寺実光 左権少		民経記・洞院摂政記
天福元（一二三三）二三	四条	後堀河	西園寺公基 右中		民経記
嘉禎二（一二三五）二三			中院通成 左少		飾抄
三（一二三六）一六			源輔通 右少	村上源氏	玉蘂・飾抄
暦仁元（一二三八）一六			実春		経俊卿記

仁治元（一二四〇）一五	四条		白川資基	左少		平戸記
二（一二四一）一五	四条		藤経季	左少		百練抄
三（一二四二）二一	後嵯峨		源輔時	右少	村上源氏	文永十一年賀茂祭絵詞
寛元元（一二四三）一五	後嵯峨		一条公藤	左中		百練抄
二（一二四四）一五	後嵯峨		徳大寺公直	左中		百練抄・文永十一年賀茂祭絵詞・師守記
三（一二四五）二一	後嵯峨		阿野公寛	左少		百練抄・平戸記
四（一二四六）一四	後深草	後嵯峨	源雅世	左中		百練抄・葉黄記・岡屋関白記
宝治元（一二四七）一四	後深草	後嵯峨	藤隆兼	右中		百練抄・葉黄記
二（一二四八）二〇	後深草	後嵯峨	白河伊長	左中		百練抄
建長二（一二五〇）一四	後深草	後嵯峨	藤原公春	左少		岡屋関白記

三（一二五一）一九	後深草	後嵯峨	滋野井実冬	右少		百練抄
五（一二五三）二四	後深草	後嵯峨	四条隆茂	右少		百練抄
六（一二五四）一九	後深草	後嵯峨	四条隆顕	左中		百練抄
七（一二五五）一九	後深草	後嵯峨	一条実隆	右少		百練抄
康元元（一二五六）二四	後深草	後嵯峨	白川資緒	左少		百練抄・経俊卿記
正嘉元（一二五七）二四	後深草	後嵯峨	四条隆保	右少		経俊卿記・百練抄
二（一二五八）一八	後深草	後嵯峨	源具忠	左中	村上源氏	百練抄
正元元（一二五九）二四	後深草	後嵯峨	白川守資	右少		百練抄・経俊卿記
文永元（一二六〇）二四	亀山	後嵯峨	紙屋河顕名	右少		妙槐記・続史愚抄
四（一二六七）一六	亀山	後嵯峨	清水谷実時	右少		吉続記・続史愚抄
五（一二六八）一五	亀山	後嵯峨	白川康仲	左少		師守記
一〇（一二七三）一五	亀山	後嵯峨	四条隆久	左少		続史愚抄・吉続記

一一（一二七四）一五	後宇多	亀山	四条隆良	左少		続史愚抄・文永十一年賀茂祭絵詞
弘安二（一二七九）二一			白川資顕	右少		続史愚抄・勘仲記
三（一二八〇）一四			源忠顕	左少	村上源氏	続史愚抄
四（一二八一）二〇			藤教頼	左中		続史愚抄・勘仲記
五（一二八二）二〇			白川康仲	左少		師守記
六（一二八三）二五			御子左為通	左少		続史愚抄・勘仲記
九（一二八六）二五			一条実遠	左中		続史愚抄・勘仲記
一〇（一二八七）二五			藤冬宗	右		続史愚抄・勘仲記
正応元（一二八八）一九	伏見	後深草	三条西実連	左中		続史愚抄・勘仲記
二（一二八九）二四			正親町実明	左中		続史愚抄・勘仲記・公衡公記
四（一二九一）一八			藤成嗣	左少		続史愚抄

永仁元（一二九三）二三	伏見	後深草	飛鳥井雅孝	右少		続史愚抄
二（一二九四）一七			藤俊藤		左中将カ	続史愚抄
三（一二九五）一七			土御門雅長	右中		師守記・続史愚抄
四（一二九六）二三			源茂賢	左少	宇多源氏	師守記
五（一二九七）一七			白川康仲	左中		師守記
正安三（一三〇一）一六			滋野井実前	右中		師守記
乾元元（一三〇二）二一	後二条	後宇多	山科教定	左中		師守記・続史愚抄
嘉元元（一三〇三）一五			御子左為藤	右中		師守記・嘉元元年中賀茂祭記
嘉元三（一三〇五）二一			滋野井季教	右少		続史愚抄
延慶元（一三〇八）二一			白川顕親	左少		師守記・続史愚抄
応長元（一三一一）一九	花園	伏見	白川資清	右中		花園天皇宸記
正和二（一三一三）二五			源国資	右中	村上源氏	師守記・花園天皇宸記

年	天皇	院	使	備考	典拠
三(一三一四)一四	花園	後伏見	北畠具行 左少		続史愚抄・花園天皇宸記
四(一三一五)二〇			園基冬 右少		公衡公記
文保元(一三一七)二五			四条隆蔭		花園天皇宸記
二(一三二〇)二四	後醍醐	後宇多	洞院公風	続史・師守は左少季有	花園天皇宸記
元亨元(一三二一)一三			二条資継		師守記・花園天皇宸記
二(一三二二)二四			御子左為忠 左少		花園天皇宸記
正中元(一三二四)一八			徳大寺公清 左少		続史愚抄
二(一三二五)一八			白河伊俊 右少		師守記・花園天皇宸記
正慶元(一三三二)二二			一条実材 右中		花園天皇宸記

凡例　各年の右が姓名、左が官職である。
官職は略称で示した。例、「左中」＝「左近衛中将」。
○は姓名は不明だが、使が遣わされたことがわかる場合を示す。
×は事情により祭には参加しなかったが、使は決められていた場合を示す。

のが慣例となっていたが、鎌倉中期以降、これまで近衛府使に選ばれなかった家、つまり藤原氏・村上源氏以外の者から近衛府使の選出がなされるようになる。

その契機となった年は延応二年（一二四〇）で、正月四日に彗星が出現し、同月六日には「自二今春一可レ被レ行二善政一云々、事可レ始レ自二叙位除目一之由、」と平経高はその日記『平戸記』(9)に記しているように、徳政が行われた。「彗星などの天変地異は、為政者の不徳により起こったのだから、広く善政を施して災厄を取り除くというのが徳政興行の考え」(10)であり、朝廷でも素早い対応がとられたのである。

延応二年の徳政では、叙位除目・記録所興行・改元などと共に諸社祭興行が行われた(11)。

諸社祭興行については『平戸記』正月二十九日条に、

今日除目下名也、頭弁（平経光）送二御教書一云、明日可レ有二議定事一、可二参着一是諸社祭興行事云々、使事、右中弁（葉室定嗣）密々示告云、入道殿（九条道家）召レ予（平経高）可レ被二沙汰一之由云々、（後略）

とある。「諸社祭興行」とは諸社の祭礼を執り行うこと、「使事」とは、諸社の祭における祭使に関することを指すと考えられ、祭の興行や祭使に関する内容の議定を行う予定であることがわかる。徳政の一環として、諸社祭興行なかでも祭使がその対象とされていた点は重要であろう。

また同正月三十日条では、

（前略）此間按察卿資頼参会、即依レ召相共参二御前一、諸社祭礼并記録所可レ被二興行一事等、有二議定一、右中弁定嗣朝臣依レ召祗二候弘庇一、相二具文書一、条々執申、任二彼申状一、条々之篇目有二評議一、不レ能二委記尽一、且倦二右筆一之故也、但此沙汰此一両日出来之間、至二春日祭一於レ今者事已難レ治、後々遂可レ有二沙汰一歟之由、予（平経高）執申、仰（関白近衛兼経）云、誠可

レ然、（後略）

とあるように、諸社祭礼と記録所との興行は、徳政の一環として決定された。但し、この議定後間もない二月八日の春日祭については、興行を行うことが日程上不可能であるため、春日祭以降の諸社の祭から「興行」を行うことにしたのである。

春日祭以降に行われる祭としては、二月は祈年祭・園韓神祭・大原野祭、三月は石清水臨時祭、四月は平野祭・梅宮祭・広瀬竜田祭・大神祭・賀茂祭・吉田祭などがある。この年、春日祭以降実際に行われたことが確認できる祭は、四月三日の梅宮祭(12)、四月十五日の賀茂祭(13)、四月十八日の吉田祭(14)である。しかし、梅宮祭・吉田祭については祭の内容に関する記事がなく、その具体的な祭興行については不明である。

だが賀茂祭に関しては、明らかに諸社祭興行の一環としての施策がとられたことがわかる。春日祭以降、祭興行の執行にあたって、賀茂祭が人々の念頭におかれたことは想像に難くない。では具体的な祭興行はどのような内容であったのだろうか。

『平戸記』二月二十日条には訴訟、記録所、倹約、といった徳政に関する三カ条が示されているが(15)、倹約に関連しては賀茂祭使についても言及している。

（前略）倹約事頻申行也、仮令賀茂祭使襱近衛舎人禄物、代々制符難レ被二施行一、只可レ被レ停二止襱一之由、所レ思也、至二清華権勢人一者、可レ任二其意一、自余停止何事在哉之由雖レ思、又世之難如何、（後略）

倹約に関して、関白近衛兼経は、以下の三点を平経高に諮問している。①賀茂祭使・襱・近衛舎人・禄物に触れた代々の制符が行われていないが、襱の過差については停止しようと考えていること、②清華権勢の人による風流については黙認とする方針であること、③その他の事柄についても倹約の観点から停止すべきとも思うが、「世之難」が気掛かりであること、といった三点である。先述のように、京中の人々が注目し、見物した祭使の行列（路頭の儀）は、人々の目を意識して風流を競った。その風流は、過差として公家新制などで取り締まりの対象となっていたが、延応二年の徳政でも、その対象とされている。この議論をへて、三月十二日に宣旨という形で「可レ停二止賀茂祭使餝車及従類装束検非違使所従等過差一事」という倹約の制符が出された(16)。

徳政の一つとして諸社祭礼の興行を実施する上で、祭使が倹約の対象となっている点に注意する必要がある。「興行」というと、諸社の祭礼を滞りなく実施することや、盛大に挙行することを指すと考えがちだが、倹約の一環としての祭使の過差取り締まりは、諸社祭礼興行の中でも重要な点だったと考えられる。より本来の祭礼の目的に適った形での諸社祭礼の実行が目指され、その目的のため祭使に対する倹約が必要とされたのではないか。もちろん賀茂祭での過差を取り締まることで、人々に対し倹約の実行を示す格好の場になるとも考えたのであろう。

三　徳政下の賀茂祭使の人選

祭使の過差の取り締まりが議論される中で、近衛府使の人選が行われた。賀茂祭に先立ち、四月六日には賀茂祭に際して行われる臨時の除目、祭除目が行われた。この年の除目の記事（『平戸記』）に、

六日、（中略）左近衛権少将源資基神祇伯息、可レ勤二賀茂祭使一云々、

とあるように、源資基が賀茂祭使を勤めるため、左近衛権少将に任じられた。

源資基は、花山天皇にはじまる源氏の一流白川家の出である。白川家は、代々神祇伯を勤めたため伯家とも呼ばれ、

神祇伯に任命されると王を名乗ることができた。

『延喜左右近衛府式』によれば賀茂祭において近衛府使を勤めるには、まず近衛府次将であることが必要で、近衛中少将の中から左右交互に選ばれる。白川家から近衛府次将への任官した者は、資基の父資宗王がその初見で、承久元年（一二一九）十二月十七日に右近衛少将に任じられた。[17] それ以前に白川家から近衛府に任官した者はおらず、この資基が父資宗王に次いで白川家から任官した二人目の近衛府官人であった。

その資基が近衛府使に選ばれたのだから当然、白川家としては前例がなく、また平氏政権期を除いて藤原氏と源氏（特に村上源氏）によって占められてきた近衛府使に、白川家（花山源氏）が抜擢されたのは異例の人選であった。このことについて、『平戸記』の記主平経高は、

資基使以㆓善（蓋カ）世㆒相傾云々、加之毎年於㆑今者、以㆓新任之者㆒為㆓其使㆒、善世之陵夷也云々、

とその感想を述べ、資基が賀茂祭使を勤める事にかなり批判的である。このような感想を述べるのであれば、この四月時点で現任の近衛府中少将から近衛府使を選定すれば良かったはずである。この時近衛府中少将は管見の限りでは三十四人程おり（表2参照）、この中から使を選んでも何ら問題はなかったであろう。

ところが祭除目において新たに資基を左近衛権少将に任命し、賀茂祭の近衛府使を勤仕させる事にした。平経高が『平戸記』の中で述べているように、「善世之陵夷」という時期だからこそ、「以㆓新任之者㆒為㆓其使㆒」とする必要があったと思われる。彗星が出現するなど、「善世」が衰えて「陵夷」した状況では、従来のように有力公卿の子弟が祭使を勤めるのは適当ではなく、徳政の一環として「新任之者」を祭使とすることで、善世を回復しようとしたのではないか。その「新任之者」として資基が選ばれたのである。

表2　延応二年四月　左右近衛府次将

	氏名	年	父	出典
左近衛中将	藤原基輔	四三	清親	公卿補任
	源通行	三九	通親	公卿補任
	藤原実任	三四	公雅	公卿補任
	源顕親	二一	定通	公卿補任
	源通成	一九	通方	平戸記
	藤原実藤	一四	公経	公卿補任
	藤原公持	一三	実有	公卿補任
	藤原忠家	一二	教実	公卿補任
	藤原道嗣	?	?	公卿補任
	源資俊	?	家俊	公卿補任
	藤原光成	?	光俊	公卿補任
右近衛中将	藤原実平	四四	公房	平戸記
	藤原実蔭	四二	公氏	公卿補任
	源輔通	三七	師頼	公卿補任
	藤原兼忠	三六	兼基	公卿補任
	藤原伊忠	三〇	忠行	平戸記
	藤原師継	一九	忠経	公卿補任
	藤原公光	一八	実宣	公卿補任
	藤原良教	一七	基良	公卿補任
	藤原経家	一四	基家	公卿補任
	藤原親季	?	定季	平戸記
左近衛少将	源雅忠	一六	通光	公卿補任
	源資基	一五	資宗	公卿補任
	源顕良	一五	定通	公卿補任
	源雅世	?	通時	平戸記
	藤原兼継	?	雅継	平戸記
右近衛少将	源雅家	二六	通方	平戸記
	藤原能基	二一	頼氏	平戸記
	藤原良嗣	一七	忠房	公卿補任
	源雅光	一五	通光	公卿補任
	藤原雅平	一二	家信	平戸記
	藤原兼頼	?	家経	公卿補任
	藤原実隆	?	公清	公卿補任
	藤原基雅	?	忠定	平戸記

父資宗は右近衛少将に任じられたものの、賀茂祭使を勤めた経歴はなく、その息子資基は、近衛府次将でもなかった。有力公卿の子弟でもなく、近衛府次将でもなかった資基は、徳政下の「新任之者」として相応しいと判断されたのであろう。よって、この延応二年の賀茂祭使の人選は前例のないものとなったのである。三月十二日に賀茂祭使に対する制符が出され、一方で前出の『平戸記』二月二十日条では「至二清華権勢人一者、可レ任二其意一」とある。この倹約の対象外とされた「清華権勢人」の内から近衛府使を選定してしまっては、倹約の制符も全くの有名無実となるであろう。そこで「清華権勢人」ではない白川家から祭使を選定することで、倹約の実効性を上げようとしたのではないか。

実際、資基によって倹約は順守されたようである。賀茂祭において祭使は装飾を施した餝車と呼ばれる車をその行列に伴う。馬寮使左馬権助惟宗行範の餝車は三月二十日に出された制符に違反しており、その風流・過差について平経高は「被レ下二制符一之即時、破二其制符一之条如何」などと批判している。[18] この馬寮使惟宗行範らは「大殿寵人」九条道家恩顧の者で、[19] 道家は馬寮使を見物するため桟敷を設営し、彼らの餝車に禁色の文である車文の使用を許可している。[20] 倹約の一環として発布された賀茂祭使の過差取り締まりの宣旨を本来順守すべき九条道家は、制符を無視した行動をとっていたのである。九条道家のこの行動は、以前に関白近衛兼経が、倹約について平経高に諮問した際に「至二清華権勢人一者、可レ任二其意一」としたのと共通する。

結局、制符で祭使の過差について取り締まる規定を設けても、摂関家など「清華権勢」の者たちは特別扱いされたため、実効性に欠けた。それと好対照をなすのが近衛府使源資基である。

『平戸記』では賀茂祭当日の四月十五日における、近衛府使資基について次のように記している。

近衛使資基出立所藤宰相亭云々、父伯卿着座云々、如何、自二列見之辻一、小舎人童并雑色等有レ論、或逐電、或乍レ渡二大路一罵詈放言之間、闘諍出来云々、父卿乗車、遣三出油小路一雖レ行、其事一切不二遵行一、雑人充満不レ能レ弁二物色一、油小路以東已以及レ暗、仍不レ遂二見物一、人々多帰去云々、又雑人等奪三取風流花一云々、餝車已下僮僕等風流用二車文一、或紅梅、或白梅云々、是後日聞レ之、此時依レ及レ暗不二見分一也、自二一条室町辺一僮僕分散、独身而渡二大路一云々、未曾有事歟、（後略）

平経高は近衛府使資基の餝車の風流などについて、馬寮使行範の場合とは異なり、全く批判していない。にもかかわらず、大路を渡る資基らは「罵詈放言」を浴び、逐電する者や闘諍も起き、さらには風流として餝車についていた紅梅や白梅が雑人によって奪い取られている。倹約の制符の内容を守った近衛府使資基の一行に対して、見物していた人々に受け入れられなかったばかりでなく、供奉していた者までも逐電し、資基は「独身而渡二大路一云々」という有り様だった。

平経高は「風流停止之由、世以二相傾一之云々」と、[22]風流停止の制符自体が非難されていることを記しているが、制符の内容を守り、過差とならない程度の風流だった資基一行は、より直接的な形・行動で、人々の非難を受けたのであろう。風流を競う祭使の姿を楽しみにして、京中の人々が桟敷を設けるなどして見物したのだから、制符の内容を守った風流の資基一行は、その期待を裏切るものであり、まるで見物に値するものではなかった。よって人々は資基一行に放言を浴びせ、風流花を奪うなどの行動に出たのである。同様に供奉する者たちも簡素な格好で衆目の前を進んで行くなど耐え難かったのであろう。見物を楽しみにしている人々からすれば、風流の過差を禁じた制符も、制符に従った格好の祭使も、歓迎すべきものではなく、祭を退屈にするものにしか過ぎなかった。

徳政の一環として発布された、賀茂祭使の過差を取り締まる倹約の制符は、世間の人々に受け入れられず、また為政者の摂関家など清華権勢の者には無視されるという皮肉な結果を生んだ。

また資基の出立所が、有力公卿とはいえない「藤宰相」藤原信盛の邸であり[23]、資基には摂関家など有力公卿による経済的援助はなかったようである。そのため彼が過差と言われるほどの風流を競うことは不可能だった。風流を競えるほどの経済力を持たないこともあり、制符違反の恐れがないために、資基は近衛府使に選ばれたのであろう。

延応二年の賀茂祭に際して、その直前の祭除目で源資基を左近衛権少将に任じ、それまでの慣例を破って近衛府使として勤仕させたのは、同年三月に祭使の風流の過差を禁じた倹約の制符を発布した者達であったと推測できる。なぜなら、徳政とその一環としての倹約の制符を制定した者達の意識と、「新任之者」であり、過差と言われる程の風流を行う経済力や支援者もいないために、倹約の制符に違反する恐れがない人物を徳政状況下の近衛府使の条件として掲げ、これらの条件を満たす資基を選んだ者達との意識が一致するからである。

このように資基の近衛府使は人々からは歓迎されなかったとはいえ、白川家からすれば、近衛次将と賀茂祭の近衛府使を勤めた先例を得た意義は大きかった。白川家の者が、近衛次将となり、賀茂祭使となる道を開いたのである。では白川家から見た資基の近衛府使勤仕はどのような意味を持っていたのであろうか。

四　神祇伯をめぐる争いと近衛府使

白川家は神祇伯を勤める家である。延応二年当時の神祇伯は資基の父資宗王だったが、中継ぎの神祇伯であった。資宗王の前の神祇伯は兄業資王であり、本来ならば業資王の息子資光が神祇伯になるところ、資光は幼少だったため、中継ぎとして資宗王が神祇伯に任じられた。つまり資宗王とそれに続く資基は白川家において庶流であり、兄業資王の一流こそが本流であった（系図参照）(23)。

そのため、庶流と本流との間で、神祇伯をめぐる争いが起こっていたのである。時代は下るが「資邦王訴状」(24)には、

（前略）

一、資通申状云、不レ捧二□（紙カ）之文契一、胸臆濫訴云々、此条頗不レ足レ言申状候哉、資邦当□（家カ）嫡々相伝文書事、業資卿資邦祖父貞応三年処分帳、資宗卿資通王曾祖父自筆状分明之上者、資通争可二論申一哉、業資卿他界之刻、嫡男資光資邦父、幼少童形之間、成人之後、可二申補一之由、約二諾于舎弟資宗一、□（然カ）処、彼卿背二舎兄之遺命一、

（後略）

（永仁五年）四月十一日　資邦

蔵人中宮大進殿

とある。傍線部では、業資王が他界した時、嫡男の資光が幼少であったので、成人した後に資光を神祇伯に補任することを業資の弟の資宗が約束したけれども、資宗は兄の遺命に背いた、とある（系図参照）。つまり資宗王（庶流）は甥の資光が成人した後、神祇伯を資光に譲る約束であったにもかかわらず、自分の息子、資基を神祇伯にしてしまう。

資宗王は元仁元年（一二二四）に神祇伯に任ぜられ、延応二年四月時点では資宗王が神祇伯であり、その次の神祇伯は兄業資王の子資光になる予定だった。しかし資宗王の心積もりとしては、やはり自分の息子資基を神祇伯にしたい、と考えたにちがいない。その布石のひとつとして資基を近衛府使として勤仕させ、世間に対する披露を行いたいと考えていたのではないだろうか。それまで近衛府使に勤仕した者は有力公卿の子弟で、近衛府使を勤めることによ

〔白川家系図〕

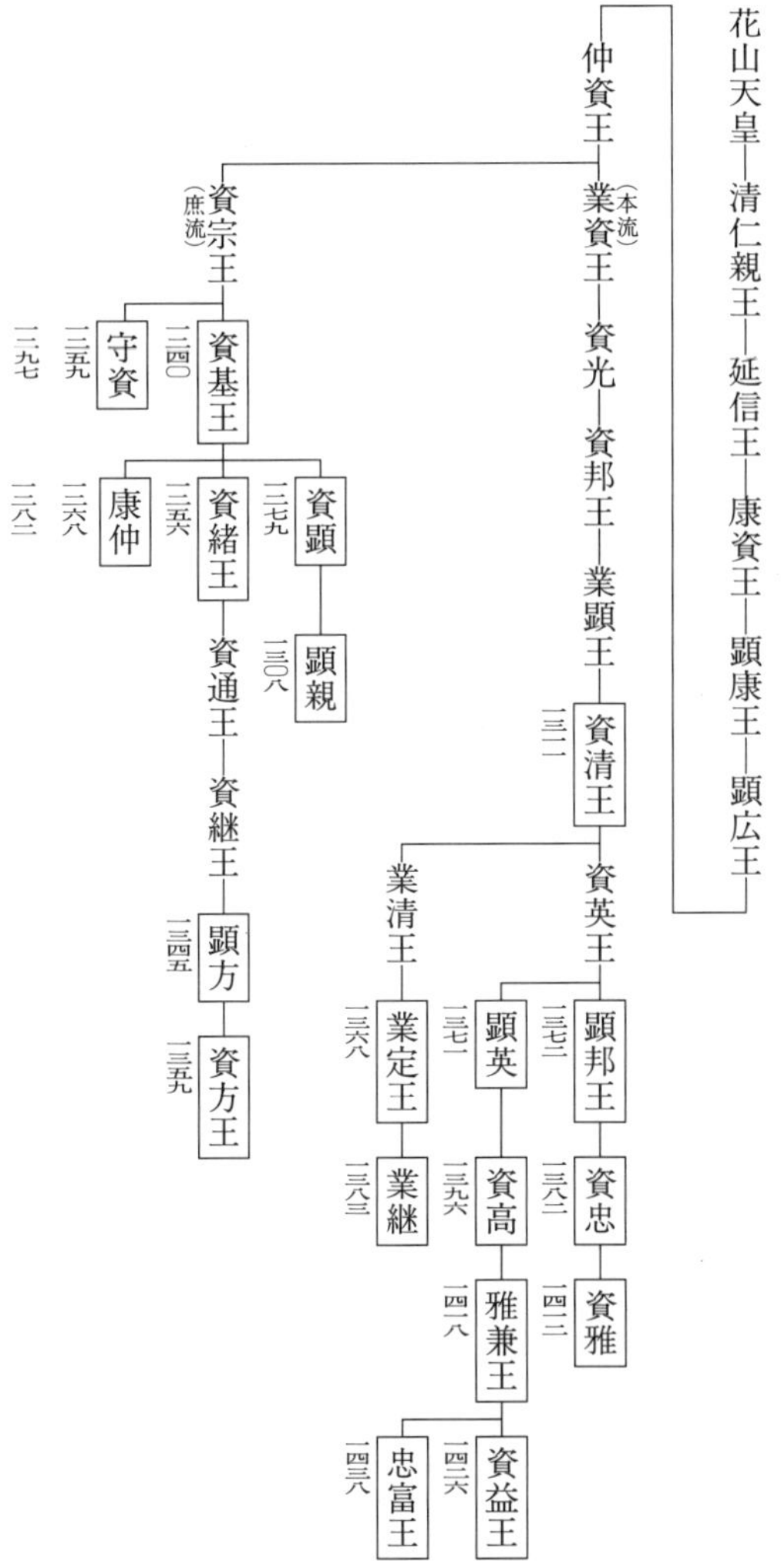

凡例　・□は近衛府使を勤めた者。
・名前の左側の数字は近衛府使に選ばれた年。またその数字が複数ある場合はその回数近衛府使に選ばれていることを示す。ただし南北・室町時代の使は一人で何度も使になっているため、年号は初出のもののみ。
・後に神祇伯になったものはすべて王とした。

出典　『公卿補任』、「白川家系図」（「伯家部類」神道大系論説編十一『伯家神道』）を参考とした。

り世間に対して披露を行う場ともなっていた。なんらかの形で資基を世間に披露しておきたいと考えた資宗王は、これを良い機会と考えていたに違いない。

結局資宗王は、子の資基が左近衛権少将に任じられ、賀茂祭使を勤めた延応二年（一二四〇）の翌年、つまり翌仁治二年（一二四一）十月十三日に資基に神祇伯を譲り、以降庶流の神祇伯が続くことになるのである。

この神祇伯になった資基も、子の資緒に神祇伯を譲るため、同様の政治的行動を行っている。

資緒は資基の息子で建長七年（一二五五）八月十二日に六歳で左少将に、(26)そして康元元年（一二五六）に近衛府使に選ばれている。『経俊卿記』康元元年四月二十四日条(26)に、

廿四日、天晴、今日賀茂祭也、（中略）午刻使左少将資緒参二仕弓場一、（中略）予取レ禄紅御衣、兼申出、置二日記辛櫃蓋上一、蔵人繁高伝レ之、賜レ使、々降二立長橋妻程一拝舞生年七歳云々、未曾有事歟、拝之時他人扶二持之一、（中略）

とある。

資緒は当時七歳、一般的には十代で勤仕する例が多い中、七歳での近衛府使は未曾有のこととしている。また拝舞の時、他人の手を借りている様子からも、近衛府使を勤められる年齢に達していないことは明白である。

これは資緒の父資基王の意志によって近衛府使を勤めたものであることは恐らく間違いないであろう。何故なら、この年資基王はわずか七歳の資緒に神祇伯を譲ってしまうのである。(27)資基王はわずか七歳という幼年の資緒に神祇伯を譲ったのは、本流への伯の返還を避けるためであり、資宗王に続く一流が神祇伯を世襲する家ということを示す必要があった。またその働きかけのひとつの手段として、資緒を賀茂祭の近衛府使にし、世間に対する披露を行ったものと考えられる。

このように、白川家の資宗王―資基王―資緒王という三代にわたる神祇伯継承と、賀茂祭の近衛府使勤仕は密接な関係にあったことがうかがえる。白川家庶流の彼らからすれば、本流に神祇伯の地位を譲らないために、神祇伯の継承者としての子弟を、周囲の人々に認知させるために賀茂祭における近衛府使の勤仕が必要とされたのである。

おわりに

鎌倉時代の賀茂祭について、延応二年の例を中心に検討した。賀茂祭の祭使のうち、近衛府使に対する人々の注目が高まる中、実際に近衛府使を勤仕する家は有力公卿の子弟から任命されることが多く、中でも藤原氏と村上源氏へと固定化されてゆく傾向にあった。そのような中、延応二年の朝廷における徳政を契機として、それまで使を勤仕したことのない花山源氏の一流である白川家の源資基が近衛府使を勤める事になる。朝廷が資基に近衛府使を勤仕させた理由は、徳政・倹約といった状況の中で、それらを体現できる人物として推されたものであった。また当時、近衛府には多くの次将がいたにもかかわらず、彼らの中から近衛府使を選出しなかったのは、選ばれる側からすると、徳政下における倹約が叫ばれる中、効果的に近衛府使として、また有力公卿の子弟として人々への披露が行えないと考えたことにもその一因があろう。経済力によって風流を尽くし、子弟の公家社会への披露をより華々しく飾りたいと考える有力公卿であれば、誰もがそう考えるに違いない。倹約という制約のなかでの近衛府使など、全く勤めるに値しないものだったのではないか。

一方で、白川家にしてみれば、たとえ徳政・倹約という状況下の賀茂祭であっても、とにかく近衛府使を勤仕できるというのは魅力的だったであろう。これまでの状況を考えれば、白川家が賀茂祭使の花形である近衛府使を勤めるなど、全く考えられない事だったはずである。しかし、恐らく引き受ける者がいなかったであろう近衛府使勤仕の話が白川家にもたらされた。その時誰より喜んだのは資基の父資宗王であったはずである。神祇伯の地位をめぐって、本流・庶流での争いのなかで、資基を近衛府使にし、神祇伯資宗王の息子である資基を人々に印象づけようと考えたに違いない。ここで、近衛府使は白川家にとって神祇伯を確保するための一つの通過点となったのである。それは資基の息子資緒の場合にも同様の事が言える。

いずれにせよ、白川家は、承久元年以降近衛府の中少将に任じられる家となり、さらに延応二年から賀茂祭の近衛府使に勤仕する家の一つとなってゆく。そして白川家から近衛府使勤仕の最初の理由は忘れられ、南北朝期に至り、白川家のみが賀茂祭の近衛府使を勤仕する家となってゆくのである。

また、賀茂祭が、天下泰平を祈願する祭といった嵯峨朝期の開始以来の目的に加え、新たな役割も期待されていたことも伺うことができた。延応二年の徳政状況下、徳政の一環として倹約や諸社祭礼の興行を掲げた朝廷は、賀茂祭に際し、祭使倹約の制符を発布するとともに、その内容を順守し得る源資基を近衛府使に任じて一条大路を渡らせた。一条大路を渡る賀茂祭使は、見物する京中の人々に対して、朝廷の徳政・倹約の姿勢を広く伝える機能を期待したのである。

そう考えると、公家新制などで、特に賀茂祭使の過差が規制されたのは、単に風流の度が過ぎたためだけとは思われない。確かにその点も大きな原因だが、同時に朝廷・為政者の倹約・善政といった政治姿勢を、京中の人々に広く示すためには、関心が高く、多くの見物人を集めた賀茂祭使の行列に規制を加えることが、有効だったからではないだろうか。

賀茂祭使の風流を楽しみ、一条大路に集う見物人、見物人の期待に応えて目立とうと風流を競う祭使の行列、祭使となった子弟を京中の貴賤に披露し、その晴れ姿を桟敷から眺める公卿、人々が注目する賀茂祭使の規制を通じて、視覚的に政治姿勢を示そうとした為政者など、京都の多くの人々が、それぞれの立場で賀茂祭に関わり、中世における賀茂祭を支えていたのである。

本稿では、鎌倉期の賀茂祭、特に祭使・近衛府使について考察した。延応二年の例から、近衛府使は政治状況に影響を受けてその人選が変化し、またこれまで近衛府使を勤仕したことの白川家から選出されることによって、白川家にとっても思わぬ恩恵をもたらされることになった。ただ、何故延応二年の近衛府使を白川家の者が勤めることになったのか、また南北朝以降、何故近衛府使が白川家に固定化してゆくのかといった点については、今回は明らかにし得なかった。これらの点については、次への課題としたい。

〔注〕

(1)主な先行研究として次のものがある。
丸山裕美子「平安時代の国家と賀茂祭—斎院禊料と祭除目を中心に—」『日本史研究』三三九、一九九〇年十一月。

岡田荘司「平安前期　神社祭祀の公祭化・上—平安初期の公祭について—」『平安時代の国家と祭祀』続群書類従完成会、一九九四年。

岡田精司「奈良時代の賀茂神社」『古代祭祀の歴史と文学』塙書房、一九九七年。

(2)『類聚国史』巻五。

（3）『儀式』『西宮記』『北山抄』『江家次第』などによる。
（4）笹山晴生「平安前期の左右近衛府に関する考察」『日本古代衛府制度の研究』東京大学出版会、一九八五年。北山良雄「平安中・後期の公卿の補任状況」『古代文化』三九-五、一九八七年五月。
（5）記録類における「使」「祭使」「勅使」などの記述は、内蔵寮使ではなく、近衛府使を指している。
（6）朧谷寿「賀茂祭にみる「過差」について」『古代学研究所研究紀要』一、一九九一年十一月。佐多芳彦「平安・鎌倉時代の賀茂祭使―餝車と過差―」『栃木史学』十一、一九九七年三月。
（7）藤原氏の氏神の祭である春日祭の祭使は、賀茂祭同様近衛府中少将が勤める。春日祭の祭使（近衛府使）については「祭使の父や近親者にとっては、祭使を親しい人々に御披露目するという性格を強く持っていた」という指摘が既になされている（三橋正「摂関期の春日祭―特に祭使と出立儀・還饗について―」『神道宗教』一一八号、一九八五年三月）。この子弟の披露という点では、賀茂祭の祭使は、春日祭と比べてより効果的だったと思われる。何故なら同じ近衛府中少将が祭使を勤める春日祭と賀茂祭とではあるが、春日祭は京都を離れ、奈良の春日社で行われる祭であり、京都に住む人々の目に触れる部分は少ない。それに比べ、賀茂祭は、内裏を中心に洛中から洛外の下上両賀茂社へ祭使の行列が向かうのであるから、人々に対するアピール度は格段に上である。
（8）管見の限りでは、承安二年（一一七二）に平知盛が、寿永元年（一一八二）に平有盛が近衛府使を勤めている。
（9）『平戸記』延応二年正月条、以下の延応二年に関する記事の出典はすべて増補史料大成『平戸記』。引用史料中の、傍線・（　）は私注。
（10）海津一朗『神風と悪党の世紀―南北朝時代を読み直す―』講談社現代新書（一二四三）一九九五年。
（11）市沢哲「公家徳政の成立と展開」『ヒストリア』一〇九、一九八五年十二月。
（12）『百練抄』。
（13）『平戸記』。

(14)『平戸記』。
(15)前掲注(10)論文。
(16)『平戸記』。
(17)『公卿補任』、新訂増補『国史大系』一九三七年、吉川弘文館。
『伯家部類』、神道大系論説編十一、『伯家神道』一九八九年、神道大系編纂会。
(18)『平戸記』四月十五日条。
(19)『平戸記』四月十六日条。
(20)『平戸記』四月十五日条。
(21)『平戸記』四月十五日条。
(22)『平戸記』七月十六日条。
(23)久保田収「伯家の成立と分流」『皇学館大学紀要』第一三輯、一九七五年一月。
(24)曾根研三編『伯家記録考』、一九三三年。
(25)『公卿補任』、『伯家部類』。
(26)図書寮叢刊、一九七〇年。
(27)『公卿補任』、『伯家部類』。

征西府の肥後国支配

――菊池氏と阿蘇氏との関わりをめぐって――

崎山勝弘

はじめに

征西府とは、後醍醐天皇が懐良親王を征西将軍職に任命し九州に下向させることによって成立した南朝の出先機関である。この征西府を正面から取り扱った研究は、戦前においては、皇国史観に基づいたものから脱せずにとかく顕彰的なものが多かった。その反動からか、戦後になると南朝研究は下火になった。その中で唯一藤田明氏の『征西将軍宮』(一九一五年六月、熊本教育会)は、この時期にしては史料を駆使したもので九州南北朝史の指針として扱うことができる。その後、九州南北朝史研究のなかで征西府を正面から扱った研究は、川添昭二氏の征西将軍宮令旨を分析することによって征西府の性格を段階的に理解しようとした研究と山口隼正氏の南北朝期の九州守護の沿革と実態を徹底的に調べ上げた研究の他はほとんどない。一方で、対外関係ことに倭寇や明との関わりから征西府を論じる研究は、かなりある。しかし、それらの研究では、征西府の在地支配構造がいかなるものであったのかについては、直接論じられてはいない。

そこで本稿では、征西府の勢力基盤となった肥後国をとりあげ、征西府の在地との関わりについて考察する。その手法として、征西府を支えた在地武士菊池氏と阿蘇氏を中心として両氏の歴史的関係や征西府内での立場の変化から来る力関係、それに彼ら在地武士にとって征西府とは何であったのかなどのことについて考えていきたい。

一　菊池氏と阿蘇氏の関係

（一）　鎌倉期

菊池氏と阿蘇氏は、南朝の九州経営上不可欠な宮方の有力武士団である。両氏は共に肥後を基盤とした在地武士団である。これまでの菊池氏や阿蘇氏の研究は、概説的なものがほとんどであり、その多くの研究では、菊池氏と阿蘇氏の勢力は、ほぼ互角なものであり、肥後国内において両氏の勢力の均衡が保たれたものであるとされている[(1)]。また、通説では懐良親王を当時「阿蘇宮」と称することから南朝の阿蘇氏への期待は、並々ならぬものがあったとしている。しかし、懐良親王が「阿蘇宮」と呼ばれていたということだけで、南朝が阿蘇氏を九州南朝勢力の中心として期待していたと明言できるだろうか。征西府が発展していく基盤となったのは、実際には阿蘇氏の軍事力ではなく菊池氏の軍事力であったと考える立場から肥後における菊池氏と阿蘇氏の歴史的関係とパワーバランスについて考察していきたい。

菊池氏と阿蘇氏の関係が窺える最初の史料は、管見では、『吾妻鏡』治承五年（一一八一）二月二十九日条の「廿九日丙午、於二鎮西一有二兵革一、是肥後国住人菊地九郎隆直、豊後国住人緒方三郎惟能等反二平家一之故也、同二意隆直一之輩、木原次郎盛実法師、南郷大宮司惟安、」という記事である。史料中の南郷大宮司惟安とは、阿蘇大宮司惟泰のことである。この『吾妻鏡』の「菊池隆直の乱」の記事をみると、菊池隆直がこの乱の中心人物としてあつかわれている。右記史料と他の記録類を照合してみると、菊池隆直が肥後国の多くの在地武士をこの乱に動員していることがわかる。このことから菊池氏が当時肥後国における中心勢力であったといえるのではないか。

一方阿蘇氏は肥後武士団の中でどのような性格を有していたかというと、先ほどの史料中に「同二意隆直一之輩、

（中略）南郷大宮司惟安」と記されているように、阿蘇大宮司惟安は、この乱において首班の菊池隆直と同格の扱いを受けずにあくまで菊池氏に同意の輩の一人として認識されている。このことより、平安末期の肥後武士団の様相は、菊池氏を中心にしていたと見ることができるのではないか。

この平安末期の「菊池隆直の乱」は、『吉記』『玉葉』等当時の日記にも、隆直を中心とした鎮西の大乱として把握されている。

また菊池氏と阿蘇氏の関係を示すものとして、江戸期の編纂物ではあるが『菊池風土記』巻六「菊池系図」[2]も傍証史料にあげることができる。これによると六代隆直の項に「菊池九郎肥後守寿永・元暦比、安徳天皇奉仕、従二此代一鷹羽幕紋始ル、阿蘇参籠時鷹羽土器上降落者ニ因為レ紋云々（下略）」とあり、隆直の代から鷹羽を家紋としたとある。鷹羽の家紋は、阿蘇氏も「違鷹羽」として使用している。菊池惣領家の家紋は「並鷹羽」である。こうした二次史料によって、菊池氏と阿蘇大宮司家との関係の深まりを推測するのも不可能ではなかろう。問題はその時期であるが、はたして『菊池風土記』のいうように平安末期に両氏の関係が深まったのかどうかは不明である。

菊池隆直の乱後、平氏に下った菊池隆直等は、治承・寿永の内乱の後、鎌倉御家人になる。そのため菊池氏は、肥後菊池の本拠以外の大部分を平家没官領として奪われ、阿蘇氏も阿蘇社領に対し執権北条氏の預所兼地頭の設置を余儀なくされた[3]。その後菊池氏と阿蘇氏を結びつける史料は、管見では鎌倉末期まで見出だせない。

その関係史料である元亨元年（一三二一）三月三日付肥後阿蘇社神納物注文写[4]に、

肥後国阿蘇大明神宮進ミたてまつる物々次第注文之事

（中略）

一、御たけにあかる初米、

一所菊池　一所かうし　これハ山上のしゆと方よりめし候、

（中略）

元亨元年辛酉三月三日

とみえ、阿蘇御嶽に上納する米を菊池と合志から貢進させていることが記されている。この史料は菊池氏の阿蘇信仰を窺わせるものでもある。

また、鎌倉幕府倒壊直前の正慶二年（一三三四）に、再び武士団としての菊池氏と阿蘇氏の繋がりが現れる。『博多日記』(5)「（前略）菊池嫡子二郎、并阿蘇大宮司ハ落畢」「同十六日刀（寅）時、規矩殿并肥後国地頭、御家人ヲ相具肥後ニ御向アリ、阿蘇大宮司、菊池ニ一具ノ由、虜ノ白状アル間、阿蘇ニ御向注文在二別紙一」「廿三日（中略）同日院宣所持仁、八幡弥四郎宗安ト云物被レ切レ頸、即被レ懸畢、（中略）院宣六通帯持レ之、大友、筑州、菊池、平戸、日田、三窪い上六通云々、」などとあるように、鎮西探題襲撃の際中心となったのは、菊池武時率いる菊池一族であり、六通の院宣（後醍醐天皇の倒幕の綸旨）のうちの一通は、菊池氏に発給されていたことがわかる。また、この一連の鎮西探題襲撃に際し阿蘇大宮司惟直は、菊池勢と行動を共にし、菊池氏を主将としていたと考えられる。このことから、肥後における菊池氏と阿蘇氏の武士団としての関係は、菊池氏主導による同盟関係にあるものと判断できる。このように菊池氏に対し歩調を合わせる形の阿蘇氏の態度を杉本尚雄氏は、その著書『中世の神社と社領』(6)のなかで、

鎌倉南北朝期を通じ室町末期に至るまで、菊池氏は中部九州の武家結集の中核であり、阿蘇氏は概ね随従して衛生的な立場をとるか、時に反発を試みるにすぎず、菊池を凌ぐことができなかった。阿蘇氏が大宮司という司祭

的性格を遂に払拭し得なかったのも一には隣接武士団、ことに菊池氏との対抗関係からその安全地帯としてこの性格を保持せざるを得なかったためであろう。

としている。では、菊池氏が肥後国において武士たちの結集の中核になり得た理由は何か。菊池氏の肥後国内にある所領支配のあり方から探ってみたい。〔表1参照〕

菊池一族の庶子は、それぞれ自分の所領の地名を姓とすることが多く、その例を挙げれば、赤星・林原・島崎・須屋・片保田氏等を名乗り、彼らは菊池本拠周辺に散在している。また、菊池氏庶子の氏名以外に菊池氏関連の史料や編纂物等よりその所領を肥後に限ってみると、①文永二年（一二六五）肥後国隈牟田荘に菊池武房が能仁寺を建立したことより隈牟田荘地頭職を確保していた。②建長三年（一二五一）には、八王子荘を有していた。ここはのちに詫磨氏の所領となる。③正和五年（一三一六）菊池武時が山鹿郡杉村に小峰山日輪寺を建立。④建武二年（一三三七）、武時の子菊池武吉の所領として玉名郡高瀬、大野別符内中村等が挙げられる。

以上が鎌倉・建武期までの史料上確認し得る確実な菊池氏所領である。南北朝期の史料を見るとほかに六箇荘、葦北荘、玉名郡石貫、山本荘大清水村、山鹿荘片保田村、玉名東郷久井原、玉名郡河床名、千田荘永富村、等をあげることができる。しかし、これらは、菊池氏が征西府を擁してからの史料なので菊池氏の元来の勢力範囲といえるかどうか判断することはできない。

図1を見ると、菊池氏は本領菊池を中心に所領を確保し、国府周辺（飽田郡）にも伸張していることがわかる。しかし、国府周辺の所領は、鎌倉時代詫磨荘（神蔵荘）に入植した大友氏の有力庶家詫磨氏によって次第に抑えられることになる。

表1【菊池氏所領】

年月日	西暦	所領	支配形態	所有者名	出典
鎌倉前期（初）		肥後国府近辺天台宗無動寺領池辺寺四丁	地頭職	菊池七郎→原田孫二郎	『勧修寺文書』
建長三年	一二五一	日吉八王荘十八丁三反内	地頭職	菊池九郎入道定阿	『勧修寺文書』
文永二年	一二六五	肥後隈牟田荘ニ能仁寺建立	地頭職	菊池武房	『新撰事蹟通考』
正和五年	一三一六	肥後山鹿郡杉村小峰山日輪寺	地頭職	菊池武時	『新撰事蹟通考』
建武年間	一三三四～五	葦北荘（元弘恩賞地として）	料所支配	菊池武重	『南北朝遺文』九州編二三六八号
建武年間	一三三四～五	六箇荘	地頭職	宇土高俊（道光）	『南北朝遺文』九州編二三六八号
自関東時	～一三三五	豊後早田荘内満吉名	地頭職	菊池故宮兵部卿殿相伝之地	『南北朝遺文』九州編二三六八号
建武二年三月	一三三五	高瀬十二町	地頭職	菊池武吉	『南北朝遺文』九州編二四一号
建武二年四月	一三三五	肥後国大野別符内中村田地拾弐町	地頭職	菊池武吉	『南北朝遺文』九州編二四一号
康永三年七月晦日	一三四四	肥後国六箇荘内布加良郷	地頭職（練崎城居住）	菊池与一（武隆）	『南北朝遺文』九州編二〇四二号

正平九年四月四日	一三五四	肥後国玉名西郷大野別符中村内	地頭職	菊池武尚	『南北朝遺文』九州編三六七一号
正平十一年六月九日	一三五六	肥後国玉名郡石貫寺		菊池武澄	『南北朝遺文』九州編三八七〇号
正平十一年九月十九日	一三五六	豊前国小野荘	地頭職	菊池武澄	『南北朝遺文』九州編三九〇四号
正平十二年正月廿五日	一三五七	豊後大野荘	地頭職	戸次頼時跡→菊地武光	『南北朝遺文』九州編三九四一号
正平十三年五月日	一三五八	肥後山本荘大清水村田畠屋敷（正観寺領）	地頭職	菊池武光	『南北朝遺文』九州編四〇四五号
正平十七年七月十九日	一三六二	肥後山鹿荘片保田村内	地頭職	菊池武明	『南北朝遺文』九州編四三七六号
正平十七年八月廿二日	一三六二	肥前高来東郷賀津佐村	地頭職	菊池武澄	『南北朝遺文』九州編四三八七号
正平十七年八月廿二日	一三六二	肥後玉名東郷内久井原村	地頭職	菊池武澄	『南北朝遺文』九州編四三八七号
正平十七年十二月十三日	一三六二	豊後直入郷柏原村	地頭職	菊池武光	『南北朝遺文』九州編四四四一号
文中二年十二月十三日	一三七三	肥後玉名郷河床名	地頭職	菊池武安	『南北朝遺文』九州編五〇八二号
文中三年五月廿二日	一三七四	肥後玉名郡千田荘永富村内田地	地頭職	菊池武政	『南北朝遺文』九州編五〇九六号

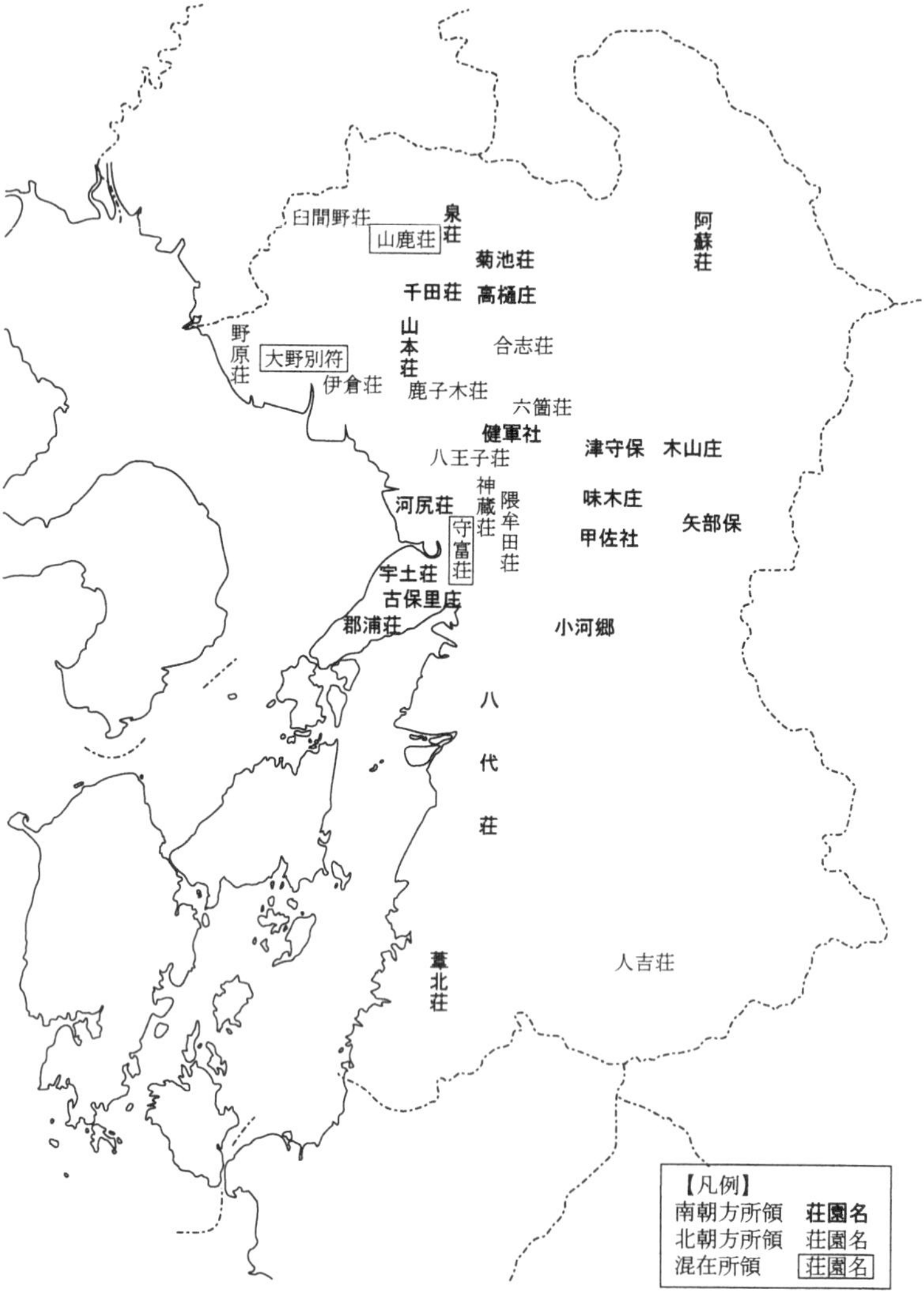
臼間野荘
泉荘
山鹿荘
菊池荘
阿蘇荘
千田荘
高橋庄
山本荘
野原荘
大野別符
合志荘
伊倉荘
鹿子木荘
六箇荘
健軍社
津守保
木山庄
八王子荘
神蔵荘
隈牟田荘
河尻荘
味木庄
矢部保
甲佐社
守富荘
宇土荘
古保里庄
郡浦荘
小河郷
八代荘
葦北荘
人吉荘
【凡例】
南朝方所領　荘園名
北朝方所領　荘園名
混在所領　荘園名

図１　肥後国荘園分布図

また、玉名郡においても鎌倉期に菊池氏の活動を見受けることができる。嘉暦三年（一三二八）三月九日付鎮西御教書(7)をみてみる。

安富左近将監貞泰申肥後国大野別符岩崎村内田屋敷事、重申状三通如レ此、早任二下知状等一、守護使相共、可レ被レ沙二汰付貞泰一、仍執達如レ件、

嘉暦三年三月九日

修理亮（北条英時）（花押）

菊池次郎（武時）入道殿

その内容は、安富貞泰の所領である大野別符岩崎村内田屋敷に関する使節遵行であるが、肥後守護である規矩高政の使節とともに菊池武時が相使節として遵行することを鎮西探題に命じられている。この史料により、工藤敬一氏は、詫磨・安富両氏のほか、菊池氏も当荘に鎌倉時代から何らかの権限を持っていた可能性も考えられる。というのは、さきにふれた安富貞泰の岩崎村内田畠屋敷についての訴訟の際、菊池武時が鎮西探題の命で守護使と共に沙汰付の両使役を命じられているからである。両使の一人は当該地の近隣の有力御家人が選ばれることが多く、そして建武二年（一三三四）四月三日には菊池武吉が父武時の菩提のため大野別符内中村の田地一二町を阿蘇御嶽大明神に恒例三十講料田として寄進しているからである。この寄進状に田地の名称（所在）と田数および作人名を記す坪付が付けられており、菊池氏が、下地進止権をもつ土地であったことがわかる。もちろんこれは、建武二年のことであるから、鎌倉期に得宗関係の所領であったものを幕府滅亡の結果、肥後守となった菊池氏が継承したものであった可能性も否定できない。

として菊池氏と大野別符との関連を述べられている。[8] このように玉名郡にも菊池氏は、かなり強い基盤を築き上げていたと思われる。また菊池荘周辺以外では、松本雅明氏が指摘されるように、隈牟田荘・豊田荘にも菊池氏の勢力が伸びていたと考えられる。[9]

また、文保元年（一三一七）十二月廿一日付将軍家政所下文[10]に、

将軍家政所下

可レ令三早島津下野前司入道々義領二知日向国高知尾庄・肥前国松浦庄内早湊村・同国福万名地頭職江田忍阿跡、副田□郎次郎種信跡一事、

右、為二菊池庄領家職替一、所レ被二宛行一也者、早守二先例一、可レ致二沙汰一之状、所レ仰如レ件、以下、

文保元年十二月廿一日　　案主菅野

知家事

令左衛門尉藤原

別当武蔵守平朝臣（金沢貞顕）（花押）

左馬権頭兼相模守平朝臣（北条高時）（花押）

とあるように、文保元年以前菊池氏の本領菊池荘の領家職は、薩摩守護島津忠宗の所帯することとなっていた。このことにより菊池氏に対して、鎌倉幕府による意図的な勢力抑圧策が行われていたと見てよいのではないだろうか。これは肥後における菊池氏の勢力に幕府が脅威もしくは警戒を感じていたからではないだろうか。この例にみるような菊池氏の在地領主制の伸張に対する鎌倉幕府の抑制は倒幕への伏流水として脈々と一族内に流れていたと思われる。

（二） 南北朝期

南北朝期における菊池氏と阿蘇氏の関係は、菊池一族の勢力の優劣によって変化しているようである。鎌倉期まで阿蘇氏は、菊池氏の信仰の対象としての一面を持ち、他方武士団としては、菊池氏を盟主とするような同盟関係であったと思われる。しかし、このような菊池氏と阿蘇氏との友好関係は、次第に崩れ、阿蘇一族内での惣庶間の分裂等も手伝い維持が困難となる。その要因は、阿蘇氏でいうなら、大宮司惟直の戦死と足利尊氏による北朝方庶家大宮司の擁立、宇治惟時の大宮司還補、それに南朝方・北朝方両大宮司の成立を挙げることができる。この中で菊池氏と協調関係を築いていくのは大宮司惟時の娘婿の有力庶子恵良惟澄とその子惟武（共に南朝方大宮司）である。大宮司惟時は、南朝・北朝への帰趨明らかでなく日和見的な要素を含んだ存在である。菊池氏側の画期では、菊池氏惣領武重の死による一族の低迷、菊池武光の肥後守就任による征西府内での一族の安定を挙げることができる。

建武三年（一三三八）三月十日付足利尊氏軍勢催促状案の中に「（前略）爰菊池武敏并維直雖レ揚レ旗、或打二取之一、或没落畢」[11]という史料表現があり、この建武三年三月二日の多々良浜合戦でも「菊池隆直の乱」の時と同様に、菊池氏と阿蘇氏は共に行動していることがわかる。ここでも阿蘇氏は、肥後武士団の主導権を握ることなく菊池氏の主導によって戦っている。この合戦によって大宮司惟直は戦死し、阿蘇大宮司職は空席となる。これによって惟直の父である前大宮司惟時が再び南朝大宮司として補任されている。

ここで阿蘇氏における前大宮司と大宮司の関係をみてみる。嘉暦二年（一三二七）三月廿日付宇治惟国譲状写[12]によると前大宮司である惟国が大宮司惟時に対し孫の惟有（惟時の子）に惟時の所領である肥後国阿蘇社領内柏村を譲与している。更に、この命に違背したならば、惟時の大宮司職と阿蘇社領を没収すると命じている。このように前大宮司は現職の大宮司に対してその進止権を有している。これは、大宮司に対する前大宮司の親父としての権限または、一族内の長老としての権限から来るものであろうか。杉本尚雄氏は、大宮司権力の特徴を「阿蘇氏では惣庶の懸隔の大きい点に特色がある。一惣領大宮司だけが上級領主に連なり、同族の祭政の頭首になる。」[13]と論じられているが、前大宮司は、現職大宮司の父として更に強い権力を有していたとして位置づけることができよう。建武期においても大宮司惟直と前大宮司惟時の関係は、前代の惟国と惟時の関係と同様のものであったと思われる。建武政府は、大宮司惟直に対し阿蘇郡を安堵し[14]、諸国一二宮令[15]によって阿蘇三ケ社（甲佐・健軍・郡浦）領の安堵を行った。更に豊後国大佐井・筑前国下座郡等地頭職を宛行っている。しかし、実際に当該地で行動しているのは、父の前大宮司惟時である。このことは、惟時が、元弘三年（一三三三）十二月に光永又四郎に筑前国下座郡光永名を配分したり、建武元年（一三三四）十二月二十五日に肥後郡浦社領惣政所職を一族の阿蘇品六郎入道に宛行ったりしていることにより知られ、一族内の所務沙汰は惟時が行っていたと考えられる。これに対して対外的には、大宮司である惟直がこれに当たったと見るべきであろう。このことより、大宮司惟直が多々良浜合戦で敗死するまで一貫して宮方として菊池に与同していたのは、必ずしも惟直の独断専行ではなく、父である惟時の意向をも反映していたと考えられる。それでは、阿蘇氏が菊池氏と共に宮方に傾斜した理由は何だったのだろうか。杉本氏は、その理由として肥後阿蘇社領が皇室領であり、南朝系荘園領主が多く存在したことが南朝側に引かれた一因としている[16]。更に、阿蘇社の肥後一宮としての性格も南朝傾斜の一因として考えられよう。なぜならこの当時肥後国司は、菊池武重である。一宮は、国司によって一国平均役や一宮の保護等がなされる。菊池氏が宮方ということは建武政権崩壊後でも未だに国司として何らかの影響力が残っていても不思議ではない。このような諸条件から、阿蘇氏は、菊池氏と共に行動したものと考えることができる。

菊池氏は、多々良浜合戦に敗れて以後も、鎮西管領一色道猷の書下に「菊池武敏以下凶徒等蜂起之由有㆓其聞㆒」(17)、鎮西管領麾下の将今川助時の軍勢催促状に、「菊池武敏以下凶徒等蜂起之間、為㆓誅伐㆒令㆓発向㆒者也」(18)とあるように、建武四年（延元二年・一三三七）正月二十七日(19)まで菊池武敏を中心とした肥後宮方の軍事行動を追うことができる。その後、京都から帰郷した惣領武重が、肥後国寺尾城に挙兵して以来、九州南朝勢力の中心として肥後南郡・筑後へ進出するなど菊池氏を中心とする宮方勢力は、武家方勢力と活発に交戦した(20)。この時期、一色道猷軍勢催促状に「阿蘇前大宮司惟時以下凶徒、打㆓入阿蘇南郷㆒候之間」(21)とされ、大宮司惟直の死後、阿蘇氏も宮方として武家方と合戦しており、菊池氏と歩調を合わせていることがわかる。

しかし、武重が死ぬと肥後宮方勢力は、一気に縮小していく。そのことは、一色道猷書状にはっきりと「抑肥州凶徒間事、菊池武重死去之後故、国中無為候」(22)と語られており、肥後宮方勢力は、ほとんど振るわなかったことがわかる。このことによって、当時菊池武重が肥後宮方勢力の中心であったことが知られる。

武重の死後、菊池氏では武士《たけひと》が惣領になるが(23)、武重のように肥後宮方として積極的な軍事行動は起こせなかった。なぜなら武重の死後一族内に不協和音が生まれていたからである(24)。そのような中で唯一起こした菊池氏による筑後竹井城の合戦も武家方に敗退する形で終わり(25)、この時期の菊池氏は、全く振るわなかった。しかし、この竹井城の合戦には、征西府の要人である中院義定と共に菊池氏が行動していたことから、やはり菊池氏は、南朝方の頼るべき武士団であったと見てよいと思われる。

菊池武士は、庶子層を抑えて菊池氏の勢力拡大をはかることを重圧に感じたのか弟の乙阿迦丸を養子として家督を譲ろうとしていた。また、武士は、菊池一族の結束を図ろうと起請文によって一族内に管領と寄合衆を任命し、武重期からの一族の体制の維持を確認しようとする動きを見せている。が、庶子層の台頭によって寄合衆に参加する庶子が増加したり、管領である武茂の権限に対し、他の庶子たちから掣肘がなされたりするなど、惣領に対する庶子の発言権の増大を引き起こしていた。そんな折り武士は、以下のような文書を発している。

武士天性愚昧、不レ弁二 天道之正理一、奉二為 君一為二当家一、逮二於後代一、可レ為二其難一振舞仕候之時、預二御教訓一、聊違二御命一候者、任二武重遺言之旨一、始菊池被二譲与一候所領、不三残二一所一、於二何兄弟一族之中一、撰三可レ為二仕レ朝器用之仁一、可下令レ継二当家一給上候、以二此旨一、可レ有二御披露一候、武士恐惶謹言、

興国五季（年）正月十一日　　藤原武士（花押）

進上　鳳儀山侍者御中[26]

これは、宮方勢力として、菊池氏の勢力拡張のために、一族内から菊池氏惣領に「器用の仁」を選び武士が、惣領引退を申し出たものである[27]。また、菊池氏のこの時期の弱体化を如実に示すものとして、（興国五年）七月十八日付五条頼元書状写に、「頼尚菊池をすてて南郡ニ向候よし承候、」[28]と記されているように、武家方からも菊池氏は、ほとんど無視されている。このように武家方の少弐頼尚の宮方討伐戦にも菊池氏は問題視されていないように脆弱な勢力となっていたのである。

このような菊池氏の低迷に対し、阿蘇氏はどのような行動を取ったのだろうか。南朝は、この菊池氏の低迷という事態に対し、阿蘇大宮司惟時に肥後国上使の再任[29]、薩摩守護領の知行安堵[30]、肥後隈牟田荘大友氏泰跡・守富荘地頭職

の宛行[31]、阿蘇四ヶ社領（阿蘇社・甲佐・健軍・郡浦）等の知行安堵[32]を行っている。この阿蘇氏の権益は、菊池氏と全く抵触しないものである。このことは、南朝が阿蘇大宮司惟時に肥後南朝勢力として期待し、必死に阿蘇氏の南朝離れを止めるためにとった政策の一つであると思われる。

しかし、宇治惟時は、康永二年（興国四年・一三四三）に足利直義からの直接内応の誘いをうけている[33]。

参二御方一、致二軍忠一者、可レ抽レ賞之状如レ件、

康永二年四月廿一日　（足利直義）（花押）

阿蘇前大宮司（宇治惟時）殿

この軍勢催促状によって惟時は、武家方へ転向したらしく、以下の阿蘇四ヶ社領の安堵の申請を北朝幕府方に提出している[34]。

肥後国一宮阿蘇社、同別宮健軍、甲佐、郡浦等四ヶ社領以下事、以二伊津野帥法橋定誓一令二言上一候、以二此旨一可レ有二御披露一候、恐惶謹言、

康永三年八月十日　阿蘇大宮司宇治惟時

進上　御奉行所

一方南朝としては、惟時が北朝へ寝返ったため、一貫して南朝方であった阿蘇氏の有力庶子恵良惟澄を肥後南軍の唯一の武力として頼ったことは、大宮司惟時の所領を恵良惟澄に宛行うという内容の以下の「後村上天皇綸旨」に示されている。

惟時跡本領新恩等安堵事、一同之時、可レ有二其沙汰一者、

天気如レ此、悉レ之、以状、

興国六年九月一日　大蔵卿花押

恵良小次郎（惟澄）館

しかし一方で南朝は、（興国六年）十一月三日付阿蘇惟時宛五条頼元書状[35]に「（前略）安堵已下、被帰二参御方一者、可レ有二其沙汰一之由、所レ被二仰下一也、存二其旨一、可レ被レ廻二凶徒対治一者也、（後略）」と見えるように、大宮司惟時の復帰を切に望んでおり、その甲斐あってか大宮司惟時の南朝帰参が実現し、これと同時に恵良惟澄は、大宮司惟時の傘下へはいることを余儀なくされた[36]。一方、惟時は、南朝方だけに留まらず当時九州へ下ってきた足利直冬勢力とも接触し、北朝方である足利尊氏派、すなわち将軍方とも接触を持っており去就定かではなかった。しかし、正平の一統後は、再び惟時は南朝方となって没したと考えられる[37]。

惟時の立場については、阿蘇四ケ社の社務関係文書の使用年号から窺うことができる。いくつかの例を挙げると「宇治惟綱・丹治盛時連署請取状」[38]には、甲佐社の文書の事として貞和五年（正平四年・一三四九）三月二十八日の日付を記しており、「阿蘇社領年貢注文」[39]では貞和六年（正平五年・一三五〇）五月八日と日付を記している。しかし、「阿蘇山衆徒起請文写」[40]では、正平六年（観応二年・一三五一）七月三日と南朝年号を使用している。また、阿蘇大宮司惟時自身譲状にも正平六年辛卯二月十八日として南朝年号を使用している[41]。以上より、阿蘇社・甲佐社・健軍社・郡浦社の阿蘇四ケ社の動きは、大宮司である阿蘇惟時の南北両朝への去就に左右されていることがわかる。いいかえれば、阿蘇四ケ社の社領・社務支配は、大宮司によって徹底されていると考えられよう。

南朝（征西府）が安定的に阿蘇社（氏）と提携するのは、惟時の死後である。正平六年二月十八日付宇治惟時譲状

写に、

　譲与　孫子丞丸所

　肥後国鎮守一宮阿蘇・同健軍・甲佐・郡浦已上四ヶ社領并矢部・砥用・津守保・筑前国下座郡惣領分・豊後大

　佐井郷地頭職、惣惟時帯二 綸旨・令旨一 当国他国庄薗等事、

　右、社領以下之所々、當職、同管領分、相二副 綸旨・令旨代々之證文等一、丞丸於為二嫡子一譲与訖、（下略）

とあるように、外孫である丞丸（惟村）に大宮司職と所職所領が譲与された(42)。その後征西府との関係や菊池氏との関係に反目はみられなかった。また、惟村の父である恵良惟澄は、終始一貫して南朝方に立って軍事行動を行っていたことも阿蘇氏全体を征西府方に統合する効果を有していたものと思われる。しかし、正平十五年（一三六〇）頃から大宮司惟村は、北朝年号を使用している(43)。このことより惟村が北朝に与したことが、推測される。これに対して、征西府は、惟時の時と同じような以下の令旨を発給して惟村の誘引に勤めた(44)。

　肥後国阿蘇社務職并神領等事、如レ元可レ被レ致二沙汰一之状、依レ 仰執達如レ件、

　　正平十六年二月三日　　　勘解由次官（五条頼元）花押

　　　大宮司殿（阿蘇惟村）

しかし、その甲斐なく、更に惟村は、北朝年号の延文六年（一三六一）卯月五日付で宇治惟村寄進状写を発し、豊後国井田郷得分物内拾弐貫文を南郷の御霊に寄進している。このような反南朝・反菊池氏的な惟村の態度に対し、

　肥後国阿蘇社務職并神領等事、先年以二惟時跡一被二仰付一畢、早守二彼例一、可レ被レ致二其沙汰一者、依レ 仰執達

　如レ件、

正平十六年五月廿五日
阿蘇《（恵良惟澄）》筑後守殿

とあるように、征西府は惟村の父である恵良惟澄を阿蘇大宮司に補任する令旨を発給している。[45] この恵良惟澄の阿蘇大宮司職補任によって征西府は、阿蘇氏を丸ごと掌握しようとしたのだろう。ここに阿蘇大宮司は、北朝系大宮司と南朝系大宮司の二系統に分裂する。これ以後北朝大宮司惟村の活動は、ほとんど逼塞した観がある。それはおそらく惟村に対する親父権と阿蘇氏の軍事力の大半を惟澄が掌握していたことによるものではないだろうか。

この征西府・菊池氏と阿蘇氏との友好関係は、惟澄の死まで続く。このことは、惟澄が南北朝内乱期を通して、終始一貫して南朝勢力に属していたこと、正平十九年の恵良惟澄譲状写に「菊池女房」と記載があることより娘を菊池氏に嫁がせていたと考えられること、[46] 惟澄の子息惟武は、菊池武光を烏帽子親として武光の「武」の字をもらい、惟澄の代官として活躍していたこと、[47] 以上のようなことから菊池氏と阿蘇氏の緊密な関係を容易に理解できる。

しかし、惟澄は、自分の死に際して正平十九年（一三六四）七月十日付でしたためた譲状に、

譲与　嫡子宇治惟村所
肥後国阿蘇・健軍・甲佐・郡浦已上四ヵ社領、並矢部山・砥用両山、津守保、豊後国大佐井郷半分、筑前国下座郡惣領分地頭職等事、
右、惟村主得之嫡子也、仍レ為二嫡子一、四箇社領、本家領家地頭兼大宮司職并当国・他国所領等、相二副　綸旨・令旨、同重代之証文等一所レ譲二与于惟村一也、（下略）

とあるように、今まで惟澄が所持していた南朝方から発給された綸旨・令旨・重代の証文を殆ど長男で嫡子である惟

村に譲っている。(48) 惟澄は、終始惟澄の代官として活動してきた惟武ではなく、北朝方である惟村になぜ所領・所職をあたえたのであろうか。その理由として、「恵良惟澄置文写」(49)に、「しかるにこれむらうちこえて、御かたにさんすといふ、そのうへハとてこれすみ合顔をとけたるハ」とあり、惟村が惟澄の危篤によって南朝に参じ、惟澄も面会を許していることがあげられる。これによって惟澄から惟村への南朝系阿蘇大宮司の所職所領の相続が行われたのである。しかし、惟澄の代官として活動していた惟武には、大宮司職に対する相続権はなかったのだろうか。それについては、惟澄が前出の「恵良惟澄置文写」の中で、「これたけおもひあへす、おやの病床をみすてて、かやうのふるまいをいたすか、これハまさしくこれたけハ不孝の罪業をうくへき事ともおもはす」として、自分の病床を省みずに出陣した息子の不孝をなじっている。(50) また惟武は、まさか惟村に家督を譲るとは夢想だにもしていないことも、「これむらに所領をあてつる事あるましと思慮なくしてとりあへすいてたるなり、」という記事より窺える。このような晩年の惟澄に対する惟村・惟武兄弟の動きによって、惟澄は、家督を惟村に譲与したのである。しかし、実際阿蘇氏の軍事力を有していたのは、惟武であった。それは、同史料に、「ただしこれたけ与同のともからハ、みな一族又としころのものらなり、これむらよりハこれたけハ、われらおのおのか申さんするままにあるへき仁なり」「これたけ与同のともからの事、すゑすゑのものともハさためてきたるへきなり、これむら免許してめしつかふへし、張本のやからも懇望せしめハ子細同前、」とあるように、惟武は、阿蘇氏の主力勢力を有していたと考えて差し支えあるまい。その後十月頃に惟澄は死去している。

その後、阿蘇氏の家督相続に対して征西府は、惟村の大宮司職を否定し、以下のような令旨を発給している。

阿蘇大宮司職事、任二先例一、可レ被二執務一之旨、被二仰下一之状如レ件、

正平廿三年三月廿八日　　大蔵卿《坊門資世》（花押）

阿蘇八郎《惟武》二郎殿

これは、惟澄の意向を無視して南朝方である惟武を阿蘇大宮司に補任したものである。[51] その理由は、当時惟村は一貫して武家方であったのに対し、惟武は菊池氏との関係も深く南朝方として阿蘇氏の主力部隊を率いて軍事行動を展開していたことによるものだろう。

それではこの時期、阿蘇社の社務支配権は惟村・惟武のどちらに実際に握られていたのだろうか。阿蘇四ヶ社の社務関係の文書を、正平二十年（一三六五）阿蘇惟武が大宮司に補任以降みてみると、南朝年号の初見は、正平二十年十二月廿四日付阿蘇山衆徒領年貢注文、終見は、天授四年（一三七八）戊午二月四日付阿蘇山衆徒公物下行帳である。またこの時期は、阿蘇四ヶ社の発給文書は一貫して、南朝年号が使用されている。この後、弘和二年（一三八二）六月一日付後征西将軍宮令旨が阿蘇山衆徒に対して発給されている。しかし、この文書は後征西将軍宮側から発給されたものであり、また阿蘇社神人たちが実際南朝年号を使用していたかどうかは不明である。[52] また阿蘇社社務関係文書で北朝年号が使用されるのは、至徳元年（一三八四）甲子卯月十二日付上竹原郷坪付注文からであり、南朝年号でいう元中元年である。この時期には、阿蘇社四ヶ社と征西府および南朝大宮司家との関係は途絶えたものと考えられ、北朝大宮司家が勢力を伸張したことを意味するものと思われる。

阿蘇大宮司と阿蘇社四ヶ社の関係は、先に惟時の項で述べたように、大宮司の去就によっていちいち社家・社領は影響を受けるという事が明らかである。阿蘇大宮司家が北朝の惟村と南朝の惟武に分裂した際に、実際大宮司職として機能し得たのは、南朝大宮司惟武のほうであったと考えられる。それは、やはり惟武が阿蘇氏の軍事力のそのほとんどを吸収していたことと、征西府による九州南朝勢力の隆盛によるものであると理解できよう。

以上、南北朝期の阿蘇氏の動向を見てきたわけだが、阿蘇氏は、必ず何らかの形で菊池氏と関わりを持っていることがわかる。惟時と菊池氏の関係について言えば、惟時の子息惟直は、一貫して菊池氏と軍事行動を共にしていたが、あくまで菊池氏が肥後宮方の中核として行動しており、阿蘇氏は菊池氏への協力的な参加であった。具体的には、博多合戦・多々良浜合戦等においてそのことが見られる。このことは、肥後国司家である菊池氏と肥後一宮社家である阿蘇氏という関係のみでは語れないものである。この関係は、菊池武重の死まで継続していくのだが、菊池氏の低迷期を境にして、惟時は南北両朝の間で去就定まらず、恵良惟澄はこれ以後も一貫して南朝方として行動するという、惣領と有力庶子の方針の違いがみられる。これもやはり、菊池を意識した行動と見ることができよう。惟澄の菊池氏との関係は、惟時よりも緊密である。正平三年（一三四八）九月日付恵良惟澄軍忠状によると、元弘三年（一三三三）の鎮西探題攻めの時から惟直の麾下として菊池氏と共に行動していることがわかる(52)。また、惟直戦死後も一貫して菊池氏の合戦には参加している。更に菊池氏の低迷期には、肥後の南朝方の将として少弐頼尚等と交戦している。この一連の惟澄の行動の目的は、所領獲得にあった。惟直死後の惟澄は菊池氏にとって菊池主導の同盟関係を有する武力勢力であった。しかし、菊池武重の死後、菊池一族内の弱体化した時期に、惟澄の軍事力は増大し菊池主導の関係から対等関係へと変化した。この時に菊池氏の惣領を望む武光と大宮司職を望む恵良惟澄の同盟関係が成立した。このことは、阿蘇品氏の研究に詳しい(54)。当初武光と惟澄は、「田口向城之刻、河尻・詫磨以下罷向之間、武光相共致二合戦一畢、」「其後頼尚取二山崎向城一之時、武光相共致二数ケ度合戦一畢、」とあるように共同戦線を張ったり(55)、菊池武士の菊池本城を奪回して武光を菊池惣領に据えるなど(56)対等な関係、もしくは惟澄が武光に対し主導的な立場にあった。しかし、懐良親王を菊池に擁し肥後国司・守護となった武光は、菊池一族を統合し征西府の権威を背負うことにより、肥後一国に影響力を持つまでに成長し、武光と惟澄の力の均衡が崩れた。これは、惟澄の菊池氏に対する依存という形で現れる阿蘇社領の所領訴訟問題がそれである。元々阿蘇社領の訴訟問題は、直接征西府と惟澄の間で行われていた。しかし、武光が肥後国司・守護として活動するようになると、征西府は、菊池武光を介し使節遵行を行っている。これは、惟澄が、武光を肥後守護と認めて征西府の在地支配機構に依存していることを意味している。また、惟澄自身も北朝の肥後国守護職に補任されたことがある。しかし、惟澄は、自ら北朝肥後守護を否定し、菊池武光を肥後国守護として認め、阿蘇社領内におけるその遵行行為を求めている。このことは、以下の恵良惟澄重申状[57]の中に、はっきりと見て取ることができる。

阿蘇大宮司惟澄重言上、

欲㆔早重被㆓仰下㆒、令㆑知㆓行神領等㆒事

右、神領等、任㆓去二月三日　令旨并御施行之旨㆒、守護人莅㆓彼所々㆒、被㆑擬㆓打渡㆒之処、

（下略）

正平十六年六月　日

また前述したように、惟澄の子息の烏帽子親として武光は、自分の名の一字、菊池氏の通字の「武」を送り「惟武」と名乗らせている。[58]このように、恵良惟澄と菊池氏（武光）は、以前の対等な関係から肥後における在地領主と肥後国司兼守護という菊池氏の優位な関係へと移行したのである。

惟武と武光の関係は、惟武の烏帽子親が武光であるということがあげられるが、このほかには、菊池武光と阿蘇惟

武との間の個人的な書状は、管見では見いだせない。惟武も惟澄死後、阿蘇大宮司として南朝方であったことから、武光との関係は、在地領主と肥後国司兼守護との関係であったものと思われる。しかし、武光没後、次代の武政期になると、武政から惟武に宛てた書状が頻繁に発給されている。このことは、大宰府征西府が陥落し、武政が、征西将軍宮を擁し高良山に籠っている非常事態にあることも考慮に入れる必要があるが、この書状よりこの時期の菊池氏と阿蘇氏の関係を端的に読みとることができる。その書状には、「抑天下御大事、私浮沈この時にて候、御とうしん候ハヽ、鎮西たいちも子細候ハしと存候、[59]」「かくのことくの式、御めニかかり申入たく候、[60]」等として、惟武への協力を催促している。しかし、軍勢催促状等といった高圧的な態度で接してはいない。さらに、菊池武政は、その書状に、

なに事候ハすとも、つねニ申入たく候へとも、しかるへきひんきなんとも候ハて、存なからそのきなくまかりすき候事、御心もとなく相存候、さんとも申入候しことく、てんかむきの事ハ、ちからなく候、わたくしにをき候て、さいさいニ申入候へく候、御同心ニ御ゐニかけられ候ハヽ、恐悦存候、諸事又々可二申入一候、恐々謹言、

壬十月十四日　　　武政花押

あそ殿

と記し、菊池氏だけでは、征西府を支えられないことを述べ、惟武に合力を要請している。[61]その内容は、征西将軍宮以下の肥後への帰還ルートの確保と大宰府奪還のための軍事行動を催促している。以上からみると、惟武の武光・武政との関係は、だいぶ異なっていることがわかる。それは、武光と惟武との関係は、肥後国司兼守護と在地領主との関係であったのに対し、武政の惟武に対する関係は、国司兼守護としての接し方というよりも、むしろ対等な同盟関係であることが窺える。

このように、菊池氏と南朝系阿蘇氏（惟澄・惟武）の関係は、一貫して菊池氏と友好的な関係が存在しているのである。また、菊池氏に比べて、阿蘇氏は一度も肥後の中心的な軍事力としてのイニシアチブを発揮していない。時には、大宮司惟時の南北両勢力に対して独自な動きや北朝大宮司惟村の菊池氏への対抗があっても、それは肥後一国的規模には発展せず菊池氏の動きに即応したものであった。また、菊池氏も挙族的行動のみでは、肥後一国ひいては九州全体に対する軍事的影響力には限界があり、肥後の情勢は菊池氏と阿蘇氏の協力・連携的関係によってはじめて対外的に少弐氏・大友氏・島津氏等の九州の有力武士団と拮抗する勢力となりうるものであったと考えられよう。

二　南北両勢力下の肥後在地の実態

次に、阿蘇社四ケ社領、益城郡、神蔵荘、天草郡、鹿子木東荘、山本荘、六箇荘、葦北荘、山鹿荘、玉名郡を取り上げ、南北朝期の在地の動向を取り上げたい。

阿蘇四ケ社領とは、阿蘇社および末社である甲佐社・健軍社・郡浦社の社領のことを指す。この地についてみると、南朝方・北朝方・直冬方勢力の何れもが、阿蘇社領として概ね阿蘇社家である阿蘇氏に対して所領の宛行や安堵を行っており、新恩給与を行うといった行動は、阿蘇一族以外の在地領主に対してはあまり見られない(62)。しかし、この社領に隣接する在地武士たちの所領拡大の動きのためにしばしば侵略にあっている。特に守富荘・郡浦・小河に顕著に見られる。このことは征西府権力との関わりを持つため次節でふれることにする。

ここでは、健軍社領についてみてみるが、南北朝期の関係史料における初見は、建武三年（一三三六）三月十七日付足利尊氏下文で、健軍社領地頭職を大友氏泰に宛行うというものである(63)。しかし、康永元年（一三四二）には、同地頭職を阿蘇大宮司惟時が武家方に与したのを受けて、兵粮料所として北朝方肥後守護である少弐頼尚によって預け置かれている。その後当社領は、南朝年号正平八年（一三五三）付で、健軍社領の検見目録や畠地注文が存在する。(64)この一連の文書は、大宮司惟時に宛てて発給されているように考えられる。この正平八年当時惟時は南朝方であることから、前節でも述べたように、阿蘇社の大宮司職と阿蘇四ケ社支配との関係は緊密な関係にあることがわかる。

益城郡では、砥用・矢部・隈牟田・味木《あまぎ》荘の動向を史料から窺うことができる。砥用・矢部の地は共に興国六年（一三四五）に恵良惟澄が征西府によって当知行安堵をされた所領である。(65)それ以来正平九年（一三五四）までは南朝方阿蘇氏の所領であることが史料上確認できる。しかし、康安二年（正平十七年・一三六二）頃と思われる阿蘇惟村宛の斯波氏経書状写に、「矢部・友知（砥用カ）・大野・鞍岡者共、為二御方一致二忠節一候之条、感悦無レ極候、」(66)とあることから、砥用・矢部は、惟村の所領となっていることが推測される。また、矢部には北朝方大宮司家の浜の館が存在していることからも惟村が当地を基盤に活動していた可能性は十分に考えられる。

砥用・矢部については、正平六年（一三五一）二月十八日付宇治惟時譲状(67)にも正平十九年（一三六四）七月十日付恵良惟澄譲状(68)にも阿蘇四ケ社領に含まれない独立した所領として取り上げられている。このことは、阿蘇氏にとって当該地が、恩賞地として認識されていたことを示している。これは、両所が恵良惟澄の当知行地であったこと、阿蘇氏が武士団としての領主制強化を目指していたことを表したものといえよう。

隈牟田荘は、別名岳牟田荘ともいう。関係の史料によると鎌倉期に菊池武房が能仁寺を建立したことより菊池氏がこの荘園を有していたものと思われるが、貞和六年（一三五〇）に足利直冬が当荘内の詫磨氏庶子分を詫磨惣領宗直に恩賞地として与え、文和二年（一三五三）には、足利尊氏が大友氏時に隈牟田荘東方地頭職を宛行っている。更に翌年の正平十九年には、南朝方の津奈木某が征西府に対して、隈牟田荘佐慧木村の安堵申請をしており、当荘は征西府・武家方・直冬方の所領が混在する荘園であったことがわかる。

味木荘は、興国六年（一三四五）十一月に武家方の筑後三郎が味木荘御船城に来襲したのを恵良惟澄が撃退したり、正平三年（一三四八）と思われる五条頼元書状に「先日於二御船御所一参会之時」として、懐良親王が肥後宇土津より上陸し菊池を目指す途中で、御船城を仮の御所としていることが窺われる。又、無年号三月六日付菊池武光書状写に、恵良惟澄舎弟惟雄に宛てて、

三河孫太郎申候かうさのミやより、神よう米沙汰をいたし候へとて下神人を孫太郎のるすにはなされて候なり、此事ハあまきの庄のうちとして、領家方よりさたせらるゝ事にて候よしうけ給候、

と記載されていることより、甲佐社の神用米徴収の責任者は、恵良惟雄であり、味木荘は、甲佐社神用米の徴収対象地であることがわかる。

以上のことから味木荘は、南朝方の重要拠点の一つであったことがわかる。当荘に関して北朝方の史料として、応安三年（一三七〇）九月十二日付室町幕府下知状[69]、応安六年（一三七三）八月九日付今川了俊書状[70]を検出できる。共にその内容は、詫磨氏に甘木荘（味木荘）内志名子村を宛行っているものである。しかし、応安三年は、南朝の建徳元年にあたり、九州では、征西府の勢力が隆盛であり、実際に志名子村を宛行うことができたのか否かは、はなはだ疑問である。また、応安六年は南朝の文中二年にあたり、征西府がその本拠である大宰府を九州探題今川了俊に落とされ、高良山に撤退した時期にあたるので、実際に宛行われた可能性はある。このように味木荘は、征西府が菊池に拠点を構える（菊池征西府）以前から恵良惟澄などの南朝勢力によって確保されていたといえよう。

神蔵荘は、一貫して詫磨氏所領として他の氏族に宛行われることはなかった。詫磨氏は、武家方、直冬方として重要な位置を占めていた。[71]しかし、南朝（征西府）は、詫磨氏の所領である神蔵荘を闕所地化して南朝方武士に宛行った所見は、管見ではない。また、足利直冬に属していた詫磨氏は、直冬が南朝と組むと、征西府に属したと思われる。そのことを裏付けるように南朝は、征西府に詫磨氏本領の安堵を命じる綸旨を発給している。[72]これ以降詫磨氏が征西府に対抗した史料は、大宰府征西府陥落まで管見では見ない。以上より、詫磨氏は、必ずしも惣領家大友氏と共に行動していたとは考えられない。いうなれば、詫磨氏は、肥後国内においてその時々の上級権力に自己の所領を認めてもらってきたのであり、南朝・北朝の区別なく、常に本領の安堵を託せる有利な勢力に身を置いていたと考えられる。

天草郡においては、南朝年号を用いた文書としては、在地武士である天草種国が正平二十年（一三六五）に菊池氏の氏寺廣福寺に宛てたものが一通残り、天草氏が菊池氏と関係を持っていたことがわかる。しかし、征西府が天草に対し何らかの行動をとった史料は見いだし得ない。当地では、志岐隆弘と天草氏との抗争が絶えず、志岐氏が武家方であったために、天草氏は南朝方として行動していたものと考えられる。また、志岐氏は、直冬が九州へ入部するとその傘下に入ったらしく、天草郡の志岐四ケ浦等所領を安堵されている。[73]これに対し、武家方一色道猷は、天草志岐浦地頭職を松浦斑島納に宛行って直冬勢力に対抗している。[74]このように足利直冬方と一色道猷方が天草郡における利権を争っているのに対し、征西府は、天草郡に対し積極的な行動をなんらとっていない。このことは、征西府の地域支配に対する力の入れ方の差があったことを表すものだろう。今後このことについて留意する必要があるだろう。

山本荘は、安元二年（一一七六）に初見し、蓮花心院領[75]として八条院領に組み込まれていたことから、大覚寺統領荘園の一つであると考えられる。また、延元三年（一三三八）八月十七日付後醍醐天皇綸旨案に、[76]

肥後国山本庄地頭職、為二紀伊国□□□□一可レ有二御管領一之由、
天気所レ候也、以二此旨一可下令レ洩（申脱カ）二大覚寺宮一給上、仍執達如レ件、
延元三年八月十七日　勘解由次官在判
謹上　大納言僧都御房

とあり、南朝方荘園として支配しようとしていることが窺える。さらに、興国三年（一三四二）二月五日付後村上天皇綸旨案[77]でも、上記の綸旨と同様に山本荘地頭職を大覚寺宮性圓法親王に管轄させていることからも、南朝方の当荘支配の意気込みが窺える。

しかし、武家方は、当荘が大覚寺統領荘園であることを無視するかのような行動に出る。それは、後醍醐天皇が大覚寺宮方に地頭職を管轄させる以前の建武三年三月に足利尊氏が大友氏泰に当荘地頭職を宛行っていることである。さらに、貞和三年（一三四七）十月には、北朝公家久我長通も山本荘北方領家職として雑掌を通して当荘の経営に関与している[78]。また、足利直冬も貞和五年（一三四九）に詫磨宗直に対し、当荘地頭職を恩賞として与えている[79]。

だが、正平十三年（一三五八）には、菊池武光の建立した正観寺の寺領として山本荘内大清水村が検出できる[80]。このことは、武家方である鎮西管領一色道猷・直氏父子の九州撤退と直義派である在地武士の征西府への帰服によって、山本荘が元の如く南朝方の荘園として機能し、ここに新たに菊池氏の所領となった可能性も考えられる。その後、懐良親王が大宰府を撤退した応安五年（一三七〇）、当荘は、後光厳上皇院宣[81]によって久我具通（長通の孫）に安堵されていることから、元来南朝方荘園であった当荘は、北朝持明院統によって吸収されていったといえる。

六箇荘をみると、鎌倉期の建久二年（一一九一）十月日付長講堂領目録[82]に、その名がみえることにより、持明院統

領荘園の一つであると考えられる。当荘は、建武四年から文和二年（一三五三）までの間地頭職の宛行は、北朝方在地武士の三池・早岐氏等に対して行われている。当荘内には阿蘇氏の庶子上嶋惟頼の所領を確認することができる。その所領も北朝方の武士に闕所地として宛行われている。(83)

　このように、南朝方となった在地武士の所領は、すべて闕所地化されて北朝方の武士に宛行われていることがわかる。このような北朝方武士の行動に対し、南朝方在地武士は、恵良惟澄以下上嶋惟頼・菊池武久・木山達蓮・竹崎惟貞・子守惟一らが当荘の北朝方武士の所領を闕所地として征西府に対し所望しているのである。(84) このように、肥後国内においても大覚寺統領・持明院統領の双方の荘園を互いに闕所地として自己の所領に編成する傾向がある。

　葦北荘は、旧得宗領で元弘没収地の一つであった。(85)

　　　注進闕所内指合所々事、
一、肥後国分
　　葦北庄
　元弘恩賞充賜賜人、其内于レ今相二続軍忠輩一等在、其外故武重（菊池）令レ支二配料所一、仍当時闕所分、不レ可レ及二一
　両村一歟云々、（後略）

右の史料にみえるように当荘の一部は、菊池武重の料所であったことがわかる。しかし、当荘は、建武五年（一三三八）三月には少弐頼尚が、南朝方武士野津・谷山・北嶋氏等の跡を詫磨宗直に兵粮料所として預け置いている。(86) このように当荘において北朝方勢力が優勢のようにみえる。しかし、当荘は、（年未詳）十二月十二日付一色道猷書状に「葦北庄輩事、成二御敵一候之条、驚入候、守護方へも其子細可レ申候（後略）」とみえるように、葦北荘の在地武士が

宮方として活動していることが窺える。更に文和四年（一三五五）六月十八日付島津氏久請文写(87)では、「薩摩国凶徒牛屎左近将監高元・市来新左衛門尉氏家・東郷蔵人道義・肥後国葦北庄宮方凶徒、引二合于当国凶賊和泉庄下司諸太郎兵衛尉政保以下一、去四月廿六日夜丑刻、老父居住忍二入于山門院木牟礼城一、及二合戦一次第」という史料表現からわかるように、葦北荘宮方勢力が薩摩に侵攻するなど、当荘の南朝勢力も無視できないものであったと思われる。そのことは、肥後国司菊池武重が当荘に所領を有していたことと無関係ではあるまい。おそらく菊池氏と葦北荘の在地武士との間に何らかの繋がりがあったと推測することができよう。

山鹿郡は、南北朝初期から南北双方の武士による抗争の場であった。その理由の一つとして、当郡が菊池氏にとって筑後方面に進出するうえで、きわめて重要な地域であったことをあげることができる。そのことは、建武三年十月六日付武雄大宮司宛、一色道猷書下(88)に「菊池武敏以下凶徒、打二出肥後国山鹿庄一、及二合戦一之由風聞」とか、懐良親王を菊池に迎えた菊池征西府期にも五条頼元が恵良惟澄宛の正平三年と考えられる九月十二日五条頼元書状写(87)に「昨日已出御候、泉庄（山鹿郡）ニ被二待申一候」とあるように、南朝方が山鹿郡に進出している事が窺える。このことから、征西府が筑後へ進出するには、山鹿郡を自己の勢力下に入れる必要があったと考えられよう。また、北朝方の少弐頼尚も山鹿荘内に所領を有しており、山鹿城を中心に宮方に対抗していた。しかし、正平六年（一三五一）十月遂に征西府が山鹿城を落とした(90)。これ以降、北朝年号文書は当郡内では見られず、正平十七年（一三六二）七月十九日には、菊池武明が山鹿荘片保田村を重代相伝の私領であるとして廣福寺に寄進している(91)。このことから山鹿郡は、少弐頼尚の勢力が撤退した後に南朝勢力の支配下に属したと見られる。

高樋荘は、建武三年十二月二十六日光厳上皇院宣によって小槻匡遠に安堵されている(92)。これが、南北朝期の関係史料で管見による初見である。また、足利尊氏が、康永元年（興国三年・一三四二）七月七日に肥後壽勝寺（安国寺）に対し、安国寺設立にあたって高樋保地頭職を寄進したことがみえる。(93)そのことは、幕府が、当荘高樋保地頭職を壽勝寺雑掌に渡付するよう肥後守護少弐頼尚に命じていることよりわかる。(94)このように高樋荘は、一貫して北朝方武士の支配下にあったが、征西府が正平三年懐良親王の菊池入部以降、肥後国内に勢力を伸ばしてくると高樋荘は、南朝方武士である宇土道光に闕所地として宛行われている。(95)

玉名郡には、南朝・北朝両勢力の所領が混在している。玉名郡は、肥後と筑後との境を接し、軍事的に両勢力の重要拠点である。ここで、当郡内の諸荘園が南北両勢力のどちらに属していたか調べてみよう。

玉名荘内石貫には、菊池氏を精神的にまとめる役割を果たした大智が開祖となった廣福寺があり、石貫周辺は、菊池氏の所領であった。廣福寺は、文中元年（一三七二）の征西府陥落後も菊池氏が外護しており、その支配はかなり強固であったと思われる。今の玉名郡三加和町にある鰐城は、暦応三年（興国元年・一三四〇）十一月十日付少弐頼尚軍勢催促状に「肥後国凶徒等楯〓籠同国鰐城〓之由」とあることより肥後宮方が筑後へ進出するための拠点であったことが推測される。(96)一方武家方は、隣の同郡南関町に関城を構えている。その後、征西府が正平六年にこの城を落とし筑後経営に着手できるようになったものと思われる。(97)

千田荘は、早岐氏が北朝方として半分地頭職を有していた。しかし、懐良親王の菊池入部以後、早岐氏は南朝方肥後守護菊池武光の使節として、少なくとも大宰府征西府期まで活動している。このことから早岐氏は、肥後国内で優勢な南朝方へ転じ、征西府の肥後国使節となることによって所領はそのまま維持していたと考えられる。また、文中三年（一三七四）五月に菊池武政が父武光の菩提寺である正観寺に千田荘永富村内の田地四町を寄進していることから、菊池氏惣領も当荘に所領があったことが確認できる。しかし、この菊池氏の所領は、懐良親王の九州下向以降に与えられた新恩地とも考えられる。

大野別符は、菊池・大野・安富・詫磨氏が有していた。菊池氏は、その中心の高瀬を領有しており、高瀬の清源寺は征西府から祈禱依頼を受けたり、征西府内で豊前守護代であった菊池武尚が所領を寄進するなど、征西府・菊池氏双方との関係を有していた。菊池氏がここに所領を有した初見は、建武二年（一三三五）四月三日付菊池武吉寄進状(98)に、

奉レ寄進一

阿蘇御嶽大明神御宝殿

肥後国大野別符内中村田地拾弐町別紙坪付在事、（以下略）

とある。さらに同じ日付の菊池武吉寄進地坪付写(99)に当別府内十一町の坪付の内訳が記されていることからも窺うことができる。この大野別符で注目したいのは、南北朝期の安富氏の行動である。安富氏は大野別符岩崎村を有する武士で、肥前深江安富氏の庶家である。この安富氏は、貞泰―泰治（恩房丸）―女子宇童というように南北朝期を通じて代々岩崎村を有している。暦応三年（一三四〇）、北朝方肥後守護少弐頼尚が守護代饗庭宣兼に対して岩崎村を安富氏に渡付するよう命じるが、守護代自身がこの地を押妨して頼尚から守護代を罷免される。その後、再度同村の渡付を新守護代宗経茂に命じるが、饗庭宣兼は、依然として押妨を続けていた。こののち、安富氏は、貞和七年（一三五一）に足利直冬に対し岩崎村地頭職安堵の申請をしている。しかし、直冬が九州から去った後は、征西府の傘下に入ったらしく、正平十四年（一三五九）七月二日付安富泰治譲状(100)に「かせんあいちかつくあいた、いかなる事もあらん

ときハ女子たりといへとも、一子たるうへハたのさまたけなくりやうちすへし」とみえるように、安富氏は、征西府方として大保原合戦に従軍していることがわかる。また、征西府もこの安富泰治譲状にある「肥後国大野別符内岩崎村田畠屋敷等と勲功地肥前国神崎庄内五町分」を保護している。正平十七年（一三六二）及び正平二十三年（一三六八）の二回にわたって征西府は、岩崎村地頭職半分を他氏の恩賞地として一時的に改替し、替地として安富氏には肥前国闕所地を与えているが、正平廿五年（一三七〇）には、もとのごとく岩崎村地頭職を安富氏に返付している。このように、安富氏は征西府没落まで南朝方であったようである。征西府没落後には、北朝方となったらしく九州探題である今川了俊にその所領を安堵されている。以上のように、安富氏のような在地小領主は、常に自己所領を安堵するに耐えうる上級権力と結びつくことで、自己の所領の保全を図っていたと考えることができよう。

以上みてきたように、南北朝の対立は、在地の中で、所領関係に多大な影響を与えてきたことが分かる。例えば、中級武士層詫磨氏は、その時々の状況に応じて上級権力（鎮西管領・足利直冬・征西府）とむすびつくことによって自己所領の拡大と保全をはかり、在地領主としての成長を目指していた。また一方、小武士層である安富氏の場合上級権力に結びつくことによって自己所領の維持をはかるのに精一杯で、中級武士層である菊池氏・詫磨氏・宇土氏・恵良（阿蘇氏庶家）氏等のように在地領主としての成長を十分達成することができなかった。在地領主としての成長の差は、元々の武士団の規模の大きさに比例したものであると考えられる。また、征西府の軍事力として懐良親王を擁してきた菊池氏は、元々詫磨氏・相良氏等と同じ中級武士団であり、安富氏等肥後国内における小武士層を自己の軍事力に直接参入することによって征西府の軍事力を固めていったように思えるのである。このように、征西府は肥後武士団の大小の様態によって接し方を対応させていたのではないだろうか。

三　征西府の在地支配―阿蘇社領の検討―

肥後国内の阿蘇社領である小河郷・郡浦荘、守富荘を素材として、征西府が在地武士に対しどのような対応を行ったのかを明らかにすることによって征西府の在地支配の実態について考えたい。

小河郷・郡浦荘の両地域は共に阿蘇四ヶ社領に属する地域である。郡浦荘が阿蘇社領であることは、興国七年（一三四六）六月十三日付中院義定書状写に(101)「抑当国郡浦他人競望事、不レ可レ然歟、其故阿蘇社依レ為二国一宮一」「先朝御代、社領等悉御寄進之間、被レ付二社家一之条、諸国一同御沙汰、天下殊無二其隠一」と明記されていることによって知られる。しかし、郡浦荘について「他人競望事」とされるように、阿蘇氏以外のものが当荘に進出してきていることを窺わせる。その人物は、正平十六年（一三六一）六月十二日付菊池武光施行状(102)によって、宇土道光であることがわかる。宇土氏は、当初から南朝方として活躍しており、懐良親王は肥後入りの際、宇土氏の本拠である宇土津から上陸している。このことからも宇土氏と征西府との関係は、友好的なものであったと考えられる。

郡浦荘は、宇土氏の本拠に隣接した場所にある。宇土氏が所領の拡大を行う際には、当然郡浦荘に目が向くであろう。正平十六年五月頃から同年十一月頃までの史料によると、宇土道光が郡浦荘に対し押妨行為を行っていることがわかる(103)。また、宇土道光は、征西府の使節遵行に対しても「於二郡浦一者、道光代構二城郭一、（中略）各申二異儀一間（後略）」(104)とあるように当該地に城郭を構えて使節による遵行行為を妨げている。これに対し征西府は、城郭を破却してでも阿蘇氏に返付する旨の強硬な遵行命令を出した。これ以降恵良惟澄が阿蘇大宮司職在職中は、管見の限り郡浦荘に関する相論は史料上認められない。

また、名和顕興が小河郷を押領しているという事実も、前述した正平十六年六月十二日付菊池武光施行状によってわかる。顕興は、後醍醐天皇の側近「三木一草」の一人名和長年の孫にあたる。名和氏は、八代荘を元弘恩賞地として宛行われて以来、九州南朝方としてしばしば武家方と戦っている。名和顕興自身は、弘和四年（一三八四）七月日付菊池武朝申状[105]に「此間正平十三年以後廿七年者、顕興入道紹覚、憑二武光以来之武功一令レ居二住当家分国一之上者、功勲之次第、皆宜二存知一者也、」とあるように、正平十三年に一族を率いて八代荘に居住し、名和氏の本拠とした。

この理由として、平泉澄氏は、

正平十三年といふ年は、中央に於いて官軍が京都を取り戻す見込みの当分はなくなつたときであり、同時に朝廷が危険に瀕するおそれも先づあるまいと見通された時であつたらう。（中略）今度は、足利方にも事が起こつた。即ち尊氏の逝去である。それは正平十三年四月三十日の事で、年は五十四歳であつた。これは、確かに足利方の気勢をそぐ出来事であつたらう。中央がかやうの情勢であつたために、名和顕興は、しばらくの御暇を願ひ、九州に下つて勢力を養ひ捲土重来しようと考へるに至ったのであらふ。[106]

としている。正平十三年の九州での政治・軍事情勢は、足利直冬が九州から去り、鎮西管領一色道猷・直氏も針摺原合戦以後勢力を後退させ（道猷は京都に引き上げ、直氏も長門で活動していたが、間もなく京都へ引き上げた）、九州の武家方勢力であった少弐氏・大友氏もまた正平年号を用いるなど、表面的には、征西府の主導で展開していた。このような情勢の中で、名和顕興は九州へ下向したのである。以上からも、平泉氏の唱える顕興の九州下向の理由については首肯できる。しかし、顕興自身「九州に下つて勢力を養ひ捲土重来しよう」とは考えていなかっただろう。顕興の九州下向の目的は、自己勢力の基盤を南朝勢力下にある九州に求め、肥後国内にある八代荘におくことにあっただろう。それは、顕興が、南朝勢力の劣勢な本貫地である伯耆国から撤退し、肥後国内に新天地を求めて在地領主化を果たそうとしたものと考えられる。

名和氏の領有する八代荘は、小河郷に隣接する地域である。よって、名和氏が八代荘を中心に所領を拡大しようとすれば、当然隣接する阿蘇社領である小河郷に目を向けると考えられる。また正平十六年から小河郷における一連の押妨行為は、名和氏の所領拡大を目指したものと理解できる。ここに、阿蘇大宮司として社領の確保につとめる惟澄と肥後国内に在地領主として成長しようとする顕興との対立が生まれたのである。この動きは、宇土道光の郡浦荘における押妨行為と同質のものであり、決して南朝方は一枚岩ではなく、南朝方武士の間でも所領における相論が起こっていることが分かる。また、小河郷・郡浦荘という阿蘇社領に対して、名和顕興と宇土道光がほぼ同時期に押妨行為をしていることは、両者の間に何らかの提携関係があったと考えられよう。

では、小河郷についてみてみよう。正平十六年八月日付甲佐社牒写(107)に、

甲佐社牒　　郡浦社衙

欲下早依二社家先規一、且為二神意倍増一、被上レ致二一味沙汰一、伯耆守顕興令レ打二擲刃傷当社祝神人等一間事、

右、濫觴者、顕興令レ押二領当社領小河両郷一之間、被レ下二令旨御教書一、為二遵行一守護代因幡守武貫代・使節窪田越中孫次郎代官等、去三月之比入部之処、顕興申二異儀一之間、被二註進一畢、而重依レ被二仰下一、去月廿日前御使等令レ発二向彼所一、既被レ打二渡当郷於社家一畢、仍社司等欲レ令二所務一之処、同廿三日酉刻、顕興代官引二率多勢一、刃二傷雑掌祝宗次一、令レ打二擲神人祝六字草一之条希代也、其子細守護使等遂二検見一、令二註進一畢、爰倩案二事情一、我神者忝阿蘇大明神嫡子、南郡管領之鎮守也、

（後略）

とあるように、名和氏は、征西府による正平十六年三月の使節遵行を無視し、小河郷に対して押妨行為をしている。この行動に対して、征西府は正平十六年九月五日付で「顕興・道光等申二異儀一云々、太無レ謂、重厳密可レ被レ沙二汰下地於社家一」とする令旨を発給している。(108) この令旨は、南朝方肥後守護の菊池武光に対して発給され、「小河并郡浦」を阿蘇社（恵良惟澄）に渡付し、その際に顕興・道光の言い分には、いわれはないとして強行に遵行を命じているものである。この遵行行為に対し、顕興は、要害を構えて征西府からの使節の受け入れを拒否している。また使節も顕興が要害を小河郷に構えたことによって、惟澄に打ち渡す事ができないことを征西府に復命している。(109) 城郭や要害をその土地に構えるのは、その土地を実力で支配することの象徴である。(110) このような名和氏の行動に対し、征西府は、再び正平十六年十月二十三日付征西将軍宮令旨(111)で、「至二小河一者、顕興代構二要害一、各申二異儀一之間、不レ及二打渡一云々、重差二遣守護代一、破二却城郭等一、可レ被レ沙二汰一付下地於惟澄一之状、」とされるように、武力行使を用いて惟澄に渡付しようとしている。このように征西府は、小河郷と郡浦荘を徹底して阿蘇社領として渡付しようとしていることがわかる。以上のことから、征西府が、恵良惟澄の勢力を重要視していたことが認められよう。その後、恵良惟澄の逝去まで当該地の相論についての史料が見られないことから、当該地は、阿蘇社領として惟澄の手に帰したものと考えられる。

しかし、惟澄の死後、惟武が南朝方大宮司になると、再び小河郷・郡浦荘に対して、名和・宇土両氏の押妨が行われており、征西府の尋問に対し両氏は、阿蘇惟武が当該地の土地証文を有していないことを理由に自分たちの押妨行為を正当化している。(112)

では、なぜ阿蘇大宮司である惟武は、小河郷・郡浦荘の証文を有していなかったのであろうか。そのことは、正平十九年（一三六四）七月十日付恵良惟澄譲状写[113]に「右、惟村主得之嫡子也、仍為二嫡子一、四箇社領、本家領家地頭兼大宮司職并当国他国所領等、相二副 綸旨・令旨、同重代之証文等一所レ譲二与于惟村一也、」と記されているように、今まで惟澄が所持していた南朝関係の綸旨や令旨等といった証文がほとんど惟村に譲られている。しかし、惟澄の死後、征西府が南朝方阿蘇大宮司職に補任したのは、惟村ではなく惟武であった[114]。その理由として、惟村が一貫して武家方であったのに対し、惟武は父惟澄の代官として征西府の軍事面で活躍し、また征西府の軍事面の中核を担っている菊池武光を烏帽子親に持ったことなどが挙げられよう。このように、惟武が大宮司に補任されたとき惟澄の有していた南朝からの安堵の綸旨・令旨は、そのほとんどが兄である北朝方大宮司惟村の手中にあったのである。このような事態の中で、惟武が当該地の安堵の証文がないのをいいことに、名和・宇土両氏による小河郷・郡浦荘における押妨行為が再開されたのである。この両氏の行動は、共に南朝方武士であっても自らの所領を拡大して行こうとする欲求の現れである。

これに対し惟武は、正平二十四年（一三六九）十一月日付阿蘇惟武申状写[115]に、

（前略）且先皇御代、去元弘三年四月二日、自二伯州船上一被レ下二 綸旨一、同八月六日、同十月二日、於二京都一被レ下下 綸旨并去正平二年十二月十九日、自二吉野殿一 綸旨、同十一月廿四日令旨等上也、此外者追可レ令二言上、先五通進二上之一、凡如二承及一者、文書紛失之時、立二新券一之条傍例云々、忝及二 御高覧一之上者、争可レ及二御不審一哉、尽未来被レ仰二付卿上雲客奉行人等一、下レ給二御教書一、為レ備二将来之亀鏡一（後略）

とあるように、文書紛失につき新券を立て、征西府に安堵の申請をすることによって、この事態を解決しようとはか

っている。この後の小河郷・郡浦荘に関する史料は管見では見出し得ないが、これ以降も惟武が一貫して南朝方として行動していることから、おそらく惟澄期と同様に、征西府の仲介（使節遵行）によって当該地は阿蘇氏側に安堵されたと思われる。

つぎに、守富荘についてみてみると、同荘は、恵良惟澄が征西府から恩賞として宛行われた所領であった。しかし、征西府に降参した河尻幸俊もまた同荘を足利尊氏より恩賞として宛行われていたのである。このように、阿蘇氏と河尻氏の間で、それぞれ自己の所領であると主張し合っていることをふまえて、守富荘を素材として征西府の降参人処分の方針と守富庄の領有関係を考察したい。

元来守富荘は、建久六年二月日付肥後国司庁宣(116)でもしられるように、阿蘇甲佐社領であった。そのことは南北朝期に入っても変わらず、延元三年正月十六日付僧盛春請文(117)でも甲佐社が守富荘について南朝に安堵の申請を行っていることからも明らかである。また、興国二年六月十八日付征西将軍宮令旨写(118)によって恵良惟澄が征西府から守富荘地頭職を勲功賞として宛行われている。このことから、阿蘇氏と守富荘との関係の深さを認めることができる。

しかし一方で、河尻幸俊が守富荘甲佐社居合田を押妨していることが、正平五年八月九日付恵良惟澄申状写(119)により窺える。このことから、河尻氏も守富荘に関係していることが分かる。この押妨行為に対し、正平五年八月十八日付征西将軍宮令旨写(120)によって征西府は、河尻幸俊の守富荘内甲佐社居合田に対する押妨を止めるよう命じている。ここに守富荘における阿蘇氏と河尻氏の相論が始まったのである。

ことの原因は、もともと河尻氏が武家方として活動していたときに守富荘を北朝方から宛行われていたことにある。河尻氏は最初征西府の傘下の武士ではなく後に降参して宮方となった。以前は、貞和五年（正平四年・一三四九）の足利尊氏御教書に、[121]「兵衛佐事、可㆓出家㆒之由仰㆓遣之㆒処、落㆓下肥後国河尻津㆒云々、」とあり、貞和四年（正平三年・一三四八）に足利直冬を迎え入れ、いちはやく直冬方となった在地武士である。また、河尻幸俊は、観応二年（正平六年・一三五一）には、直冬方の肥前守護として活動している。[122]以上より、この守富荘相論が始まった正平五年の時期には、河尻幸俊は、明らかに直冬勢力に属していたと考えられる。しかし、その幸俊に対し征西府は、軍事力に訴えることなく、押妨停止の令旨を発給するにとどめた。それは、正平五年八月日付甲佐社神官供僧申状写[123]に「而幸俊参㆓御方㆒之由」とされているように、河尻幸俊が当時征西府勢力にも属していたからと考えられる。これによって征西府も軍事的に解決するのでなく征西府領内での押妨行為という認識によって対処していると考えられよう。このことから、河尻幸俊の立場を考えると一方で直冬の勢力に属しながら、他方で征西府勢力に属するという二重の従属関係をとっていたものと考えられる。

　正平五年の河尻幸俊の守富荘甲佐社居合田の押妨事件は、押妨停止の令旨の発給にも関わらず解決しなかった。正平十一年六月日付恵良惟澄申状案等[124]によって再び河尻氏が守富荘を押妨するという訴えが恵良惟澄から征西府になされた。その内容は、守富荘における河尻氏（恵良惟澄によって征西府への降参人とされる）の当知行の否定と惟澄自身の知行する権利を訴えているものである。この申状によると、元来守富荘は河尻氏の本貫地ではなく、鎌倉時代には得宗領であり惟澄自身が興国二年六月十八日の令旨によって、征西府から正式に当該地の地頭職を宛行われたとしている。一方、河尻氏が当該地の知行を主張するのは、足利尊氏からの宛行行為であり、北朝方からの地頭職補任については、先述の恵良惟澄申状案にみえるように、「以㆓逆徒之恩㆒補㆓知行㆒之間、闕所地之条勿論也」として否定している。ここで惟澄は、征西府の在地支配の政策に関して「凡朝敵補任之庄薗、寺社奉㆑寄之所々皆以被㆓改替㆒畢、」

といっている。また、征西府が北朝方の所領を改替した例として天満宮領肥前国曾根崎荘、高良山領古保里荘をあげ、肥後安国寺領に至っては、宇土道光に宛行っていることを指摘している。このように、河尻氏の守富荘における権限が征西府の政策に対して矛盾していると糾弾し、恵良惟澄の守富荘に対する権限を保証するよう求めている。

また、正平十二年二月日付甲佐社雑掌宗次重申状案[125]で甲佐社の雑掌である宗次が、征西府に守富荘における河尻氏による年貢押領を訴えている。その中で、「凡広覚（河尻）於于事奉レ令レ軽二公方一之条、不レ始レ事之儀也、」とあるように河尻氏が「公方（懐良親王）」を軽んじているとして征西府に発破をかけて早く対処してくれるように懇願している。

このような河尻氏による年貢押妨を防ぐ対策として征西府は、恵良惟澄と河尻氏にそれぞれ守富荘半分地頭職を与えたようで、正平十三年八月十三日付征西将軍宮令旨写[126]に、肥後守護菊池武光を介して河尻七郎を撤退させ恵良惟澄に守富荘半分地頭職の渡付を命じていることが見える。しかし、河尻氏の代官が撤退せずに抵抗したのだろう。再び、翌正平十四年二月に征西府は同様の使節遵行を命じている[127]。その後、正平十六年七月菊池武光書状[128]に「抑就二守富庄土貢事一、御教書拝領候了、此事先日自二河尻一半分乃貢、且可二致弁一之由、被レ申候之間、社家へ直可レ致二沙汰一之旨申候了」とあるように、征西府は河尻氏が阿蘇社に対し年貢を納めさせることに成功した。しかし、恵良惟澄の死後、正平二十年に惟武が南朝方阿蘇大宮司になると、河尻氏は守富荘地頭職半分年貢を滞納するようになった。これに対し、征西府は、正平二十三年七月十二日付征西将軍宮令旨写[129]によって、守護菊池武光に阿蘇社造営料として当荘地頭職半分年貢を阿蘇惟武に渡付するよう命じている。しかし、効果は現れず翌二十四年十一月にも征西府は、令旨を発給して守富荘の正常化をはかったが[130]、どれほどの効果がでたかはわからない。これ以後の阿蘇氏と河尻氏の守富荘における相論は管見において不明である。

この守富荘における年貢滞納は、名和氏の小河郷・宇土氏の郡浦荘に対する所領拡大への指向と同質のものと考えられる。やはり、河尻氏も名和・宇土両氏と同様に自己の所領の拡大を目指していたものと思われる。

以上のように南朝方の武士達も決して一枚岩であったわけではなかった。征西府の体制内に入りながらも在地武士は、常に自己の所領の拡大をはかっていたということができる。よって、九州宮方武士たちは、北朝方の所領はもちろん御方である南朝方の所領であっても自己勢力の拡大のためには、絶えず少しでも多くの所領獲得のため行動を行っていたと思われる。

また、征西府は、降参してきた在地武士の所領を必ずしも闕所地化できなかったことも看過できない。征西府は、自己勢力圏内における河尻氏のような降参人に対し、高圧的に支配が行えなかった様子が守富荘を例にとって窺える。このことは、征西府の菊池氏を母胎とした手持ちの軍事力の限界性に起因するものと考えられないだろうか。

まとめ

菊池氏と阿蘇氏との関係についていえば、南北朝内乱当初の武重期には、菊池氏が肥後国司として阿蘇氏に対して優位な同盟関係であった。しかし、惣領武重の死による菊池氏の低迷期には、征西府が頼りにできる軍事力は、恵良惟澄のものだけになった。その後、正平二年頃に武光が菊池氏惣領となり、さらに正平十年頃には、征西府の勢力は肥後一国を越え、筑後・肥前等へ伸張するなど菊池一族を中心とした征西府の体制が固まりつつあった。そのことは、惟澄が関与した所領問題からも窺うことができる。守富荘を例に挙げると、征西府は正平五年には、当事者惟澄に対して直接対処していたが、正平十三年には、南朝方肥後守護である菊池武光に使節遵行を命じるという形をとっている。このことから、惟澄の立場は、これまでの征西府との直接的関係が崩れ、守護である武光を介するものへと移行した。さらに、菊池武光が、惟澄の子惟武の烏帽子親になったことから菊池氏が南朝方阿蘇氏（惟澄・惟武）より優勢になったといえるのではないか。しかし、征西府が大宰府を撤退した後、菊池氏は、惣領の武光―武政を相次いで亡くし、その勢力は急速に後退する。そのような中で、菊池氏が阿蘇氏を頼っている。以上から、菊池氏と阿蘇氏は、他国の有力氏族（少弐・大友氏等）と対抗するにあたって肥後国内において連携関係にあったと見てよいのではないだろうか。そのことは、戦国期に菊池氏が阿蘇氏から養子（阿蘇惟長後に菊池武経）をとって、家督を継がせていることからも考えられることである。

征西府の在地支配については、武家方所領の闕所地化を強力に押し進める反面、降参人の所領の中には闕所地化できずにいるものも存在した。このことは、征西府自身が肥後国内に直轄領を有していないため、征西府を支える在地武士をその傘下におさめる必要があり、降参人の所領を強硬に闕所地化できない事情があったのであろう。また、在地武士たちは、征西府の権威をてこにして、より多くの所領を確保し、在地領主化を促進させようとしたものと考えられる。懐良親王等征西府首脳部が九州統一した後に上洛を果たそうとするため、早急に軍事力を拡大結集させようとする傾向と在地武士の在地領主化の拡大の指向性がたまたま合致した産物が征西府勢力の拡大であったと思われる。なぜなら、征西府の肥後における直轄領等は管見では見いだし得なかった。このことは、征西府が九州に根ざした機構ではなく、まさに九州宮方武士を結集して上洛を果たそうとしていたことを如実に物語っているものではないだろうか。

一方で、征西府は在地武士の勢力伸張の求心力を持っていることも事実である。しかし、肥後一国で見る限りでは、征西府が九州の在地に根を下ろしきっていないため、在地勢力の結集の核を菊池氏に求めたので、菊池一族が大宰府征西府の陥落後に壊滅的打撃をうけると、征西府の軍事力は急速に弱体化した。つまり、征西府は、軍事的に非常に不安定な要素をもっていた南朝出先機関といえるのではないか。このように征西府は、在地武士の欲求を満たすことによってのみ、勢力を拡大・維持できたといえるのではないだろうか。

〔注〕

（1）杉本尚雄「菊池氏三代」吉川弘文館、一九六六年四月、川添昭二『菊池武光』人物往来社、一九六六年六月、工藤敬一「菊池氏と阿蘇氏」『南北朝遺文月報2』、一九八一年四月等。
（2）『肥後文献叢書』第三巻所収。
（3）杉本尚雄『中世の神社と社領』吉川弘文館、一九五九年九月。
（4）『鎌倉遺文』二七七四七（肥後阿蘇家文書）。
（5）岡見正雄「太平記」一所収「博多日記」角川文庫。
（6）同注（3）。
（7）『鎌倉遺文』三〇一七七（肥前深江文書）。
（8）工藤敬一「肥後国玉名郡の荘園公領と在地領主」『熊本大学文学部論叢』歴史学篇六一号、一九九八年三月。
（9）松本雅明「荘園と社寺」『社会と伝承』六の一号、一九六二年四月。
（10）『鎌倉遺文』二六四七五（薩摩藤野文書）。
（11）『南北朝遺文』九州編、四五四（日向土持文書）。

(12)『鎌倉遺文』二九七八一(肥後阿蘇家文書)。
(13)同注(3)。
(14)『鎌倉遺文』三三四五三(肥後阿蘇家文書)。
(15)『群書類従』第二十五輯「建武年間記」。
(16)同注(3)。
(17)『南北朝遺文』九州編、六三一、建武三年六月十七日「一色道猷書下」。
(18)『南北朝遺文』九州編、七二四、建武三年八月廿日「今川助時軍勢催促状」(肥前深堀文書)。
(19)『南北朝遺文』九州編、八三八、建武四年二月三日「荒木家有軍忠状」(筑後近藤文書)。
(20)一色道猷書下・今川助時軍勢催促状などから「菊池武重与同之凶徒等」「菊池武重已下凶徒」という文言が武重帰郷後武敏の名に代わり現出し、更に(推定)七月廿九日「一色道猷書状」に「抑肥州凶徒間事、菊池武重死去之後故、国中無為候、」とされているように、その軍事的規模も大きいものであるので肥後一国にとらわれない広域的な宮方軍事行動と見てよいと判断する。
(21)『南北朝遺文』九州編、一三二九(暦応二年)卯月廿一日(豊後詫摩文書)。
(22)『南北朝遺文』九州編、一三七〇、七月廿九日「一色道猷書状」(肥後森本文書)。
(23)『南北朝遺文』九州編、一六七二、暦応四年六月三日「少弐頼尚施行状」(筑前徳永文書)。『南北朝遺文』九州編、一八三八、興国三年八月七日「菊池乙阿迦丸起請文」(肥後興福寺文書)。『南北朝遺文』九州編、一八四〇、興国三年八月十日「菊池武士起請文」(肥後興福寺文書)。
(24)阿蘇品保夫『菊池一族』新人物往来社、一九九〇年十月、第四章参照。
(25)『南北朝遺文』九州編、一九三八・一九四四・一九四五・一九四七・一九四八・一九四九・一九五〇・一九五三・一九七六。

(26)『南北朝遺文』九州編、一九八一「菊池武士請文」。
(27)『南北朝遺文』九州編、六六七七「菊池武士譲状」。
(28)『南北朝遺文』九州編、二〇三三（肥後阿蘇家文書）。
(29)『南北朝遺文』九州編、一六四四「後村上天皇綸旨写」（肥後阿蘇家文書）。
(30)『南北朝遺文』九州編、一七九六「後村上天皇綸旨写」（肥後阿蘇家文書）。
(31)『南北朝遺文』九州編、一七九七「後村上天皇綸旨写」（肥後阿蘇家文書）。
(32)『南北朝遺文』九州編、一八〇二「後村上天皇綸旨写」（肥後阿蘇家文書）。『南北朝遺文』九州編、一八〇三「後村上天皇綸旨写」（肥後阿蘇家文書）。
(33)『南北朝遺文』九州編、一九二七（肥後阿蘇家文書）。
(34)『南北朝遺文』九州編、二〇四九「宇治惟時請文写」（肥後阿蘇家文書）。
(35)『南北朝遺文』九州編、二一五〇、（興国六年）十一月三日（肥後阿蘇家文書）。
(36)『南北朝遺文』九州編、二四八一、正平三年六月十八日「恵良惟澄起請文写」（肥後阿蘇家文書）。
(37)『南北朝遺文』九州編、二〇〇九、正平六年辛卯二月十八日「宇治惟時譲状写」（肥後阿蘇家文書）。
(38)『南北朝遺文』九州編、二五八四（肥後阿蘇家文書）。
(39)『南北朝遺文』九州編、二七五八（肥後阿蘇家文書）。
(40)『南北朝遺文』九州編、三一二二（肥後阿蘇家文書）。
(41)『南北朝遺文』九州編、三〇〇九（肥後阿蘇家文書）。
(42)同注(40)。
(43)『南北朝遺文』九州編、四一七四、延文五年二月六日「阿蘇山久住等連署起請文」（肥後阿蘇家文書）。この文書は、大宮司惟村に対し忠節を誓う旨を起請したもので惟村の北朝への帰属を見る史料といえよう。

(44)『南北朝遺文』九州編、四二四五「征西将軍宮令旨写」（肥後阿蘇家文書）。

(45)『南北朝遺文』九州編、四二七一「征西将軍宮令旨」（肥後阿蘇家文書）。

(46)『南北朝遺文』九州編、四五三七、正平十九年甲辰大歳七月十日「恵良惟澄譲状写」中に「爰庶子都々丞丸・別当丸・菊池女房仁分二譲所々仁一不レ可レ成レ妨、」とあり菊池女房は惟澄の娘であろう。

(47)『南北朝遺文』九州編、四二五九、正平十六年二月廿九日「菊池武光加冠状写」。『南北朝遺文』九州編四五三五、正平十九年甲辰大歳七月十日「恵良惟澄置文写」。

(48)『南北朝遺文』九州編、四五三七、正平十九年甲辰大歳七月十日「恵良惟澄譲状写」。

(49)『南北朝遺文』九州編、四五三五、正平十九年甲辰大歳七月十日「恵良惟澄置文写」。

(50)『南北朝遺文』九州編、四五三五（肥後阿蘇家文書）。

(51)『南北朝遺文』九州編、四五六七「征西将軍宮令旨」。

(52)天授三年の正月に阿蘇惟武は、蜷打ち合戦によって戦死しているのでこの弘和期の南朝大宮司は、惟武の子の惟政である。

(53)『南北朝遺文』九州編、二五三六（肥後阿蘇家文書）。

(54)阿蘇品保夫『菊池一族』新人物往来社（第四章参照）。

(55)『南北朝遺文』九州編、二五三六、正平三年九月日「恵良惟澄軍忠状」。

(56)『南北朝遺文』九州編、二六五五、無年号「恵良惟澄申状追書写」。

(57)『南北朝遺文』九州編、四二八二（肥後阿蘇家文書）。

(58)同注(46)。

(59)『南北朝遺文』九州編、五〇二七、卯月四日「菊池武政書状写」。

(60)『南北朝遺文』九州編、五〇三四、五月十九日「菊池武政書状写」。

(61)『南北朝遺文』九州編、五〇六八。
(62)『南北朝遺文』九州編、一四八七「後村上天皇綸旨」・二六四九「足利直冬寄進状」・二八〇五「足利尊氏御教書写」・二九一三「征西将軍宮令旨写」等。
(63)『南北朝遺文』九州編、四八〇（筑後大友文書）。
(64)『南北朝遺文』九州編、三六一九・三六二〇・三六二三いずれも（肥後阿蘇家文書）。
(65)『南北朝遺文』九州編、二〇九三、興国六年二月十八日「征西将軍宮令旨写」（肥後阿蘇家文書）。
(66)『南北朝遺文』九州編、四四〇一。
(67)『南北朝遺文』九州編、三〇〇九（肥後阿蘇家文書）。
(68)同注(47)。
(69)『南北朝遺文』九州編、四八三五（豊後詫摩文書）。
(70)『南北朝遺文』九州編、五〇四一（豊後詫摩文書）。
(71)川添昭二「「鎮西探題」足利直冬—九州における観応の政変」『九州中世史研究』第二輯所収（一九八〇年一二月）。
(72)『南北朝遺文』九州編、三四一七、（無年号）六月三日「後村上天皇綸旨」（豊後詫摩文書）。
(73)『南北朝遺文』九州編、二六七六「足利直冬安堵状」。
(74)『南北朝遺文』九州編、三四六五「一色道猷充行状」。
(75)九州荘園史料叢書十七『肥後国北部荘園史料』中山本荘の項に安元二年二月日「八条院領目録」（山科家古文書）に「蓮華心院御庄（中略）肥後国山本」とある。
(76)『南北朝遺文』九州編、一二三四。
(77)『南北朝遺文』九州編、一七四七「後村上天皇綸旨案」（筑後五条文書）。
(78)『南北朝遺文』九州編、二三八一、貞和三年十月十三日「少弐頼尚施行状」（肥後小代文書）。

(79)『南北朝遺文』九州編、二六六四、貞和五年十一月十九日「足利直冬充行状案」。
(80)『南北朝遺文』九州編、四〇四五、正平十三年五月日「山本庄大清水村田畠屋敷注進状」(肥後正観寺文書)。
(81)『南北朝遺文』九州編、四九七三、応安五年八月廿九日「後光厳上皇院宣案」(國學院大學所蔵久我家文書)。
(82)『鎌倉遺文』五五六(島田文書)。
(83)『南北朝遺文』九州編、二〇〇二「少弐頼尚預ケ状」(肥後阿蘇家文書)。『南北朝遺文』九州編、四〇一八「相良定頼并一族等所領注文」(肥後相良家文書)等。
(84)『南北朝遺文』九州編、二三六六、正平二年九月廿日「恵良惟澄申状案写」(肥後阿蘇家文書)。『南北朝遺文』九州編、二三六七、正平二年九月廿日「恵良惟澄注文写」(肥後阿蘇家文書)。
(85)『南北朝遺文』九州編、二三六八「恵良惟澄注文写」(肥後阿蘇家文書)。
(86)『南北朝遺文』九州編、一一四五、建武五年三月七日「少弐頼尚預ケ状案」(豊後詫摩文書)。
(87)『南北朝遺文』九州編、三八〇一(薩藩旧記二十五所収)。
(88)『南北朝遺文』九州編、七六七(肥前武雄神社文書)。
(89)『南北朝遺文』九州編、二五二〇(肥後阿蘇家文書)。
(90)『南北朝遺文』九州編、三一九七「征西将軍宮令旨」(肥後阿蘇家文書)。「追ニ落山鹿凶徒城一之時」とはっきり史料に記されている。
(91)『南北朝遺文』九州編、四三七六「菊池武明寄進状」。
(92)『南北朝遺文』九州編、八一七「光厳上皇院宣」(書陵部所蔵壬生文書)。
(93)『南北朝遺文』九州編、一八〇六「足利尊氏寄進状写」(肥後壽勝寺誌所収)。
(94)『南北朝遺文』九州編、一八四二「高師直奉書写」(肥後壽勝寺誌所収)。
(95)『南北朝遺文』九州編、三八八〇、正平十一年六月日「恵良惟澄申状案」(肥後阿蘇家文書)。

(96)『南北朝遺文』九州編、一五九九（豊後広瀬文書）。
(97)『南北朝遺文』九州編、三二〇四、正平六年十月四日「征西将軍宮令旨写」（肥後阿蘇家文書）・三二一八、正平六年十月十八日「三池頼親軍忠状」（肥後三池文書）等からわかる。
(98)『南北朝遺文』九州編、二四一（肥後阿蘇家文書）。
(99)『南北朝遺文』九州編、二四二（肥後阿蘇家文書）。
(100)『南北朝遺文』九州編、四一一七（肥前深江文書）。
(101)『南北朝遺文』九州編、二二一一（肥後阿蘇家文書）。
(102)『南北朝遺文』九州編、四二七八（肥後阿蘇家文書）。
(103)『南北朝遺文』九州編、四二七一・四二七五・四二八二・四三〇〇・四三〇九・四三一四・四三二二。
(104)『南北朝遺文』九州編、四三二二、正平十六年十一月七日「菊池武光施行状写」（肥後阿蘇家文書）。
(105)『南北朝遺文』九州編、五八二六（菊池古文書）。
(106)平泉澄『名和世家』一九七五年、皇學館大學出版部、一九五四年初出。
(107)『南北朝遺文』九州編、四二九八、正平十六年八月日「甲佐社牒写」（肥後阿蘇家文書）。
(108)『南北朝遺文』九州編、四三〇〇「征西将軍宮令旨写」（肥後阿蘇家文書）。
(109)『南北朝遺文』九州編、四三〇九、正平十六年十月十四日「菊池武光書状写」（肥後阿蘇家文書）。
(110)小林一岳「鎌倉〜南北朝期の領主「一揆」と当知行」一九九二年、『歴史学研究』六三八号所収。
(111)『南北朝遺文』九州編、四三一四、正平十六年十月廿三日「征西将軍宮令旨写」（肥後阿蘇家文書）。
(112)『南北朝遺文』九州編、四八〇〇、正平廿四年十二月一日「宇土道光請文（肥後阿蘇文書）。『南北朝遺文』九州編、四八〇三、十二月三日「名和顕興請文」（肥後阿蘇家文書）。
(113)同注(47)。

(114)同注(50)。
(115)『南北朝遺文』九州編、四七九九、正平廿四年十一月日「阿蘇惟武申状写」(肥後阿蘇家文書)。
(116)『大日本古文書』「阿蘇家文書」所収。
(117)『南北朝遺文』九州編、一一一八(肥後阿蘇家文書)。
(118)『南北朝遺文』九州編、一六七七(肥後阿蘇家文書)。
(119)『南北朝遺文』九州編、二八一八「恵良惟澄申状写」(肥後阿蘇家文書)。
(120)『南北朝遺文』九州編、二八二三、正平五年八月十八日「征西将軍宮令旨写」(肥後阿蘇家文書)。
(121)『南北朝遺文』九州編、二六四七(肥後阿蘇家文書)。
(122)『南北朝遺文』九州編、三一一五、観応二年六月廿三日「河尻幸俊遵行状」(肥前高城寺文書)。『南北朝遺文』九州編、三一七一、観応二年八月廿七日「足利直冬書下案」(肥前深堀文書)。
(123)『南北朝遺文』九州編、二八三四(肥後阿蘇家文書)。
(124)『南北朝遺文』九州編、二八三五「恵良惟澄申状案」(肥後阿蘇家文書)。『南北朝遺文』九州編、三八八〇、正平十一年六月日「恵良惟澄申状案」肥後阿蘇家文書)。
(125)『南北朝遺文』九州編、三九五一、正平十二年二月日「甲佐社雑掌宗次重申状案」(肥後阿蘇家文書)。
(126)『南北朝遺文』九州編、四〇五九、正平十三年八月十三日「征西将軍宮令旨写」(肥後阿蘇家文書)。
(127)『南北朝遺文』九州編、四〇九一、正平十四年二月十五日「征西将軍宮令旨写」(肥後阿蘇家書)。
(128)『南北朝遺文』九州編、四二八七、正平十六年七月廿一日「菊池武光書状」(肥後正観寺文書)。
(129)『南北朝遺文』九州編、四七三九、正平廿三年七月十二日「征西将軍宮令旨写」(肥後阿蘇家文書)。
(130)『南北朝遺文』九州編、四七九七、正平廿四年十一月十三日「征西将軍宮令旨写」(肥後阿蘇家文書)。

（付記）この論稿を執筆するにあたって、森茂暁先生をはじめ、福岡大学大学院の皆さん及び、九州大学の皆さんには、様々なアドバイスをいただいた。また、今江ゼミの方々にもお世話になった。末筆ながら記し、謝意を表したい。

また、論稿の入稿は既に二〇〇〇年にはしていたことは付言しておく。

線刻千手観音等鏡像銘に関する一考察

池田 寿

はじめに

線刻千手観音等鏡像は白銅鋳製の八稜鏡で、十一面千手観音像などを鏡面に彫っている優れた工芸品であり、昭和二十八年には国宝に指定されている。鏡背に銘文があるものの、この銘文に関して具体的に考察している論考は管見の限りないように思われる。こうした研究状況のなかで、鈴木規夫氏が本鏡を紹介しつつ、銘文にみえる人物、制作意図などに関しても言及されている。(1) 鈴木氏の論考は国宝の紹介を主とするものであることから、具体的な考察は省略しておられる。そこで、本稿では、銘文にみえる人物とともに「旦主」なる表現に関して検討を加えることとする。その際、銘文のもつ歴史的内容などについても少しく考察してみようとするものである。

なお、残存する文献史料の少ない地域における歴史の解明にとって、金石文の利用は不可欠の要件であるが、金石文の有する絶対的な情報量の少なさからか、あまり積極的に活用されていないように思われる。

一　銘文にみえる人物について

まず、菅江真澄（一七五四～一八二九）の『月の出羽路』仙北郡二十二巻の「鏡社」の項に記されている本鏡の出土状況、形態、銘文などについて紹介してみよう。

本鏡は鏡社の御正体で、「千手観世音を鎮斎」とあり、その出土状況については「ころは延宝五年丁巳ノ四月十三日、野中村の内三釆女谷地といふ地に三十苅の新田をうちひらきけるとき、堰埭の五尺まり底より、其亘七寸まりの八稜形の古鏡一面を掘り得たり」と述べている。鏡の形態に関しては、「此鏡の面に開蓮を彫、そが上へに千手観音菩薩をゑり、脇士に十体の眷属の形、みながら髪すぢをちりばめたらむが如にゑりたり」としている。銘文については、鏡の裡に「崇紀、仏師僧、大趣具主、延暦僧、仁祐女、具主、藤源安女子」と彫っているとする。この銘文に関して、真澄は、「延暦は年号ならむ。さりければ、延暦は桓武天皇御即位のとしにして、延宝の年まではすでに八百七十年を経たり。また近世文政十一年までは凡千卅五年や経なむ。延暦のとし作りなしたる霊鏡を、延宝のとしにあたりて掘りうるは、此年の号の冠の文字のみはおなじさまなるも、またあやしき事にこそありけめ」と見識を述べている。しかし、本鏡は鈴木氏によれば、その製作方法や形状などから十一世紀後半の作であると判断されている。

この真澄の記述内容を確認する関係上、以下に本鏡銘文の釈文を記すことにする。

崇紀
仏師僧
大趣旦主延暦僧仁祐　女旦主藤源安女子

銘文からは、①「崇紀」、②「仁祐」、③「藤源安女子」という僧俗の人物が本鏡の作製に関わっていたことが推測される。そこで、銘文に刻まれている三人について具体的に考察していきたい。

（一）　仁祐

まず、②「仁祐」に関してみてみることにしよう。仁祐は、『中右記』大治四年（一一二九）正月十五日条に「阿闍梨宣旨」をうける延暦寺僧の一人としてみえる。また、長承三年（一一三四）二月十七日条にも法勝寺金堂において金泥一切経を供養する衲衆六十二口のうち右方三十一口中に延暦寺僧として確認できる。これらにより、銘文にみられる「延暦僧仁祐」は十二世紀前半に実在した人物であると確認できよう。したがって、真澄のように「延暦」を年号とすることはできない。

ところで、延暦寺における法流から仁祐をみてみると、[2]仁祐は台密十三流の一つ仏頂流の祖行厳の弟子にあたることが知られる。行厳は双厳房頼昭に池上流を学び、その後延暦寺末寺の祇園感神院別当になっていることが、『殿暦』永久元年（一一一三）十一月廿六日条「申剋許乗輿幸二祇園社一、々頭儀如レ常（中略）別当行厳補二法橋一」、同四年（一一一六）六月十三日条「明日祇園御霊会任レ例慥可レ行之由、仰二彼社別当并章任等一了」から認められる。

このように、仁祐は十二世紀前半の延暦寺僧であること、師行厳は祇園感神院別当であることを記録から指摘できる。

（二）藤源安女子

つぎに、③「藤源安女子」は藤姓と源姓とを冠しているが、ここでは「源安女子」として考察してゆきたい。『尊卑分脈』によると、「源安」については二人の存在が知られる。一人は「従四上、備中守」である安、もう一人は「瀧口大夫」の安《やすし》である。前者は嘉承三年（八五〇）正月十五日に備中守に補任され、[3]仁寿三年（八五三）四月廿八日に没している[4]九世紀の人物であることから本鏡の製作に関係するとは考えられず、後者の人物が該当することになろう。

後者の源安は、清涼殿の東北を詰所として禁中警衛を任務とする天皇身辺の武力である滝口の大夫で、後三条院（在位一〇六八～七二）に仕えている。安の祖父は渡辺綱《つな》（九五三～一〇二五）である。綱は淀川河口に位置する水陸交通の要衝である摂津国渡辺を本拠として活動した渡辺党の祖といわれる人物であり、また源能光の四天王の一人として大江山の鬼退治でも著名である（『古今著聞集』巻第九、武勇第十二など）。

「源安女子」の生没年は不詳であるが、曾祖父の綱と父の安から推測すると、十一世紀後半から十二世紀初期の人物である可能性が高いことになろう。

この源安の出自である渡辺党の所見は、『小右記』長和二年（一〇一三）九月廿八日条にみえる「源重」や『扶桑略記』天喜三年（一〇五五）三月十八日条の「瀧口源初」、また『沙石集』にみえる「渡辺鬼九郎ツカム」（仕、融の孫、綱の祖父、従五位下、武蔵守）などである。まず、源重は、嵯峨源氏系図・渡辺系図・浅羽本渡辺系図から、源安の曾孫で滝口惣官、左衛門尉、鳥羽院北面である重《かさぬ》が知られるが、[5]『小右記』にみえる「源重」とは実年代が相違しており、おそらく別人であろう。ところが、武田科学振興財団蔵になる『実躬卿記』巻第三十八の紙背文書に年月日未詳の奈波里上津長両御厨惣領検校職相伝次第という文書がある。

奈波里上津長両御厨惣領検校職相伝次第

源響　同重　同鎮永保二年二月十五日譲二嫡男計一　同計　同宮犬子女子

同近包　同安宗　同宮子女子　同安清　荒木田茂安弘安五年賜二院宣一了

同乙鶴丸［　］年賜二安堵　宣旨一了　自レ鎮以来相伝九代年紀二百余歳

これによれば、源鎮は嫡男の計に惣領検校職を永保二年（一〇七五）に譲与している。この相伝次第の表記方法などから、重は鎮の父に当たると思われる。したがって、重は十一世紀前半の人物と想定できる。鎌倉時代後期の文書からではあるが、『小右記』にみえる「源重」とこの相伝次第にみられる「源重」は同一人物であると推測できよう。

なお、惣領検校職を有していた「奈波里上津長両御厨」は、『神鳳鈔』（『群書類従』神祇部巻第九）の志摩国にみえる「奈波利御厨」（神宮文庫蔵『公文翰林抄』には「奈波里御厨」と記されており、同一御厨である）、「上津長御厨」に相当する。とくに、奈波里御厨は南張川の河口に位置しており、渡辺の地と同じく水陸交通の要衝にあったと考えられる。

つぎに、「源初《はじむ》」は『百錬抄』天喜三年三月十八日条に「郎従源初」とあり、また『中右記』長治元年（一一〇四）七月九日条などから「蔵人右兵衛少将斉頼」の郎従であることが知られる。源斉頼は天喜五年（一〇五七）十二月廿五日条に[6]「以㆓源斉頼㆒為㆓出羽守㆒」とあって、前任の源兼長にかわり出羽守に任じられている。また「康平元四廿五源頼義朝臣為㆓鎮守府将軍㆒下向之／時、相具足之刻、任㆓出羽守㆒為㆓鷹飼也㆒」[7]、「被㆑任㆓出羽守㆒為㆓征夷㆒也」[8]ともある。このように、源斉頼は源頼義（九八八〜一〇七五）と協力して安倍貞任（?〜一〇六二）の追討に従事することになる。この時期はまさに奥州の地において、前九年役（一〇五一〜六二）の最中であり、新任の源斉頼は所従・郎党を率いて陸奥に赴くことになった。この時、斉頼の郎従であった源初が従事している蓋然性を想定できよう。

さらに、『奥州後三年記』[9]からは、「源直」の存在が知られる。この「直」はおそらく源義家に従って、出羽国金沢の地に赴いた人物であろう。その際、「直」は清原家衡（?〜一〇八七）の乳母千任に対して「手を持て舌を引出さんとす」る人物として登場してくる。この場面は『後三年合戦絵詞』下巻第三段に凄惨な一場面として描かれている。この「源直」は『尊卑分脈』及び浅羽本渡辺系図[10]によれば、「源大夫」「相撲名人」とみえている。系図上は安の弟貞《さだし》の子直《なおし》に当たる。とするならば、直は安の娘「源安女子」と従兄弟同士ということになる。

このように渡辺党中には、初、直のように奥州を舞台として起こった前九年・後三年役（一〇八三〜八七）に参戦している人物の存在が確かめられる。今のところ、史料上では初、直の二人だけしか確認できないが、実際には渡辺党として或いは『後三年合戦絵詞』にみられる源義光の郎等である「季方」のように滝口の一員として奥羽における合戦に向かったと考えるべきであろう。なお、源氏と渡辺党との関係は、前九年・後三年役後においても、源頼政と渡辺源三滝口競《きをほ》との間にみられるように「自然の事候はば、まさきかけて命をたてまつらん」「相伝のよしみ」（『平家物語』巻第四「競」）と表現されている。

以上のことから、「源安女子」は綱、安をはじめとして重、初、直らのように一字の名乗りを特徴としている渡辺党の一族であること、綱を曾祖父、安を父とする十一世紀後半から十二世紀初期の人物であること、また一族等を通して前九年・後三年役に関係していたといえよう。

（三）　崇紀

最後に、①「崇紀」についてみてみよう。「仏師僧」として記されている「崇紀」ではあるが、仏師系図などにはその存在を確認できない。鏡であることをかんがえると、十一面千手観音菩薩像などを描いた絵仏師であるとも考えられるが、絵仏師としてもその存在を確認できない。[11] なお、本鏡とほぼ同時期の福岡県北九州市出土の寛治元年（一〇八七）銅経筒銘[12]に「鋳師僧頼源」とみえることから、鋳物師[13]の可能性も考えられるが、いずれにしても「崇紀」を史料上で確認することはできない。今のところ不詳とせざるをえない人物であるが、仁祐、源安女子と同時期の人物であろう。また、永延三年（九八九）の紀年銘を有する秋田県雄物川町弘法畑出土の双鳳八稜鏡には「仏師天台僧蓮如」とみえることや、本鏡の檀主が延暦寺僧の仁祐であることから、あるいは仁祐と同じく延暦寺僧であった可能性も残されていよう。

以上のように、銘文にみえる①「崇紀」、②「仁祐」、③「藤原安女子」は、十一世紀後半には実在した人物であり、当該時期は奥州において前九年・後三年役にあたること、この前九年・後三年役には、源初、直のように一字の名乗りの嵯峨源氏の存在が確認できる。この結果に基づいて、本鏡がどういう目的で製作されたかについて、若干の見通しを述べてみたい。九世紀以降の東国は、津軽山王坊、平泉中尊寺、奥州松島寺、出羽立石寺などにみられるように天台宗の宗教圏を成立させていたとされており[14]、本鏡の出土地である出羽国仙北郡の地もまた天台宗の信仰圏にあったと想定される（『月の出羽路』）。また、源頼義・義家以来、寺門派の園城寺は源氏と堅い契合関係を形成していたことが知られる（『吾妻鏡』建保二年四月廿三日条）。とするならば、寺門派と対立する山門派の延暦寺僧である仁祐が源頼義等のために本鏡を作製したとは考えられない。むしろ、源頼義・義家等によって滅ぼされた安倍や清原氏の鎮魂のために作製したと思われる。というのは、鏡面に彫られている十一面千手観音像などに具現化されているからである。あるいは、一族の嵯峨源氏のために作製したとも思われるが、『古今著聞集』に渡辺の薬師堂は翔の先祖の氏寺とある（巻第二十、魚虫禽獣第三十）ことから、その可能性は低いように考えられる。

渡辺略系図（嵯峨源氏系図・渡辺系図・浅羽本渡辺系図より作成）

融—昇—仕—宛—綱—久—安—伝—重
　　　　　　　　　　　　　└女—翔
　　　　　　　　　　└貞—直

二　銘文にみえる「旦主」について

（一）「旦主」の事例

ここでは、銘文にみえる「旦主」という表現に注目してゆきたい。この「旦主」なる表現を、竹内理三編『平安遺文　金石文編』（東京堂出版、一九六〇、以下『平遺』と略す）、久野健編『造像銘記集成』（東京堂出版、一九八五、以下『造銘』と略す）、関秀夫編『経塚遺文』（東京堂出版、一九八五、以下『経遺』と略す）を利用し、また平安時代に限定して調べてみると、

①永延三年（九八九）八月三日・秋田県雄物川町弘法畑出土双鳳八稜鏡銘
「女旦主伴希子」（『平遺』七七）
②長元四年（一〇三一）七月十三日・秋田県中仙町銅像線刻阿弥陀三尊等鏡像銘
「旦主代公富岡／女旦主須末古公夏虫」（『造銘』三一）
③永承二年（一〇四七）二月九日・岩手県水沢市黒石寺伝慈覚大師像銘
「結㆓縁旦主僧如円㆒為㆓三悪道苦免㆒」（『平遺』一〇二、『造銘』三三）
④大治三年（一一二八）十月十七日・山形県遊佐町大物忌神社石函銘
「旦主僧　永範」（『平遺』二二四）

の四例が認められる。いずれも奥羽地方の事例ばかりである。

そこで、この「旦主」の表記を金石文以外の文献史料などにおいて使用している事例があるのかどうか、同じ奥羽地方の史料にあたってみると、金剛峯寺蔵の金銀字一切経（中尊寺経）内の大品経巻第二十七の奥書に「大旦主藤原清衡　北方平氏　執筆堯暹」とあることが知られる。大品経巻第二十二などの元永二年（一一一九）奥書には「執筆脩行僧堯／大檀主藤原清衡北方平氏六男三女所生」とある。このことから、「旦主」と「檀主」とは同じ内容を表現する仏語であって、「旦主」の訓は「檀主」と同じく「だんしゅ」であることに相違ない。この他、中尊寺大長寿院蔵の紺紙金字一切経内の妙法蓮華経巻第八の安元二年（一一七六）奥書にも「大檀主鎮守府将軍藤原秀衡」とみえる。また、金剛峯寺蔵の金銀字一切経内の大方広華厳経巻第十の奥書には「大檀那散位藤原清衡　女施主平氏」とあることから、「檀主」＝「檀那」であることも確認できる。このように、文献史料上では「旦主」「檀主」「檀那」というように統一的な表現が用いられていないことを指摘しておきたい。

（二）「檀主」の事例

「檀主」の古い用例としては、東光山本覚寺蔵になる大般若波羅蜜多経巻五百三十二の奥書に「貞観十三年歳次辛卯三月三日檀主前上野国権大目従六位下安倍朝臣小水麻呂」（『月の出羽路』仙北郡十三巻）とあり、平安時代初期の写経にみられる。

そこで、「旦主」にならって、「檀主」についても金石文における用例を同じように調べてみると、

①大治五年（一一三〇）十一月五日・熊本県多良木町ミノク堂旧蔵阿弥陀如来坐像銘

「大檀主僧快暹」（『平遺』二三二一）

②保延六年（一一四〇）三月九日・山形県南陽市別所山出土銅経筒銘
「大／檀主」（『平遺』二五五、『経遺』一一八）
③天養元年（一一四四）十月五日・佐賀県大和町築山瓦経塚出土瓦経銘
「大檀主草部貞行」（大和町教育委員会『肥前築山瓦経塚』、一九九四）
④永万元年（一一六五）九月十七日・東京都日野市松蓮寺銅経筒銘
「大檀主藤原氏□高橋貞列」（『平遺』三九〇、『経遺』一六〇）
⑤仁安三年（一一六八）三月日・静岡県富士市船津出土銅経筒銘
「大檀主平則宗」（『平遺』三九八、『経遺』一六六）
⑥仁安四年（一一六九）四月二十三日・岩手県平泉町中尊寺釈尊院五輪塔銘
「檀主［　　］」（『平遺』四〇一）
⑦承安元年（一一七一）八月十九日・福島県飯坂町天王寺山出土陶外筒銘
「大檀主藤原真年縁友作者代」（『平遺』四一二、『経遺』一七一）
⑧承安元年（一一七一）八月廿八日・福島県須賀川市日枝神社出土陶外筒銘
「大檀主僧円珍」（『平遺』四一三、『経遺』一七二）
⑨承安元年（一一七一）八月二十八日・福島県桑折町平沢出土陶外筒銘
「大檀主僧永鑒」（『平遺』四一四、『経遺』一七三）
⑩寿永三年（一一八四）三月日・秋田県湯沢市松岡経塚出土銅経筒銘

「大檀主尼殿」（『平遺』五〇〇、『経遺』三二一六）の十例が確認できる。

「檀主」は、九州の二例（①・③）を除いて、すべて東国に分布していることを指摘できる。「檀主」の用例が東国に偏在するという点は、「旦主」の用例が奥羽地方に限定されているという事実と併せ考えると注目すべきことであるといえよう。なお、「檀主」事例①の阿弥陀如来坐像は、熊本県多良城内にあった長運寺旧蔵の薬師如来坐像（『平遺』二三三〇）と本来一具の仏像と考えられるものであり、その銘文を比較すると、「大治五年十一月五日」及び「僧快暹」はまったく同一であり、「大檀主」が「大檀越」と記されている違いがあるだけである。これにより、「大檀主」の表現は「大檀越」と同じであることを確認できる。熊本において、「檀主」＝「檀越」として認識されていたことは、当該時期の東国との違いとして指摘できる。

以上、「旦主」と「檀主」の用例が金石文という限定付きではあるが、平安時代の東国と九州のみに確認できるという結論を得ることができた。このように「旦（檀）主」の表記は、鏡銘のほかに仏像銘、経筒銘などにみえ、「旦主」「檀主」「檀越」はいずれも同一内容表現の仏語であり、その使用には顕著な地域性があったことになる。なお、この結論の意味することを諸方面から考えなければならないが、ここでは課題としておきたい。

したがって、本鏡の銘文にみえる「旦主」という表現は、本鏡製作の十一世紀後半において鏡銘などにおける通例の表記であることを確かめられることになる。

なお、鎌倉時代における「檀主」の用例は、宝治二年（一二四八）・岩手県水沢市木造阿弥陀如来立像内銘（『造銘』二八二）、弘長元年（一二六一）・東京都府中市染谷不動堂銅造阿弥陀如来立像銘（『造銘』三六一）、正応三年（一二九

○）・秋田県仙北郡神宮寺八幡宮社殿造営棟札[15]にみることができる。また、弘安十年（一二八七）・熊本県川尻大慈寺鐘銘[16]にもみられる。室町時代になると、広島県高田郡吉田町男山八幡宮社殿元亀四年（一五七三）新造立棟札、同祇園社社殿永禄十一年（一五六八）新造棟札、同宮崎八幡宮社殿永禄十一年葺替棟札、同住吉大明神社殿元亀二年堂立棟札、広島県山県郡千代田町壬生神社社頭元亀四年上葺棟札写、同川西八幡神社宝殿弘治三年（一五五七）建立棟札写の銘文にある。このように、「檀主」は鎌倉時代には東国と西国に、室町時代には西国においてのみ確認できる。

このように時代の変遷による地域的な分布の相違はあるものの、「檀主」の用例は基本的に東国と西国の一部及び九州のみにみられるものであり、まったく変化がなかったと指摘できよう。畿内においてその用例を確かめられるのは、文明十年（一四七八）の滋賀県甲賀郡甲南町檜尾神社本殿葺棟札の一例のみであるが、その理由は明らかにできず、課題とするほかない。

（三）「旦那」の事例

ところで、「旦」＝「檀」であるとすれば、「檀那」を「旦那」というように表現することが金石文などにおいて確認できるものであろうか。以下において、鎌倉時代までにおける用例を明らかにしてみよう。

①保元二年（一一五七）九月廿日・福岡県鞍手郡若宮町法蓮寺銅経筒銘
「始従於二願主一／結縁之旦那」（『平遺』三五七、『経遺』二三五）
②保元二年（一一五七）九月廿日・福岡県鞍手郡若宮町法蓮寺銅経筒銘
「始従於二願主一／結縁之旦那」（『平遺』三五八、『経遺』二三六）

③仁安二年（一一六七）三月二日・宮崎県中郷村西生寺山王社仁王像内板銘
「為二大施主旦那散位伴朝臣兼高一」（『平遺』三九一）
④嘉応二年（一一七〇）七月三日・新潟県西蒲原郡巻町金仙寺銅経筒銘
「諸旦那武　河　村　那　智」（『平遺』四〇五）
⑤嘉応二年（一一七〇）・新潟県西蒲原郡巻町金仙寺銅経筒銘
「大旦那藤貞［　　］」（『平遺』四〇六）
⑥建保二年（一二一四）六月吉日・東京都北多摩郡大和町清水氷川社棟札銘
「大旦那　石井美作守」（武蔵史料銘記集）
⑦建保二年（一二一四）八月廿六日・新潟県北魚沼郡小出町円福寺木造阿弥陀如来坐像内銘
「方旦那道善」（『造銘』一九八）
⑧建保六年（一二一八）二月廿三日・栃木県鹿沼市北犬飼薬師堂鉄造薬師如来坐像銘
「右□□大旦那藤原則安□」（『造銘』二〇六）
⑨正安元年（一二九九）十一月十四日・新潟県東頸城郡蒲川原町虫川白山神社宝殿修造棟札銘
「大旦那時地頭」
⑩延慶四年（一三一一）正月五日・宮城県玉造郡八幡村八幡神社鰐口銘
「大旦那大麦生藤内次郎国正」（『大日本金石史』）
⑪文保二年（一三一八）八月・栃木県下都賀郡壬生町銅造阿弥陀如来立像銘

「大旦那千葉大炊助」（『造銘』七一五）

⑫文保二年（一三一八）八月日・兵庫県洲本市上内膳鉄塔銘

「為旦那繁昌法界」（『経遺』四五一）

の十二例がある。「旦那」の事例は九州、西国の一部と東国であり、前述した「旦主」や「檀主」と同じく特異な分布を示すことになる。

なお、東国の南北朝時代における金石文にも「旦那」の事例を多数確認できる。[17]同じく文献史料では、宮城県名取市の新宮寺蔵になる熊野新宮寺一切経内の正法念処経巻第十九に「于時貞和三年丁亥七月十八日有始行同廿二日供養了／大旦那当国御大将右京大夫源朝臣」とあり、また『月の出羽路』仙北郡十九巻に採録されている大般若波羅蜜多経巻第四百五十・四百五十二・五百八十五・六百などの貞治四年（一三六五）奥書に「大旦那源朝臣里美義忠、同義安」とみえる。『新編会津風土記』には越後国魚沼郡魚沼神社大般若経の奥書が収録されており、巻第十四に「旦那宮島住人右馬次郎右筆者般□寺住侶玉心至徳四年正月十二日旦那東悍上右馬允執筆金剛仏子新保慶綱」と記している。その他、埼玉県飯能市願成寺蔵応安五年（一三七二）大般若経巻第一奥書、同応安六年（一三七三）大般若経巻第四二五奥書、群馬県上野村泉竜寺永徳二年（一三八二）大般若経巻第二六一などの奥書にみえる。他方、伯耆国大山寺旧蔵の大般若波羅蜜多経巻第十二の延文三年（一三五八）の奥書に「大山寺常住　旦那沙弥正照」とある。[18]

このように東国・九州では南北朝・室町時代に至っても懸仏などの銘文[19]や棟札、[20]文献史料[21]に「旦那」の表現がみえる。

おわりに

本鏡の製作時期とされる十一世紀後半前後の金石文をはじめとする諸史料を用いながら、銘文にみえる人物を明らかにするとともに、「旦主」という表現の意味することについて考察できたかと思われるが、いずれも類推によるものであって充分な結論にはなり得ていない。また、本鏡の製作場所がどこであるのか、移動の有無など基本的な問題が不明なままであるが、この問題点は推論を重ねることになるので課題としておきたい。さらに、銘文の「大趣」や、引用した史料の出土品が原位置のものであるのかなどに関して言及できなかったことをも明示しておく。

なお、「旦主」として検討してきた「旦」の文字は「貝」とも判読できそうであることから、「財」の旁だけで、片が省略された文字であるとも考えられる。とするならば、「旦主」は「財主」の可能性も出てくるように思われる。この「財主」の例は、大治五年（一一三〇）四月二日・福島県喜多方市出土石櫃銘に「大檀越財主平孝家」（『経遺』一一六）として確認できる。「旦」とするか、「貝」とするかで、仁祐と源安女子の位置づけが大きく異なることはないと思われるが、一つの文字をどのように解読するか、文字情報が少ない金石文の理解において、慎重な姿勢が求められるところである。

鏡の様式や形状などから、制作年代を推定することが多い鏡の諸遺例中で、年紀のない銘文の考察によって具体的な制作年代を裏付けたことの意義は少なくないと考える。

〔注〕

（1）「線刻千手観音等鏡像」（朝日週刊百科『日本の国宝』九八、一九九九）。

（2）武内孝善「東寺観智院蔵『天台血脈』の研究（一）―本文篇―」（『高野山大学論叢』三九、二〇〇四）「若狭守通宗孫散位家実息」と注がある。

（3）『続日本後紀』嘉承三年正月十五日条（国史大系第三巻、吉川弘文館、二〇〇〇）。

（4）『日本文徳天皇実録』仁寿三年四月廿八日条（国史大系第三巻、吉川弘文館、二〇〇〇）。

（5）『尊卑分脈』第三篇（国史大系第六十巻上、吉川弘文館、二〇〇一）。

（6）『扶桑略記』天喜五年十二月廿五日条（国史大系第十二巻、吉川弘文館、一九九九）。

（7）『尊卑分脈』第三篇（国史大系第六十巻上、吉川弘文館、二〇〇一）。

（8）『百錬抄』康平元年四月廿五日条（国史大系第十一巻、吉川弘文館、二〇〇〇）。

（9）『群書類従』第二十輯（合戦部）所収（続群書類従完成会、一九五九）。

（10）『続群書類従』第五輯下（系図部）所収（続群書類従完成会、一九七七）。

（11）平田寛『絵仏師の時代〔史料篇〕』（中央公論美術出版、一九九四）。

（12）関秀夫編『経塚遺文』（東京堂出版、一九八五）、一一八。

（13）立田三朗『鋳物師銘譜』（村田書店、一九九二）に「崇紀」はみえない。

（14）佐々木馨「中世北辺の仏教」（羽下徳彦編『北日本中世史の研究』所収、吉川弘文館、一九九〇）。

（15）正応三年・秋田県仙北郡神宮寺八幡宮社殿造営棟札（国立歴史民俗博物館『棟札銘文集成―東北編―』、一九九七）。

（16）木崎愛吉編『大日本金石文』（歴史図書社、一九七二）。

（17）貞和三年・群馬県吾妻郡中之条町宗本寺宝篋印塔銘、文和三年・群馬県佐波郡玉村町中央公民館宝塔銘、貞治三年・

群馬県利根郡月夜野町道正改戸地蔵堂宝篋印塔銘、貞治四年・群馬県前橋市鳥羽町大福寺宝塔銘、応安八年・群馬県太田市威光寺宝篋印塔銘、明徳三年・群馬県佐波郡東村西福寺白狐稲荷五輪塔銘（以上、『群馬県史資料編8』中世4金石文、一九八八）を代表例として掲げておく。

(18)古澤義則『日本古刊書目』（文化図書、一九八四）。

(19)文明十三年・花泉町養寿寺金銅薬師三尊坐像懸仏銘、明応五年・陸前高田市黒崎神社木造十一面観音坐像懸仏銘、以上は岩手県立博物館『岩手の懸仏』（一九八四）による。

応永十七年・山形県山形市熊野神社銅造阿弥陀三尊像懸仏銘、応永十七年・山形県東根市若宮八幡宮銅造三尊像懸仏銘、長禄四年・山形県鶴岡市井岡寺銅造如意輪観音及三十二尊像懸仏銘、長禄四年・山形県鶴岡市井岡寺懸仏鏡板銘、応永十一年・千葉県市原市峯の堂伝来十一面観音三尊像懸仏銘、文明十四年・山梨県富士吉田市歴史民俗博物館蔵銅造不動明王像懸仏銘、以上は山下立「懸仏紀年銘集成（中）」（滋賀県立琵琶湖文化館『研究紀要』第十四号、一九九七）による。

明徳三年・邑楽郡板倉町宝福寺木造性信坐像銘、嘉吉三年・多野郡万場町円満寺木造釈迦如来坐像銘、文明十八年・利根郡片品町大御堂木造聖観音菩薩立像銘、永正十八年・桐生市西方寺木造阿弥陀如来坐像銘、天文十年・甘楽郡甘楽町長厳寺木造行円坐像銘、応永二十八年・前橋市元景寺石造地蔵菩薩坐像銘、文明三年・多野郡上野町宮沢氏旧蔵御正体、永正十一年・和歌山県新宮市熊野速玉大社御正体、永禄八年・利根郡水上町富士浅間神社御正体、応永十七年・吾妻郡東村宝篋印塔銘、応永二十九年・桐生市崇福寺宝篋印塔銘、応永二十八年・群馬郡箕郷町万福寺宝塔銘、永享九年・高崎市井野家墓地宝塔銘、永享十一年・高崎市宝福寺宝塔銘、応仁三年・吾妻郡嬬恋村西窪氏蔵宝塔銘、文明十一年・群馬郡箕郷町清水家墓地宝塔銘、文明六年・前橋市宝禅寺石幢銘、明応四年・前橋市光巌寺石幢銘、天文十六年・桐生市住足寺跡石幢銘、文明元年・前橋市縁切薬師笠塔婆銘、応永三十一年・埼玉県北葛飾郡栗橋町池田氏蔵鰐口銘、応仁二年・多野郡中里村中山神社鰐口銘、天文二十二年・長野県佐久郡臼田町上宮寺梵鐘銘、応永十七年・群馬郡群馬町住谷氏蔵梵鐘銘、永正二年・多野郡上野村野栗沢神社梵鐘銘、応永十七年・高崎市幸宮神社石殿銘、永正四年・富岡市貫前神社兜前立銘、以上は『群馬県史資料編8』中世4金石文（一九八八）による。

文安二年・青梅市慈眼院銅製鰐口銘、文安二年・伽藍明神社鰐口銘、宝徳丁丑年・永福寺木造虚空蔵菩薩坐像台座銘、寛正四年・青梅市花蔵院鰐口銘、天文二年・塩船観音寺木造仁王立蔵胎内納入木札銘、天文四年・町田市成瀬経塚出土銅製経筒銘、永正十八年・足立区梅田明王院木造如意輪観音坐像胎内銘、以上は角川文化振興財団『東京都古代中世古文書金石文集成』第四巻金石文編（角川書店、一九九七）による。

文明十一年・大宮市多聞院聖徳太子立像納入銘札、弘治二年・大宮市多聞院聖徳太子立像納入銘札、寛正四年・玉川村阿弥陀如来立像銘、文明八年・鳩ヶ谷市常住寺日蓮上人坐像銘、延徳四年・越生町最勝寺阿弥陀如来像銘、天文十七年・東京都大田区本門寺仁王像銘、永禄元年・小鹿野町観音寺大日如来坐像銘、永禄十年・所沢市薬王寺阿弥陀如来坐像銘、応永二十一年・宮代町宝生院鰐口銘、応永二十四年・児玉町個人蔵鰐口銘、応永二十五年・志木市千光寺鰐口銘、応永年間・富士見市八幡神社鰐口銘、長禄二年・新潟県分水町国上寺鰐口銘、文明六年・埼玉県岩槻市大光寺鰐口銘、文明十一年・東秩父村浄蓮寺梵鐘銘、永正十年・都幾川村小室氏蔵鰐口銘、天文三年群馬県高崎市高崎神社鰐口銘、天文五年・都幾川村武藤氏蔵鰐口銘、天文十年・神奈川県横浜市竜華寺梵鐘銘、天文二十年・寄居町少林寺鰐口銘、天文二十年・川越市尾崎神社懸仏銘、永禄六年・美里町正円寺鰐口銘、永禄十二年・神川町金鑽神社鰐口銘、天文十九年・飯能市我野神社神輿造立木札銘、天文六年・荒川村法雲寺納札銘、以上は『新編埼玉県史資料編9』中世5金石文・奥書（一九八九）による。

康正二年・浮羽郡浮羽町小椎尾神社旧蔵神像敷板銘、康正二年・浮羽郡浮羽町岩屋堂木造阿弥陀如来坐像銘、以上は福岡県教育委員会『福岡県の文化財』（第一法規出版、一九六八）による。

(20) 文明十八年・熊野三所権現宝殿建立棟札（青森県下北郡東通村熊野神社）、天文十年・黒森神社造営棟札（岩手県宮古市黒森神社）、応永十二年など・谷内権現堂棟札（岩手県和賀郡東和町丹内山神社）、文明十七年・大権現宮建立棟札（岩手県胆沢郡衣川村月山神社）、大永四年・妙見宮上葺棟札（岩手県東磐井郡大東町興田神社）、永禄十三年・青滝寺本堂上葺棟札（福島県いわき市青滝寺）、文亀二年・新宮証誠社造立棟札（福島県喜多方市熊野神社）、明応六年など・宇佐神社修造棟札（福島県田村郡滝根町宇佐神社）、永正十六年・六所権現宝殿建立棟札（新潟県柏崎市多多神社）、明応二年・別所谷八幡神社棟札（石川県輪島市別所八幡神社）、以上は国立歴史民俗博物館『棟札銘文集成―東北編―』（一九九七）による。

文明四年など・十二所大明神遷宮棟札（茨城県久慈郡大子町十二所大明神）、大永三年・神宮寺十一面堂造立棟札（茨城県多賀郡十王町艫神社）、享禄三年・泉神社社殿造立棟札（茨城県日立市泉神社）、天文二十一年など・鷲子山社殿再興棟札（茨城県那珂郡美和村鷲子山神社）、天文十一年など・立野神社社壇修造棟札（茨城県那珂郡緒川村立野神社）、永禄二年・観音堂修理棟札（茨城県牛久市観音寺）、天文十七年など・雷電神社社殿造営棟札（群馬県邑楽郡板倉町雷電神社）、天文二十一年・高麗神社社殿造立棟札（埼玉県日高市高麗神社）、大永八年・大明神并幣殿造立棟札（埼玉県入間郡毛呂山町出雲伊波比神社）、文亀二年・聖天社社殿再興棟札写（埼玉県入間郡越生町聖天社）、天文二十三年・中氷川神社社殿造営棟札写（埼玉県所沢市中氷川神社）、文正元年など・豊鹿島神社本殿建立棟札写（東京都東大和市豊鹿島神社）、天文五年・阿蘇神社本殿修造棟札（東京都西多摩郡羽村町阿蘇神社）、延文元年・薬師堂再興棟札写（東京都秋川市真照寺）、以上は国立歴史民俗博物館『棟札銘文集成―関東編―』（一九九七）による。

永正三年・潮見社棟札写（佐賀県武雄市）、天文十一年・阿弥陀堂棟札（熊本県球磨郡多良木町青蓮寺）、以上は国立歴史民俗博物館『棟札銘文集成―中国・四国・九州編―』（一九九三）による。

東国と九州以外では、文明十年・檜尾神社本殿葺棟札（滋賀県甲賀郡甲南町檜尾神社）〔国立歴史民俗博物館『棟札銘文集成―近畿編一―』（一九九六）〕、及び天文十七年・熊野神社社殿造立棟札（広島県三次市熊野神社）、応永七年・祇園崇道社社殿修理棟札（広島県高田郡吉田町清神社）、天文二年・祇園社社殿上葺棟札（広島県高田郡吉田町清神社）、永禄十一年・川井八幡宮井垣建立棟札（広島県山県郡千代田町川井八幡宮）、永享十一年・厳島社宝殿造立

棟札（広島県竹原市吉名町光海神社）〔国立歴史民俗博物館『棟札銘文集成―中国・四国・九州編―』（一九九三）〕が確認できる。このうち、室町時代において「旦那」の用例が広島のみにみられるという地域的な分布の状況は、室町時代の「檀主」の用例における分布とまったく一致している。

(21)永享九年・群馬県上野村泉竜寺大般若経巻第八二奥書、明応七年・埼玉県行田市長久寺大般若経巻第八〇など奥書、天文十八年・埼玉県小鹿野町大般若経巻第五八奥書、永禄四年・埼玉県浦和市氷川女体神社大般若経巻第四九四など奥書。

あとがき

今江先生は、二〇〇〇年三月、長年にわたり教鞭をとられた國學院大學文学部を退職された。

これに先立つこと三年、すでに大学院を終えたゼミ出身者の間から先生の学恩に何かお返しをしたいという声が聞かれ始めた。先生が大学を去られる、という現実は、言葉にこそしなかったが、ゼミのメンバー各個にとって、とても寂しいものだったろう。そして、そうした思いを断ち切るように、あるいは過酷な現実を受け入れるように、論集を献呈しようという企画がゼミのメンバーのなかで醸成されていった。

ほどなく、その声は現実のものとなった。大学院のゼミ出身者や現役の院生が一同に会し、企画会議が持たれた。先生にお教えいただいた歴史学の真髄を、薫陶を受けた者たちがきちんと受け継ぎ実行していることをかたちにしよう、そしてそれこそが退職される先生への我々にできる最大の御礼のしるしではないか、そういう趣旨でこの企画は始まった。数度の合宿や大学での研究会を開催して論集の充実をはかろうということになり、当面、佐多芳彦・箱石大が幹事として事務を担当し、学部卒、大学院修了にかかわりなく、いわゆる「今江ゼミ」という大きな括りで、先生のご指導を受けた者たちが自由に論文を書こう、という前提で、各自が研究テーマを模索しはじめた。一九九七年、初夏のことであった。

今江ゼミの特色は三点ある。第一点はゼミのメンバーたちの専攻がバラエティに富んでいたことだ。中世神社史、古代・中世有識故実、中世荘園村落史、中世法制史、中世政治史、鎌倉幕府論、中世文書論、幕末維新史など、一見したところ、はたしてどういう共通点でこのゼミが形成されているのか判らないほどであり、様々な専門を専攻するメンバーが集う不思議なゼミであったかも知れない。にもかかわらず先生はメンバーの全てに親身になってご指導をされた。こうした雑多な集団にとって唯一の共通点は「史料にいかに向き合うか」ということだったのではないかと今では思えてくる。長年、宮内庁書陵部で編纂業務に携われ、歴史資料と対峙して来られた先生の指導されるゼミだった。第二点の特色は先生の懐の深さだった。先生は史料という媒体を通じ、専攻・専門に関わらず、分け隔てなく、ゼミのメンバーの話に熱心に耳を傾けてくださり、あるときは我々を厳しく叱り、あるときは談笑を交えながら、我々が理解するまできちんと指導してくださった。また研究会や合宿のあとで行なわれる酒宴でも、話題はもっぱら各個の研究の話、史料の話などで、打ち解けた雰囲気の中で雑談のなかに様々な専門的な有益な話をしてくださったことは記憶に新しい。そして第三点は、学部の卒論ゼミから先生のご指導を受け大学院に進学してきた者や、他のゼミから移ってきた者、他大学の出身者など、さまざまな「履歴」をもつ者が在籍していたことだろう。しかも、修士から博士課程にいたる広い年齢層におよぶ者たちだった。これは研究会での報告や、日常的なコミニュケーションのなかで、それぞれの専門研究にふれることから、ごく自然に歴史学の諸分野の知識を得ることになった。広い視野や知識を得るきっかけとなった。

しかし、このことが論集の編集作業に大きな影を落とすとは、当初、メンバーの誰もが予想していなかった。大学院を終えて社会に出た者たちの環境が個々別々に極端に変化してしまったのである。職場での各自の仕事が、日増しに想像を超えた速さで忙しくなり、論集への執筆を断念せざるを得ない者が急増したのである。それでも可能な限り春・夏年二回の合宿や研究会等を行ないながら、少しずつ論文執筆の準備を進めていった。その結果、予定のスケジュールを大幅に超過してしまったが、最終的には、今江先生ご自身を編者とする若手メンバー中心の本論集がついに完成したのである。

（佐多芳彦・箱石　大　記）

中世の史料と制度

平成十七年六月二十五日　発行

定価　本体　七、〇〇〇円

編　者　今　江　廣　道

発行者　太　田　　　史

発行所　東京都豊島区北大塚一―一四―六
続群書類従完成会
電　話　(〇三)三九一五―五六二一
振替口座　〇〇一二〇―二―六二六〇七

印刷所　株式会社　平　文　社

ISBN4-7971-0743-X

今江廣道編
前田本『玉燭宝典』紙背文書とその研究
A5判上製　八、四〇〇円

前田本『玉燭宝典』紙背文書は、前田育徳会尊経閣文庫所蔵の古写本『玉燭宝典』（隋の年中行事に関する古文献）の裏文書として伝存。本書は足利直義がその近臣の二階堂道本に命じて、貞和四・五年に書写したもので、その料紙には、道本宛の書状が使用された。本書では文書全文の翻刻と、関係論文を収録。

明月記研究会編
明月記研究―記録と文学―
B5判並製一～三　品切
四～九　各三、一五〇円

東京大学文学部の五味文彦氏を中心とする明月記研究会編による研究雑誌（年一回発行）。毎号、本文研究を中心に多彩な論考を掲載し、記録と文学に及ぶ歴史学と文学の交流の場を目指す。『明月記』のみならず、中世史料の翻刻・書誌学的研究・注釈等、充実した内容をもつ。

森幸夫著
六波羅探題の研究
A5判上製　六、三〇〇円

鎌倉幕府の六波羅探題について、南北両探題・評定衆・奉行人等に焦点をあて、職員構成と発展過程、関東・鎮西探題と異なる独自の政治権力組織の在り方等について実証的に明らかにする。六波羅探題の展開過程や特色等を明確にし、関東における得宗政治体制を視野に入れ、その滅亡と歴史的位置を考察する。

槇道雄著
院政時代史論集
A5判上製　九、九九〇円

院政政権に関する著者の研究の集大成。一般に院政時代とは、後三条から鳥羽・後白河をへて、後鳥羽上皇にいたる時代をさす。本書では、院政時代という時代区分を設定して、院政の実態追究を中心課題とし、鳥羽院政を考察し、その前後の時代をも含めて考究する。院政史研究者必読の書となろう。

槇道雄著
院近臣の研究
A5判上製　八、四〇〇円

造寺・造仏、各種修法・儀式が著しく発展し、文化史上各種和様の確立期と見られる院政時代。本書では、この時代の政治主導・文化形成に大きな役割を演じた院近臣層の動向を中心に、前著『院政時代史論集』に続く研究成果をふまえ、当該期の諸問題を追究、解明しようとする好論八編を収録した。

逵日出典著

八幡宮寺成立史の研究

A5判上製　一二、六〇〇円

古代より、ほぼ奈良時代の豊前国宇佐における八幡宮寺の成立に関し、先行研究を踏まえ、諸史料を博捜して問題点を考察する。著者は、現地踏査を繰り返し、伝承や文献の内容を分析し、原初信仰・八幡神顕伝承の系統分析と変遷を中心に八幡宮寺の成立について四編十二章の構成に基づき考察を加える。

鎌田純一著

中世伊勢神道の研究

A5判上製　八、四〇〇円

鎌倉時代に伊勢神宮の祠官の間より抬頭した伊勢神道について、社会的、時代的基盤について十分に考察し、成立の基盤、立論の基礎を探究する。その成立と発展について当時の社会情勢、仏教界や仏教者の動向、さらに古代よりの国民信仰等をからめて論述し、従来の伊勢神道研究に一石を投じる。

藤本元啓著

中世熱田社の構造と展開

A5判上製　一五、七五〇円

熱田神宮は、三種の神器のひとつ「草薙剣」を祀る皇室と由縁の深い大社として古来より信仰を集めてきた。中世における熱田社の中央権力との関わり、社領の維持・拡大に関する大宮司家の影響力、大宮司家・権宮司家の系図について考証し、本社の構造と展開を政治経済の面から解明する。編年史料年表付。

太宰府天満宮編　真壁俊信著

天神信仰と先哲

菊判上製　二一、〇〇〇円

菅原道真公の一一〇〇年の御神忌を記念して出版するものである。我が国の信仰史上、画期的な特色ある天神信仰について、平安時代から今日まで、凡そ八十数名の人々に見られる天神への見解と信仰を概説する。時代の変遷とともに変化する天神信仰を、当時の史料を博捜し時代別にその特色を探る。

下村效著

日本中世の法と経済

A5判上製　一五、七五〇円

本書は、下村效氏の遺稿集であり、「賀茂御祖社領荘園の諸相」と「戦国・織豊期の法と制度」の二編十八章より構成されている。著者独自の歴史認識と、丹念な研究史の整理や緻密な実証によって得られた成果を編んだ本書は、日本中世史における社会経済史や法制史を研究する上で必須な文献となろう。

菊地康明・田沼睦・小森正明校訂

葉黄記

全二冊　一七、六四〇円　**完結**

後嵯峨上皇の近臣葉室定嗣（一二〇八―一二七二）の公時日記。寛元四年（一二四六）、定嗣三十九歳参議兼大蔵卿から四十一歳権中納言までの間が中心となる。僅かな期間であるが、奉行院司として後嵯峨院政開始期の政務の衝にあたり、関東申次事務のうち雑務を分掌するなど、朝幕の間にあって枢要な地位を占めている。また院を中心とする諸公事・行事が克明に記述されて貴重である。

竹内秀雄・山田雄司校訂

北野社家日記

全九冊　第一〜七既刊　五一、二四〇円

北野天満宮の祠官松梅院歴代の日次記。宝徳元年（一四四九）から寛永四年（一六二七）に及ぶ。当時の社会・政治の動向は勿論、北野天満宮の年中行事、法制、社領の推移、諸神人、散所と河原者の活動にも詳しい。また、室町以来盛行した連歌は文学神の北野社と緊密に結合し、連歌会所は興隆を極めた。数多の連歌をはじめとする文学・芸能・民俗史の貴重な資料をも豊富に提供する。

上島享・前川祐一郎・末柄豊・安田次郎校訂

福智院家文書

全六冊　第一既刊　一一、五五〇円

奈良興福寺大乗院門跡の坊官四家の一、福智院家の後裔に伝来する文書群である。福智院家は、明治初年の門跡家の廃絶に際し、寺宝以外の大乗院門跡の古文書・道具類の処分方を依頼され、古文書・古記録を整理して保管してきた。これら史料群は、折りからの廃仏毀釈運動のさ中にも湮滅を免れ、平安・鎌倉時代の古文書を多数含む重要史料として今日までその生命を保つにいたった。

永島福太郎・小田基彦校訂

熊野那智大社文書

全六冊　五〇、四〇〇円　**完結**

熊野那智大社に所蔵する米良・潮崎・本社の約一五〇〇点をかぞえる文書群である。古来熊野権現は、日本固有の信仰の結集点とし全国津々浦々の信仰をあつめてきた。本文書には、鎌倉期から室町期のものが数多く、権門・勢家の参詣寄進文書をはじめ、地方豪族・庶衆の統領などの参詣にかかるものを中心とする。地方における豪族のあり方、村落と宗教との関係を知る随一の史料。

羽下徳彦・阿部洋輔・金子達校訂

歴代古案

全五冊　四七、二五〇円　**完結**

本書は、江戸時代に越後長尾氏＝越後上杉氏関係の古文書を編纂した『歴代古案』二十巻十冊の一大古文書である。米沢市（市立上杉博物館）の原本をもとに、『上杉家文書』『新潟県史・資料編』『越佐史料』等との利用の便をはかり、厳密な校訂を加えて刊行するものである。室町から戦国時代の上杉氏の動向、領国および周辺諸国の情勢、家臣団等を知る上で第一級の史料となろう。